JN146663

Due Diligence of
Personnel
Affairs

M&Aの
人事
デューデリジェンス

社会保険労務士法人 **野中事務所** 編

野中健次　請川博美 著

中央経済社

はしがき

　電通の二度目の過労死事件も契機となり，「働き方改革」の標語のもと，長時間労働の改善を中心に労働法を遵守するだけでなく，労働者のワーク・ライフ・バランスに配慮した経営が企業の規模にかかわらず一層要請されるようになった。労働法制に抵触して人事マネジメントを行うことは犯罪であり，経営者が刑事・民事上の責任を負うのみならず，違反企業はブラック企業の不名誉なレッテルを貼られ，採用活動に悪影響を及ぼすことになる。

　また，わが国企業数の約99％，従業員数の約70％を占める中小企業においては，事業承継問題が深刻である。中小企業白書（2016年版）によると，経営者の高齢化が進んでおり，中小企業経営者の引退年齢は規模や企業の状況にもよるが平均では67〜70歳程度であるため，今後5年程度で多くの中小企業が事業承継のタイミングを迎えることが予想されている。中小企業庁では，事業承継の1つとして，M＆A（合併，買収）を推奨しているが，オーナー経営者が，後継者不在による廃業を回避するため，いざ，株式譲渡による事業承継を決断しても，M＆A取引過程で，人に係るデューデリジェンス（買収調査）において，労働法制を無視した人事マネジメントが行われていたことや，膨大な潜在債務が判明すると，M＆A取引の態様が見直されたり，M＆A取引そのものがブレイクしてしまったりするケースが散見される。

　本書の役割は3つある。

　まずは，買い手企業において，ターゲット会社の労働法制の遵守度合を確認するための主たる調査事項とそのポイントを示すことである。労働法制に抵触している企業を買収することは，買い手企業のイメージを悪くするばかりか，M＆A取引をきっかけに労働条件の変更をめぐるトラブルを惹起するおそれがあるからである。また，売り手企業においても，本書が示した調査事項を事前に理解し，労働法制に抵触する事項をあらかじめ改善しておくことで，迅速な

M＆A取引の成立に貢献することになるであろう。

　次に，ターゲット会社にはどのような特性の人材がおり，経営計画実現に向けてどのような人事マネジメントを実行しているかなどを把握するための調査事項とそのポイントを示すことである。M＆A取引成立後，M＆Aによって当初描いた経営計画を達成するためには，取引成立前後の段階で，人に係る現状や課題を理解し，対策を検討し，かつ準備することが重要となる。

　そして，第3の役割は，円滑なM＆A取引を成立させるという観点から，将来売却を予定する企業において，労働法制が遵守され，そこで働く人々の労働環境が改善されることである。単に刑事責任や民事責任を回避するという消極的なアプローチにより遵法経営を行うのではなく，将来の円滑なM＆A取引の実現のためという積極的なアプローチにより遵法経営が行われることで，結果として，そこで働く人々の労働条件や労働環境の改善に繋がれば本書を上梓した意義があろう。

　本書は多くの方々の支えによって世に出ることになった。

　まず，本書の企画の段階からサポートしてくださった中央経済社法律編集部の川副美郷さん，作図や条文のチェックを当事務所の清野真希子さん，長谷川敏夫さんにお願いした。この方たちなくして本書が公になることはなかったであろう。この紙上をお借りし，厚く御礼申し上げたい。

　2018年1月

　　　　　　著者を代表して

　　　　　　　社会保険労務士法人野中事務所　代表社員　野中　健次

目　次

第1章　人に係るデューデリジェンス

1　M&Aにおけるデューデリジェンスとは────────1

2　人事デューデリジェンスと労務デューデリジェンス────7
- ⑴　人事デューデリジェンスの調査項目　10
- ⑵　労務デューデリジェンスの調査項目　11

第2章　義務的調査項目

1　法定三帳簿，雇入通知書，就業規則，退職証明書，労使協定──14

　事例1　賃金台帳，出勤簿，労働者名簿，雇入通知書，就業規則，退職証明書，労使協定　14
- ⑴　賃金台帳　17
- ⑵　出勤簿・タイムカード　21
- ⑶　労働者名簿　22
- ⑷　雇入通知書　22
- ⑸　就業規則　25
  - ①　作成義務　26
  - ②　届出義務　26
  - ③　周知義務　27
  - ④　労基法上の「周知」と労契法上の「周知」　27

2

(6) 退職証明書　**28**

(7) 労使協定　**32**

① 36（サブロク）協定　**33**

② 協定の締結当事者　**33**

③ 特別条項付36協定　**35**

(8) 記録の保存　**37**

2　内々定，内定，試用期間 ——————————————— **38**

事例2　内々定，内定，試用期間　**38**

(1) 内々定　**40**

(2) 内　定　**42**

(3) 試用期間　**44**

3　採　用 —————————————————————————— **46**

事例3　採用基準　**46**

(1) 採用の自由　**48**

① 労働組合　**48**

② 年　齢　**49**

③ 性　別　**50**

④ 障　害　**50**

⑤ 思想・信条　**54**

(2) 労働者の個人情報の収集に関する留意点　**55**

4　人事権 —————————————————————————— **58**

事例4　人事考課，配転，出向，転籍，休職　**58**

(1) 人事権とは　**61**

(2) 人事権の種類　**61**

① 昇格・昇進　**61**

②　降　　格　65

③　配　　転　67

④　出　　向　75

⑤　転　　籍　77

⑥　休　　職　80

5　制　　裁　————————————————83

事例5　懲戒処分　83

(1)　企業秩序の維持と制裁　88

(2)　懲戒処分の種類　90

①　戒告・譴責　90

②　減　　給　91

③　出勤停止　92

④　降　　格　93

⑤　諭旨解雇　93

⑥　懲戒解雇　94

(3)　懲戒の事由　95

①　経歴詐称　95

②　職務懈怠　95

③　業務命令違反　96

④　業務妨害　96

⑤　職場規律違反　97

⑥　私生活上の非行　98

⑦　二重就職・兼業規制　98

6　労働契約の終了————————————99

事例6　解雇，辞職，合意解約，定年制，休職期間満了　99

(1)　解　　雇　102

4

- ① 解雇手続の規制　**103**
- ② 解雇理由の規制　**106**

(2) 辞　　職　**109**

(3) 合意解約　**110**

- ① 会社からの申出　**110**
- ② 労働者からの申出　**113**
- ③ その他（定年制，契約期間満了，休職期間満了）　**114**

7　育児・介護休業 ──────────────── **119**

事例7　育児休業，介護休業，子の看護休暇，介護休暇，短時間勤務等
119

(1) 育児休業と子の看護休暇　**122**

(2) 介護休業と介護休暇　**125**

8　パートタイム労働者 ──────────────── **128**

事例8　パートタイム労働者　**128**

(1) 労働条件通知書　**132**

(2) パートタイム労働者用の就業規則　**140**

- ① 就業規則の作成・届出　**140**
- ② 就業規則の未作成の問題　**141**
- ③ パートタイム労働者用の就業規則の確認事項　**142**

(3) 不合理な労働条件の禁止と均等・均衡処遇　**143**

(4) 労働契約の無期転換　**145**

(5) 年次有給休暇　**146**

9　是正勧告 ──────────────── **148**

事例9　是正勧告書　**148**

(1) 是正勧告書の法的効果　**150**

目　次　5

(2)　監督官の臨検監督のチェックポイント　151

10　労働者派遣・請負―――――――――――――――――――154

事例10　労働者派遣・請負　154

(1)　派遣労働者の労働法制等の適用　158

(2)　派遣と請負の区別　162

(3)　平成24年および平成27年の派遣法の改正　165

①　労働契約申込みみなし制度（平成24年改正，平成27年10月 1 日施行）
　　165

②　労働者派遣の期間制限の見直し（平成27年改正）　166

③　派遣先での均衡待遇の推進（平成27年改正）　170

④　離職した労働者の労働者派遣の役務の提供の受入れ禁止（平成24年改正，平成27年10月 1 日施行）　172

⑤　派遣先管理台帳への追加（平成27年改正）　172

⑥　その他派遣先が講ずべき措置（平成27年改正）　175

(4)　派遣先が講ずべき措置に関する指針　176

①　損害賠償等に係る適切な措置（派遣先指針第 2 の 6 の(4)）　176

②　派遣先の労働組合法上の使用者性（派遣先指針第 2 の 7 の(2)）
　　177

③　派遣可能期間の延長に係る意見聴取の適切かつ確実な実施（派遣先指針第 2 の15）　178

11　外国人労働者―――――――――――――――――――――180

事例11　外国人雇用報告書，資格外活動，労働法制上の取扱い　180

(1)　中長期在留者の在留管理制度　182

(2)　技能実習制度　190

(3)　外国人労働者の雇用管理の改善等に関して事業主が適切に対処するための指針　191

① 外国人労働者の募集および採用の適正化（外国人指針第4の1）
192

② 適正な労働条件の確保（外国人指針第4の2）　193

③ 安全衛生の確保（外国人指針第4の3）　194

④ 雇用保険，労災保険，健康保険および厚生年金保険の適用（外国人指針第4の4）　195

⑤ 適切な人事管理，教育訓練，福利厚生等（外国人指針第4の5）
197

⑥ 解雇の予防および再就職の援助（外国人指針第4の6）　198

⑦ 外国人労働者の雇用状況の届出（外国人指針第5）　200

⑧ 外国人労働者の雇用労務責任者の選任（外国人指針第6）　201

第3章　任意的調査項目

1　基本事項の調査　205

(1) 等級制度　205

(2) 評価制度　207

事例12　給料水準，組織力測定等　210

(3) 給与・賞与・年収水準　212

① 給与の分布図　213

② 賞与の分布図　214

③ 年収の分布図　216

(4) 従業員構成，管理職割合，離職率　217

① 従業員構成　217

② 管理職割合　219

③ 離　職　率　220

(5) 組織力測定　222

　　　　　　　　　　　　　　　　　　　　　　　　目　次　**7**

　　①　CUBICによる組織力測定　　**223**

　　②　組織力測定結果　　**224**

2　労働条件の把握──────────────**232**

　事例13　就業規則・労使慣行　　**232**

(1)　**就業規則変更による労働条件の変更**　　**233**

　　①　周　　　知　　**234**

　　②　合　理　性　　**234**

　　③　労働条件のランクづけ　　**236**

(2)　**就業規則等から主要な労働条件を調べ，比較表を作成する**　　**238**

　　①　合併前に統一に向けて調査・変更しておく事項　　**238**

　　②　できるだけ合併前に労働条件の統一に向けて変更しておく事項
　　　　241

　　③　合併後でも変更が可能である事項　　**241**

(3)　**健康保険の問題**　　**242**

(4)　**その他の調査事項**　　**247**

　　①　不変更合意の特約の確認　　**247**

　　②　労使慣行　　**247**

3　従業員に関する調査──────────**248**

　事例14　キーパーソン，問題社員等の把握，個人特性分析　　**248**

(1)　**キーパーソン**　　**249**

(2)　**問題社員**　　**250**

(3)　**適性検査「CUBIC」による個人特性分析**　　**251**

　　①　どういう性格，パーソナリティーか（性格・個性面）　　**256**

　　②　どういう関心事・興味領域を持っているか（興味・価値観）　　**256**

　　③　基礎的な職場場面での社会性（社会性）　　**257**

　　④　どういう事に意欲・ヤル気をだすか（意欲・ヤル気）　　**260**

⑤ 「仕事に立ち向かう姿勢」と「組織だって仕事を進める能力」　262

⑥ 標準的モデルと標本分布の比較　263

⑦ 心理要素イメージ　264

⑧ 適　　性　264

⑨ 信頼計数　265

⑩ 順位一覧表　266

4　高齢社員の処遇 ──────────────── 268

事例15　高齢者の処遇　268

(1) 高年齢者雇用確保措置　270

① 高年齢者雇用安定法の平成25年4月1日改正　270

② 継続雇用制度の対象者を限定できる労使協定の確認　273

③ 継続雇用制度の対象者を雇用する企業の範囲拡大　274

(2) 賃金決定の確認　275

(3) 高齢者のワーク・モチベーション管理　278

5　取締役服務規程 ──────────────── 280

事例16　取締役の選任と退任　280

(1) 取締役の選任と労働者の退職　281

(2) 取締役に関する規程　283

(3) 取締役の退任と労働契約の再契約　285

(4) 取締役会の開催と議事録の確認　286

(5) 執行役と執行役員　287

6　労働組合 ──────────────────── 289

事例17　M＆A取引過程での団交要求と事前協議条項　289

(1) 労基法上の労働者と労組法上の労働者概念　290

(2) 労組法上の使用者と労基法上の使用者　292

⑶　投資ファンドの労組法上の使用者性　294

⑷　持株会社（ホールディングカンパニー）の労組法上の使用者性　296

⑸　労働協約　297

⑹　事前協議条項　298

⑺　労働協約の終了　299

第4章　M&Aスキーム別人事労務管理の要諦

1　合　併　302

⑴　労働条件の統一の問題　303

⑵　損害保険ジャパン日本興亜株式会社の合併のケース　305

⑶　退職金一時金制度の統合　308

2　会社分割　311

⑴　法制上の4段階の手続　313

①　7条措置　314

②　5条協議　314

③　労働者への通知　316

④　異　議　権　318

⑵　承継法施行規則の改正　321

⑶　承継法指針の主な改正点　323

①　承継される事業に主として従事する労働者に関する基本的な考え方（承継法指針第2の2⑶イ）　323

②　会社分割を理由とする労働条件の不利益変更等（承継法指針第2の2⑷（ロ））　324

③　会社分割を理由とする解雇等（承継法指針第2の2⑷イ（ハ））　324

④ 転籍合意等と法律上の手続との関係（承継法指針第2の2(5)） **325**

⑤ 5条協議の対象者（承継法指針第2の4(1)イ） **326**

⑥ 5条協議の内容等（承継法指針第2の4(1)イ） **327**

⑦ 会社分割の無効の原因となる5条協議違反（承継法指針第2の4(1)ヘ） **327**

⑧ 7条措置（労働組合法上の団体交渉権等）（承継法指針第2の4(2)ハ） **328**

⑨ 7条措置（その他の留意事項）（承継法指針第2の4(2)ホ） **328**

⑩ 厚生年金基金（承継法指針第2の2(4)イ(ハ)・ハ(ロ)） **329**

3　事業譲渡 ─────────────────── 329

(1)　労働契約不承継の原則　**330**

(2)　事業譲渡に係る裁判例　**331**

(3)　転籍の同意に対するインセンティブ　**333**

(4)　事業譲渡等指針（平成28年厚生労働省告示318号）　**335**

① 労働契約の承継に関する基本原則（事業譲渡等指針第2の1(1)） **336**

② 承継予定労働者から承諾を得る際の留意すべき事項（事業譲渡等指針第2の1(2)） **336**

③ 解雇に関して留意すべき事項（事業譲渡等指針第2の1(3)） **338**

④ その他の留意すべき事項（事業譲渡等指針第2の1(4)） **339**

⑤ 労働組合等との協議等に関して留意すべき事項（事業譲渡等指針第2の2(1)） **339**

⑥ 団体交渉に関して留意すべき事項（事業譲渡等指針第2の2(2)） **340**

(5)　退職金一時金制度の取り扱い　**341**

目 次 11

巻末資料

【労働法制上の調査項目（詳細）】

1. 帳 票・345
2. 就業規則・348
3. 募集・採用活動・試用期間・350
4. 人 事 権・350
5. 制裁（懲戒）・351
6. 労働契約の終了・352
7. 労働安全衛生・354
8. パートタイム労働者・356
9. 派遣労働者（派遣先としての責務）・357
10. 外国人労働者・358
11. 改正育児・介護休業法・359
12. 助成金の不正受給・361

【人および人事システムの調査項目（詳細）】

1. 経営理念・人事理念・361
2. 人的資源の分析・362
3. 人事制度・364
4. 福利厚生・366
5. 組織力測定（意識調査）・366
6. 取締役・367
7. 労働組合・367

索 引―――――――――――――――――369

【法令の略称】

安衛法 労働安全衛生法

安衛則 労働安全衛生規則

育介法 育児休業，介護休業等育児又は家族介護を行う労働者の福祉に関する法律

育介則 育児休業，介護休業等育児又は家族介護を行う労働者の福祉に関する法律施行規則

外国人指針 外国人労働者の雇用管理の改善等に関して事業主が適切に対処するための指針

会社則 会社法施行規則

均等法 雇用の分野における男女の均等な機会及び待遇の確保等に関する法律

健保法 健康保険法

健保則 健康保険法施行規則

厚年法 厚生年金保険法

厚年則 厚生年金保険法施行規則

高年齢者雇用安定法 高年齢者等の雇用の安定等に関する法律

個別労働紛争解決促進法 個別労働関係紛争の解決の促進に関する法律

雇対法 雇用対策法

雇保法 雇用保険法

雇保則 雇用保険法施行規則

最賃法 最低賃金法

裁判員法 裁判員の参加する刑事裁判に関する法律

事業譲渡等指針 事業譲渡又は合併を行うに当たって会社等が留意すべき事項に関する指針

障害者雇用促進法 障害者の雇用の促進等に関する法律

承継法 会社分割に伴う労働契約の承継等に関する法律

承継法施行規則 会社分割に伴う労働契約の承継等に関する法律施行規則

承継法指針 分割会社及び承継会社等が講ずべき当該分割会社が締結している労働契約及び労働協約の承継に関する措置の適切な実施を図るための指針

職安則 職業安定法施行規則

性差別指針 労働者に対する性別を理由とする差別の禁止等に関する規定に定める事項に関し，事業主が適切に対処するための指針

徴収法 労働保険の保険料の徴収等に関する法律

徴収則 労働保険の保険料の徴収等に関する法律施行規則

入管法 出入国管理及び難民認定法

パートタイム労働法 短時間労働者の雇用管理の改善等に関する法律

派遣法　労働者派遣事業の適正な運営の確保及び派遣労働者の保護等に関する法律

派遣則　労働者派遣事業の適正な運営の確保及び派遣労働者の保護等に関する法律施行規則

派遣先指針　派遣先が講ずべき措置に関する指針

番号法　行政手続における特定の個人を識別するための番号の利用等に関する法律

労基法　労働基準法

労基則　労働基準法施行規則

労契法　労働契約法

労災保険法　労働者災害補償保険法

労災保険則　労働者災害補償保険法施行規則

労組法　労働組合法

第1章

人に係るデューデリジェンス

1 M&Aにおけるデューデリジェンスとは

デューデリジェンス（Due Diligence, 以下,「DD」という）とは, M&A（合併, 買収）の取引成立過程の1つの手続であり, 主にバイサイド（買主側）が自らコストを負担して行うことから,「買収調査」や「買収監査」等と呼ばれている。DDは会社法上, 当該取引過程において履行を義務づけられているわけではなく, 上場企業等の例を除き, 取引が公になる前に秘密裏に行われ, 一部の者にしかその事実を知らされていないのが一般的である。労務監査ほど細部にわたり網羅的に行うわけではなく, 最終的にはバイサイドのリクエストに応じて各分野における調査項目を決めて行われる。通常, バイサイドから各分野の専門家に対して, DDプロジェクトの参加の打診があり, ディールの目的などの説明が行われ, 調査項目について打ち合わせを行い, セルサイド（売主側）に資料をリクエストすることからDDがスタートする。必要に応じて, ターゲット会社の経営者へインタビューを実施し, 結果を調査報告にまとめ, バイサイドからの調査報告に関する質問に回答してDDが終了する。ケースにもよるが, DD作業期間は2〜3日の場合もあれば, 1〜2カ月程度になることもある。

バイサイドの立場からみると, DDを実施する目的はおおむね3つあるとい

える。

　主たる目的は，①ターゲット会社の事業の評価，②潜在リスクの把握，③財務状況や取引の阻害要因を見つけ，買収の有無，買収価格の妥当性，買収後のシナジー等を調査することである。調査結果をもとに買収価格の調整，取引形態の見直し等，基本合意で締結した内容を修正し，最終的な合意に向けて交渉することになる。

　人に係る調査においては，労基法上支払いを義務づけている割増賃金の未払いや，健康保険法等で強制加入となっている被保険者の加入手続漏れによる社会保険の未加入などの取引の金額に直接影響のある事項と，「人」，「人事制度」および労働法制上のルールの遵法度合い等に関わる事項が調査対象となる。

　従たる目的として，M&A取引成立過程において，取締役の義務を怠ることなく履行したことを立証するための株主に対する証拠，つまり，取締役が株主から経営責任を追及されないためのアリバイ作りがある。

　中小零細企業においては筆頭株主が代表取締役であるケースが多いため，取締役と株主の関係を改めて意識することは少ないかもしれないが，取締役と会社との関係は委任関係である。会社法上，取締役は，法令および定款ならびに株主総会の決議を遵守し，株式会社のため忠実にその職務を行わなければならず（会社法355条），取締役，会計参与，監査役，執行役または会計監査人は，その任務を怠ったときには，株式会社に対し，これによって生じた損害を賠償する責任を負うとされている（会社法423条）。例えば，ターゲット会社において，会社の利益に合致するとはいえ，法令に抵触するマネジメントが行われており，修復できない状態であれば買収候補から外すべきであり，仮に買収するにしても，違法の範囲や程度がどれくらいのもので，買収前後で治癒することが可能か否かを取引成立前に把握しておく義務がある。取締役が正当な理由もなく，この義務を果たさずにM&A取引が成立し，買収後に，義務を履行していたら回避できたにもかかわらず，会社に損害を与えた場合には，任務懈怠（債務不履行）によって会社に対して会社が生じた損害を賠償する責任を負うことになり，株主から役員個人の責任を追及されることもありうる[1]。

第1章　人に係るデューデリジェンス　**3**

　また，セルサイドの取締役も法令で定められた善管注意義務や忠実義務を負う[2]。一般に取締役の受託責任業務の重点課題は，委託契約を結んでいる会社の企業価値を増大させることである。これはM&A取引に際して，売却あるいは譲渡価額や合併比率等を有利な状況にすることに繋がっている。セルサイドの取締役としては，自社の価値をなるべく高く評価されるよう努めなければならない。

　上場企業のように市場に株価が公開されている場合は，取引価格が明確で交渉過程において，比較的双方の合意が得やすい。しかし，未上場企業の場合は，そういうわけにはいかない。貸借対照表や損益計算書などの財務諸表に計上され監査を受けた成果の部分に関しては，ある程度正確な価値が算定されるが，取締役の経営力や蓄積された技術力・顧客対応力[3]などの定性評価に基づく価値や，契約関係に伴うリスクおよびオフ・バランスの債務等は計算手法が多様で評価に大きな差が生じる。

　この定性評価に基づく価値を高めるためにセルサイドの取締役が意識すべき項目は，①経営哲学（Philosophy），②人材（Person），③事業ポートフォリオ（Portfolio），④業務体制（Process），⑤企業業績（Performance）の5つである。以下，簡単に概説する。

　まず，経営哲学は，企業の設立理念で最も重要な精神的支柱であり，企業文化を醸成するものである。一貫して継承され，取締役は各事業・業務がこの基本に合致したものであるか，その延長線上にあるものか否か，取締役会等を通じて確認していく必要がある。M&A取引時に，交渉・面談等を通じて，この

1　アパマンショップ株主代表訴訟事件（最一小判平22・7・15判時2091号90頁）では，取締役が子会社を完全子会社化しようと子会社の株主から1株5万円で買い取った価格が監査法人等の算出した1株2万円以下を大幅に上回ったことについて，取締役の義務違反として株主から訴えられたものである。裁判所は「経営判断の原則」（①合理的な調査，情報の収集と分析および検討がなされ，②経営判断の内容が著しく不合理でなければ，取締役の損害賠償責任を否定する考え方）を適用して取締役の任務懈怠責任を否定した。

2　社会保険労務士法人野中事務所編『M&Aの労務デューデリジェンス（第2版）』3頁以下（中央経済社，2018）。

3　財務会計上，無形資産と認識されない人的無形資産で，一般的に「のれん」に含めて計上することを要求されている。

哲学，方針の内容と一貫性を明確に提示すれば，定性的価値評価は高まることもある。また，M&A後のスムーズな労働環境の構築，共通の企業文化の浸透にも役立つと考えられる。

次に，人材は，人的資産と呼ばれる経営資源の1つであるが，経済的な価値のある有形の資産ではなく，無形資産としての認識も一部的で把握が難しいものである。国際評価基準審議会（IVSC）では，無形資産を「その経済的特性によって現れる非貨幣性資産であり，物的実体を持たず，その所有者に権利と特権を与え，通常その所有者の為に収入を創出するもの」と定義されており，また，国際財務報告基準（IFRS）でも「物質的実体のない識別可能な非貨幣資産」と定義されているだけである。人的資産についても，無形資産として認められているのは「契約に基づく無形資産」に含まれる従業員等との雇用契約に基づく人件費・賞与，福利厚生費（労働・社会保険料）や基本的な研修・教育費のみである（これらの費用は財務面で計上されている場合のみ把握可能）。したがって，人材関連資産が財務DDで表面化することはほとんどない。例えば，素晴らしい技術を持っている会社を吸収合併しようとして，DDを実施し，財務的資産評価も妥当性のあるもので，M&Aに関する契約が締結されたとしても，後日，当該技術力を支えていた人材が退職してしまっては，そのM&Aの効果は期待できない。人事DDが求められるゆえんである。企業から価値の増大という委任を受けた取締役も人的資源に関しては，経費面での効率性を追求するだけでなく，自社の強みを具現化したコンピテンシーを明確にした人事評価制度や優れたスキル・能力を持っている人材の留保プログラム等の構築に積極的に参加するよう努めるべきである。

第三の事業ポートフォリオとは，企業の活動している事業分野・領域や取り扱っている商品・サービスの内容等の組み合わせのことである。経営者は目標成果や企業価値を極大化するため最適の組み合わせを選択する必要があり，この行動が事業戦略の構築と表現され，経営能力を如実に示すものになる。通常，高いリターンを獲得するためには大きなリスクを覚悟しなければならない。そのため，「費用対効果」を検討し，「ヒト・モノ・カネ」といった経営資源を適

正に投資する必要がある。DDでは，事業ポートフォリオを通して定量的に収益性・成長性を判断するが，加えて定性面で取締役の経営力を面談等でチェックし，「強みと課題」を抽出するのが一般的である。

第四の業務体制とは，「会社の多様な業務を推進する体制」で，常に再現性を求められるものである。したがって，偶然好結果を生み出した手順（将来の修正プロセスではない一時的なもの）は体制とは言えない。同様の前提条件下で同じ成果を期待できれば問題点やリスクの割り出しが容易になる。内部統制や牽制機能の有効性を測る場合でも結果検証より，プロセスチェックが重要視される理由である。取締役は，これら業務プロセスの整備状況をよく把握し，必要時に説明責任を果たす必要がある。また，決定された方針の伝達や結果のフィードバックの流れがコーポレート・ガバナンスの観点から非常に重要である。つまり業務遂行プロセスが「トップダウン方式」か「ボトムアップ方式」のいかんにかかわらず，機動性を失わない効率的な権限委譲システムや責任の所在を明確にした業務分掌・職務規程が不可欠である。

第五の企業業績とは，年度ごとに公表される計数で，DDが実施される際の最も重要な情報で，定量面での企業評価や財務リスクの把握のための基礎データとなる。ただ，開示されたデータだけでは把握できない内容やリスクも多々存在する。昨今，社会問題になっている従業員の長時間労働や時間外労働等が法令に則した内容で実施されているかなど，法務リスクとも関連づけて検証される項目が増加する可能性がある。その意味で，取締役等経営陣は，各担当部門の成果向上のみならず，率先してコンプライアンス意識（法令・規則遵守意識）を持つ必要がある。ルール無視の外見上の数字は企業価値を高めるどころか，その価値を毀損し，企業の存続をも危うくしかねない。

企業価値評価[4]は，いくつかの指標データを基礎に全体価値を試算する方法が一般的であるが，セルサイドの取締役としては，相手方企業のDDで調査対象になる可能性の高い項目やリスクを，自社に照らし合わせ普段の業務遂行の

4　純資産方式等の静態的評価方式や収益還元方式等の動態的評価方式，および類似する　会社と比較する比準方式などが用いられる。

中で、「強み」として定着させるべきである。さらに積極的な意味では、買い手企業の目線での「セラーズDD」の実施を検討するとよい。

そしてM&A取引の交渉時には、付加的な価値として主張できるようにしていただきたい。

労務に係るDDにおいては、バイサイド企業によるDD実施過程で、簿外債務や偶発債務の存在が明らかにされた場合、対象会社に提示されるビッド価格（買収価格等）が大きくディスカウントされたり、M&A取引そのものが白紙撤回されたりすることになる（退職金や年金に関する債務は従業員の退職時に初めてその権利が確定されるものであるため、発生主義を基本とする会計計上と差異が生じる可能性がある）。当該M&A取引が不調に終わった場合、セルサイド企業は労働法制上の不利益変更[5]や厚生年金法等の条件変更に関する要件を満たしながら、取引とは別に現状に合った制度変更や修正・手続[6]を実施しなければならない。つまり、労働法制や各種年金法などの法令遵守下での就業規則・ルールの徹底・実施や無理のない退職金制度の構築は、M&A取引の交渉においてバイサイド企業の将来のリスクを解消するだけでなく、セルサイド企業の経営力としてのコーポレート・ガバナンスやコンプライアンス体制の充実といった定性評価にも反映され、価格算定に有利に働くはずである。企業の取締役は将来にわたって企業価値を増大させることを株主から期待されていることを常に意識しておくべきである。

M&A取引において高い企業価値評価を得ることはセルサイドにおける取締役が忠実義務を果たすことに他ならない。また、M&A取引が合意に至った場合、セルサイドの取締役には当該合意価格（売却価格等）の妥当性をセルサイド企業の株主に説明する義務も生じることも忘れてはならない。

5　労働契約法8条・9条・10条。
6　企業年金制度を実施している場合、法令に基づき条件変更のため従業員との合意、新たな認可申請といった手続をする必要がある。

第1章　人に係るデューデリジェンス　**7**

2　人事デューデリジェンスと労務デューデリジェンス

　M&Aなどの組織再編時には，ケースにより様々な人事上の課題が露呈するが，次のような課題が挙げられる[7]。

```
  1. 戦略に合致した組織と組織マネジメント体制の設計
  2. 戦略に合致した新組織に向けての人材確保と人材の選別
  3. 新組織における適材適所配置と役職・タイトルの決定
  4. 年金・退職金の債務（積立不足）と移行問題
  5. 健康保険の移行問題
  6. 法定外の福利厚生の統廃合
  7. 等級制度，賃金制度の統合と改革
  8. 新組織の戦略に沿った評価制度の再構築
  9. 昇進昇格と異動ルールの策定
 10. 新組織の役員体制と処遇
 11. 新組織における責任権限体制の確立
 12. 組織再編の意義や意味と方向性の伝達と共有
 13. 組織文化風土の統合と確立
```

　これら組織人事課題が露呈した場合，後になってから対応して解決するには，事前の対応以上の大きな時間とエネルギーが求められる。そして，これらが当初の統合計画や事業計画の達成を遅らせるだけでなく，その対応に追われることにより計画を大きく変更せざるをえない状況に陥り，結果として買収や統合が当初描かれたシナリオ通りには達成できなくなってしまう。さらにその影響が大きいのは計画が時間的に遅れれば遅れるほど，結果として企業価値の向上が達成できないことにある。

　したがって，これらの問題が発生しないようにするためには，取引成立前後

---

[7]　山本紳也「コンサルタントが見た組織再編と人事の役割―組織再編に不可欠なHRデューデリジェンス（人事精査）」日本労働研究雑誌570号38頁以下（2008）。

の段階で，どれだけ現状や課題を理解し，対策が検討され，かつ準備されていることが重要となる。そのために人に係るデューデリジェンスが非常に重要な役割を演じることになる。ただし，DDの調査期間は時間的にも経済的にも限られていることから，筆者の事務所では，DD業務の依頼に対して，「人および，人事マネジメント全般の調査」と「労働に由来する潜在債務の調査」の2つに大別し，調査項目を選別して，調査項目に優先順位をつけて，効率的に行うことを提案している。

　本書においても，人および，人事マネジメント全般の調査を「人事デューデリジェンス」（以下，「人事DD」という）と呼び，労働に由来する潜在債務の調査を「労務デューデリジェンス」（以下，「労務DD」という）と呼ぶ。

　まず，人事DDにおいては，会社法355条に「法令及び定款並びに株主総会の決議を遵守し，株式会社のため忠実にその職務を行わなければならない。」とあるように，取締役には遵法経営を行うよう義務づけていることから，ターゲット会社が労働法を遵守して人事マネジメントを行っているか否かを調査することが重要である（取締役の会社法上の義務を果たす意味で本書では義務的調査と呼ぶ）。厚生労働省労働基準局監督課では，平成28年10月以降，労働基準関係法令に違反し，書類送検された401社を[8]同省ウェブサイト上で掲載しており，また，電通過労死事件以降，社会的に違法な労働環境を許さない気運も高まり，劣悪な労働環境を強いる企業への風当たりは年々厳しくなっている。

　次に，人事DDにおいては，ターゲット会社を構成する「人」の調査も重要である。

　例えば，カレーを作る時に，冷蔵庫の中に牛肉，じゃがいも，にんじん，玉ねぎ等の「食材」があるか確認し，冷蔵庫にこれらの食材がなかったり，食材があっても腐っていて食べることができなかったりすれば，スーパーに行って足りない食材を買いに行くことになる。「食材」を「人材」に，「冷蔵庫」を「人事システム」に置き換えるとわかりやすいかもしれない。すなわち，当該

8　平成29年7月31日現在。

第1章　人に係るデューデリジェンス　**9**

M&Aの目的が「中華料理の事業に進出すること」であるならば，重要なことは，調理師の資格を持っている社員は何人いるか，調理の腕前はどれくらいのレベルであるか等が重要な調査項目であり，すし職人は邪魔ではないが中華料理人ほどの重要性はないし，学歴も不要，まして，調剤薬局事業に進出するわけではないので，薬剤師の資格を保有していようがいまいが何ら関係はない。また，当該M&Aの目的となる事業が精神的負荷の高い事業（例えば，証券会社の営業，パチンコ店の店員，コールセンター管理者，家電量販店，飲食店の店員，小学校・中学校の教師，介護職，医療従事者等）であれば，脆弱性ストレスレベルの高い人材の数が重要な調査項目になる。

　人事システム（冷蔵庫）については，いかに人材（食材）の鮮度を保ち，事業を成功させる（おいしいカレーを作る）ことができる仕組み（機能）であるかも重要な調査項目であり，M&A取引成立後のPMI[9]のための欠かせない情報である（本書では，任意的調査と呼ぶ）。

　労務DDにおいては，買収価格に直接影響のある「潜在債務」の有無とその程度の調査が中心となる。潜在債務は，費用の会計帳簿上の記帳漏れである「簿外債務」と，想定外の出来事が生じることに伴い発生する「偶発債務」に区別することができる。DDの限られた期間では，この債務を同じ土俵で扱うことは時間の浪費であり，発生リスクの高い「簿外債務」の有無およびその程度について優先的に調査すべきである（取締役の株主に対する義務を果たす意味で本書では義務的調査と呼ぶ）。簿外債務の調査後，時間的にも経済的にも許される状況であれば，「偶発債務」についても，調査することが望ましい（任意的調査と呼ぶ）。以下，整理すると次のとおりとなる（**図表1－1**）。調査事項の優先順位は，労務DD（義務的調査事項）≧ 人事DD（義務的調査事項）＞ 人事DD（任意的調査事項）＞ 労務DD（任意的調査事項）となる。

9　Post Merger Integration。M&Aによる統合効果を確実にするために，DD等で把握した情報を反映させた組織統合マネジメントを推進すること，およびそのプロセス。

	義務的調査事項	任意的調査事項
人事DD（人事マネジメントの調査）	労働法制の遵守度合	人と人事全般
労務DD（潜在債務の調査）	簿外債務	偶発債務

図表1－1 人事DDと労務DDの調査事項

(1) 人事デューデリジェンスの調査項目

　人事DDについては，人事マネジメントの「労働法制の遵守度合い」と「人および人事システム」に大別することができる。前者は，ターゲット会社の人事マネジメントにおける労働法制上の遵守度合いの調査であり，後者は，人の特性，保有している資格，経験，ターゲット会社の社風，人事理念，人事制度等の人事全般にわたる調査である。これらの調査を通じて，人的リスクの洗い出しとともに，ポストM&Aの統合・改革につながる有意義な情報を収集することができる。主な調査項目については次のとおりであるが，これらの調査項目を含め，適宜調査項目を追加ないし選択し，バイサイドで調査項目を決めてDDを実施することになる。なお，最終合意前にこれらすべての調査を行うことは稀であり，実務では，最終合意前に調査できなかった項目については，取引成立後に改めて調査することになる（**図表1－2**）。なお，詳細な調査項目については，巻末資料（チェック表）を参考にされたい。

図表1－2 人事DD調査項目

労働法制の遵守度合	人および人事システム
1．帳票	1．経営理念・人事理念等
2．就業規則	2．人的資源の分析
3．募集・採用活動・試用期間	3．人事制度
4．人事権	4．福利厚生
5．制裁（懲戒）	5．組織力測定
6．労働契約の終了	6．取締役
7．労働安全衛生	7．労働組合
8．パートタイム労働者	
9．派遣労働者（派遣先としての責務）	

10. 外国人労働者	
11. 改正育児・介護休業規程	
12. 助成金の不正受給	

(2) 労務デューデリジェンスの調査項目

　前述したとおり，労働に由来する潜在債務の調査である労務DDについては，費用の会計帳簿上の記帳漏れである「簿外債務」と想定外の出来事が生じることに伴い発生する「偶発債務」の調査に大別することができる。それぞれの具体的な主な調査項目については次のとおりである。これらの調査項目を含め，適宜，調査項目を追加ないし選択し，バイサイドで調査項目を決めてDDを行うことになる（**図表１－３**）。

図表１－３　労務DD調査項目

簿外債務	偶発債務
1. 未払い賃金	1. 労基法上の労働時間
2. 退職給付債務	2. 労基法上の管理職
3. 社会保険（健康保険，厚生年金保険）	3. 解雇
4. 労働保険（労災保険，雇用保険）	4. 取締役・個人請負型就業者の労働者性
5. 障害者雇用	5. 労災民訴
6. 年次有給休暇引当金（IFRS採用企業のみ）	6. 年金民訴
	7. 定年後再雇用
	8. 同一労働同一賃金ガイドライン案
	9. 無期雇用転換申込権

第2章

義務的調査項目

　労基法違反による取締役の刑事責任について，労基法117条以下に罰則の定めがあり，取締役には懲役または罰金が科されることがある。実際，平成27年度に労基署に送検され，検察に起訴された724名のうち，721名が罰金，1名が懲役とされている[1]。

　民事責任については，労働者は資金力のある会社に対して損害を請求するが，会社に支払能力がない場合等には，会社法429条1項による取締役の第三者に対する損害賠償責任または，民法709条の不法行為に基づく損賠賠償責任を根拠に取締役に対して損害賠償請求をなされることがある[2]。

　したがって，取締役が，これらの責任を追及されないためにも「人」に係る労働法制上のルールを軽視せず，最終合意前に義務的調査項目についてはできる限りの範囲で調査すべきである。

　本章では，義務的調査項目のうち，特に違反事項が多い項目や解説が必要と思われる項目を11挙げた。以下，事例を挙げ，労働法制に抵触する事項等を指摘し，解説する。

1　平成27年労働基準監督年報。被疑者の死亡等により，合計数は一致しない。
2　「甲総合研究所取締役事件」東京地判平27・2・27労経速2240号13頁など。

14

1 法定三帳簿，雇入通知書，就業規則，退職証明書，労使協定

事例 1

賃金台帳，出勤簿，労働者名簿，雇入通知書，就業規則，退職証明書，労使協定

ターゲット会社のＡ社の法定三帳簿（賃金台帳，出勤簿，労働者名簿）を中心とした労働に関する帳票を調べたところ，次のような不備があった。

① 賃金台帳

労働日数および労働時間が記載されていない。

② 出勤簿

過去２年分しか出勤簿を保管していない。

③ 労働者名簿

アルバイトの労働者名簿を調製していない。

④ 雇入通知書

退職金について「有」と記載されているが，退職金の決定，計算および支払方法について明示されていない。

⑤ 就業規則

就業規則の備え付けの場所が「休憩室」であった。

⑥ 退職証明書

退職証明書の退職理由には「転職希望による辞職」，労働者名簿の退職理由は「横領による解雇」と記載されていた。担当者のインタビューで確認したところ，退職した労働者から依頼され，退職理由を改ざんした退職証明書を交付したようだ。

⑦ 労使協定

時間外労働に関する労使協定書について，労働者の過半数の代表者に総務部長

が選出されていた。

＜労働法制に抵触する疑いがある＞

① 賃金台帳

　労基法108条で使用者に賃金台帳調製義務を課し，賃金計算の基礎となる事項および賃金の額その他同法施行規則54条１項で定める事項について記入しなければならない。

　「労働日数と労働時間」については，賃金台帳に記入しなければならない事項であるため，これを記入していないＡ社は，30万円以下の罰金に処せられる（労基法120条１項）おそれがあるとレポートした。

② 出勤簿

　労基法109条で「使用者は，労働者名簿……賃金その他労働関係に関する重要な書類を３年間保存しなければならない。」との定めがあり，出勤簿は「その他労働関係に関する重要な書類」に当たる[3]。したがって，出勤簿を完結の日から３年間保管していないＡ社は，30万円以下の罰金に処せられる（同法120条１項）おそれがあるとレポートした。

③ 労働者名簿

　労基法107条で「使用者は，各事業場ごとに労働者名簿を，各労働者（日日雇い入れられる者を除く。）について調製し，労働者の氏名，生年月日，履歴その他厚生労働省令で定める事項を記入しなければならない。」との定めがあり，「日日雇い入れられる者」を除き，アルバイトの労働者名簿も調製しなければならない。したがって，アルバイトの労働者名簿を調製していないＡ社は，30万円以下の罰金に処せられる（同法120条１項）おそれがあるとレポートした。

④ 雇入通知書

　労基法15条では使用者に，労働契約の締結に際し，賃金および労働時間に関する事項その他の厚生労働省令で定める事項について，労働者に対して書面での労働条件の明示義務を課している。「その他の厚生労働省令で定める事項」とは同法施行規則５条２項で掲げられるもので，「退職手当の定めが適用される労働者の範囲，退職手当の決定，計算及び支払の方法並びに退職手当の支払の時期に関

3　厚生労働省労働基準局編『平成22年版　労働基準法（下）』1014頁（労務行政，2011）。

する事項」も書面での明示義務がある。したがって，退職金（退職手当）に関して明示していないＡ社は，30万円以下の罰金に処せられる（同法120条１項）おそれがあるとレポートした。

⑤　就業規則

就業規則の周知については，労基法106条１項では「常時各作業場の見やすい場所へ掲示し，又は備え付けること。」とあり，休憩室は「作業場」ではない。したがって，労基法上の周知義務を果たしていないＡ社は，30万円以下の罰金に処せられる（労基法120条１号）おそれがあるとレポートした。

⑥　退職証明書

労基法22条で「労働者が，退職の場合において，使用期間，業務の種類，その事業における地位，賃金又は退職の事由（退職の事由が解雇の場合にあっては，その理由を含む。）について証明書を請求した場合においては，使用者は，遅滞なくこれを交付しなければならない。」とある。退職した労働者から再就職活動を有利に行うため，事実とは異なる内容を証明書に記載するよう依頼され，これに応じて虚偽の事実を記載した証明書を交付した場合，証明書交付義務違反[4]として，Ａ社は，30万円以下の罰金に処せられる（同法120条１項）おそれがあるとレポートした。

⑦　労使協定

労基法32条で「使用者は，労働者に，休憩時間を除き１週間について40時間を超えて，労働させてはならない。」とあり，この法定労働時間を超えて，使用する場合には，労基法36条により，労働者の過半数で組織する労働組合がある場合においてはその労働組合，労働者の過半数で組織する労働組合がない場合においては労働者の過半数を代表する者との書面による協定をし，これを行政官庁に届け出る手続が必要となる。この「労働者の過半数代表者」については，同法施行規則６条の２第１項１号に「法第41条第２号に規定する監督又は管理の地位にある者でないこと」とあり，総務部長は「法第41条第２号に規定する監督又は管理の地位にある者」に該当する可能性が高い。この場合，協定が無効となるので，同法32条の法定労働時間を超えて労働させる免罰効果が消失し，Ａ社は，６カ月

4　平11・3・31基発169号。

以下の懲役又は30万円以下の罰金に処せられる（労基法119条１項）おそれがあるとレポートした。

解　説

人事DDの１丁目１番地が，法定三帳簿（賃金台帳，出勤簿，労働者名簿）の調査である。労基法上，使用者に様々な帳票の調製を義務づけているが，法定記入事項の漏れがあったり，労働時間の改ざんを行っていたり，そもそも面倒で調製していなかったりと，これらを杜撰に調製している企業は，もともと遵法経営の意識が低く，経験則ではあるが，その他の労働法制上の違反事項も多く散見される。

(1)　賃金台帳

賃金台帳等については，労基法108条で使用者に調製することを義務づけ，同法施行規則54条１項で掲げる次の事項の記載を課している。

> 一　氏名
> 二　性別
> 三　賃金計算期間（○月○日から○月○日まで：例10月21〜11月20日）
> 四　労働日数
> 五　労働時間数
> 六　法第33条若しくは法第36条第１項の規定によって労働時間を延長し，若しくは休日に労働させた場合又は午後10時から午前５時（厚生労働大臣が必要であると認める場合には，その定める地域又は期間については午後11時から午前６時）までの間に労働させた場合には，その延長時間数，休日労働時間数及び深夜労働時間数
> 七　基本給，手当その他賃金の種類毎にその額
> 八　法第24条第１項の規定によって賃金の一部を控除した場合には，その額

賃金台帳の調製を必要とする理由は，国の監督機関が各事業場の労働者の労働条件を随時たやすく把握することができること，労働の実績と支払賃金との

様式第20号（第55条関係）

氏　名	性　別

賃　金　台　帳　（常時使用される労働者に対するもの）

賃金計算期間	労働日数	労働時間数	休日労働時間数	早出残業時間数	深夜労働時間数	基本賃金	所定時間外割増賃金	手当			小計	臨時の給与	賞与	合計	控除金		実物給与

記載心得
一　氏名は当該事業場で使用する労働者番号をもつて代えることができる。
二　残業又は休日労働が深夜に及んだ場合には、深夜の部分の残業労働時間数を深夜労働時間数の欄にも記入すること。
三　実物給与の欄には、当該賃金計算期間において支給された実物給与の評価額をその種類ごとに記入すること。

第2章　義務的調査項目　　19

様式第21号（第55条関係）

賃　金　台　帳　　（日日雇い入れられる者に対するもの）

支払月日	氏名	性別	労働日数	労働時間数	早出残業時間数	深夜労働時間数	基本賃金	賃金所定時間外割増	手　当			合計	控除額	実物給与

記載心得
　一　残業又は休日労働が深夜に及んだ場合には、深夜の部分の残業労働時間数を深夜労働時間数の欄にも記入すること。
　二　実物給与の欄には、当該賃金計算期間において支給された実物給与の評価額をその種類ごとに記入すること。

関係を明確に記録することによって，使用者のみならず労働者にも労働とその対価である賃金に対する認識を深めさせることにある[5]。そのために，同法施行規則55条で，賃金台帳の記入様式は常時使用される労働者は施行規則の様式第20号（18頁参照），日々雇入れられる者（１カ月を超えて引き続き使用される者を除く）については，施行規則の様式第21号（19頁参照)[6]で調製することを義務づけている。

この様式については，法定必要記載事項を具備しさえすれば，横書き，縦書き，その他異なる様式を用いることも差し支えない（労基則59条の２）。なお，労基法41条の各号に該当する労働者については，労働時間数，延長時間数，休日労働時間数の記載は記載する必要はない[7]（労基則54条５項）。また，年次有給休暇権を行使した際の賃金台帳の記載については，年次有給休暇手当を支払った場合には賃金台帳の手当欄に「年次有給休暇手当」として記入すること（昭22・12・26基発573号），年次有給休暇の期間における日数，時間数は，実際に従事した日数および労働時間数とみなしてそれぞれ様式該当欄に記入し，その日数および時間数をそれぞれ該当欄に別掲し括弧をもって囲み，宿日直勤務については，手当欄に宿直手当または日直手当として記入し，おのおのその回数を括弧で囲んで金額欄に付記するよう要請している（昭23・11・２基収3815号）。

特に記載漏れが多いのは，「労働時間数」である。毎月，各自の労働時間を集計する必要があり，事務も煩雑であることから，とにかく記載漏れが多い。労働時間数は，時間外労働等の計算根拠となるので，毎月労使双方が賃金台帳という書面で確認することは個別労働紛争を回避する意味でも重要である。

5　厚生労働省労働基準局・前掲注（３）1009頁。
6　１カ月以内しか使用しない日雇労働者については，賃金台帳に賃金計算期間を記入する必要はない。
7　労基法41条に該当する労働者については，深夜割増賃金の対象となるので，当該労働者が深夜業をした場合，深夜労働時間数は賃金台帳に記入するよう指導される（昭23・２・３基発161号）。

(2) 出勤簿・タイムカード

出勤簿または，タイムカードについては，備え付け義務を直接課している労基法上の条文はないが，労基法においては，労働時間，休日，深夜業等について規定を設けていることから，使用者に労働時間を適正に把握するなど適切に管理する義務を有していることは明らかである。厚生労働省では，労働時間の把握に係る自己申告制（労働者が自己の労働時間を自主的に申告することにより労働時間を把握するもの）の不適正な運用に伴い，割増賃金の未払いや過重な長時間労働といった問題が生じることのないよう「労働時間の適正な把握のために使用者が講ずべき措置に関する基準について」通達[8]を発出していた。

しかし，現状では労基法に違反する加重な長時間労働や割増賃金の未払い等の問題が解消されないことから，当該ヨンロク通達を廃止し，平成29年1月20日に新たに「労働時間の適正な把握のために使用者が講ずべき措置に関するガイドライン」を発出した（基発0120号3号）。

新ガイドラインでは，着替え等の準備行為に要する時間や，いわゆる手待時間，使用者の指示による研修・学習等の時間など，使用者の指揮命令下に置かれていると評価できる時間を労働時間として取り扱うべき旨新たに記載された。ヨンロク通達においても，自己申告制により始業・終業時刻を確認し，記録する場合には，当該労働者に対して，労働時間の実態を正しく記録し，適正に自己申告を行うことなどについて十分な説明を行うこと，自己申告により把握した労働時間が実際の労働時間と合致しているか否かについて，必要に応じて実態調査を実施すること，労働者の労働時間の適正な申告を阻害する目的で時間外労働時間数の上限を設定するなどの措置を講じないこと，時間外労働時間の削減のための社内通達や時間外労働手当の定額払等労働時間に係る事業場の措置が，労働者の労働時間の適正な申告を阻害する要因となっていないかについて確認するとともに，当該要因となっている場合においては，改善のための措置を講ずること等を求めていた。新ガイドラインでは，自己申告した労働時間

8　平13・4・6基発339号。「ヨンロク通達」と呼ばれている。

を超えて事業場内にいる時間について，その理由等を労働者に報告させる場合には，当該報告が適正に行われているかについて確認し，休憩や自主的な研修，教育訓練，学習等であるため労働時間ではないと報告されていても，実際には，使用者の指示により業務に従事しているなど使用者の指揮命令下に置かれていたと認められる時間については，労働時間として扱わなければならないこと，労使協定（36協定）により延長することができる時間数を超えて労働しているにもかかわらず，記録上これを守っているように記載することが，実際に労働時間を管理する者や労働者において，慣習的に行われていないかについても確認すること等が加わった。

(3) 労働者名簿

　賃金台帳と同様に労働者名簿についても，労基法107条では使用者に調製義務を課している。労働者名簿の記入事項については，同法同条で，労働者の氏名，生年月日，履歴[9]の記入を要請している他，労基則53条１項で，①性別，②住所，③従事する業務（常時30人以上労働者を使用する事業），④雇入れ日，⑤退職の年月日およびその事由（退職の事由が解雇の場合にあってはその理由を含む），⑥死亡の年月日およびその原因の事項についても記入義務を課している（23頁参照）。なお，上記に加え，これ以外の事項を記入しても差し支えなく，表彰・制裁履歴および勤務成績履歴やマイナンバー（個人番号）等をあわせて記入することがある。

(4) 雇入通知書

　労働契約関係が成立した際には，使用者は労働者に対し，賃金，労働時間その他の労働条件を明示しなければならず，特に賃金および労働時間に関する事項その他の厚生労働省令で定める事項については，厚生労働省令で定める方法により明示しなければならない（労基法15条）。ここでいう「その他の厚生労

9　履歴については，入社時からの配属された部署を記入するが，労働災害等の認定資料として使われることもある。

第 2 章 業務的調査項目　23

労働者名簿

様式第 19 号（第 53 条関係）

フリガナ			性別	
氏名				
生年月日	年　月　日			
現住所				
雇入年月日	年　月　日			
業務の種類				
履歴				
解雇・退職 または死亡	年月日	年　月　日		
	事由			
備考				

働省令で定める事項」とは同法施行規則5条1項で次に掲げるものとしている。

雇入通知書に記載すべき事項

一　労働契約の期間に関する事項

一の二　期間の定めのある労働契約を更新する場合の基準に関する事項

一の三　就業の場所及び従事すべき業務に関する事項

二　始業及び終業の時刻，所定労働時間を超える労働の有無，休憩時間，休日，休暇並びに労働者を2組以上に分けて就業させる場合における就業時転換に関する事項

三　賃金（退職手当及び第五号に規定する賃金を除く。以下この号において同じ。）の決定，計算及び支払の方法，賃金の締切り及び支払の時期並びに昇給に関する事項

四　退職に関する事項（解雇の事由を含む。）

四の二　退職手当の定めが適用される労働者の範囲，退職手当の決定，計算及び支払の方法並びに退職手当の支払の時期に関する事項

五　臨時に支払われる賃金（退職手当を除く。），賞与及び第八条各号に掲げる賃金並びに最低賃金額に関する事項

六　労働者に負担させるべき食費，作業用品その他に関する事項

七　安全及び衛生に関する事項

八　職業訓練に関する事項

九　災害補償及び業務外の傷病扶助に関する事項

十　表彰及び制裁に関する事項

十一　休職に関する事項

　ただし，第一号の二に掲げる事項については期間の定めのある労働契約であって当該労働契約の期間の満了後に当該労働契約を更新する場合があるものの締結の場合に限り，第四号の二から第十一号までに掲げる事項については使用者がこれらに関する定めをしない場合においては，この限りでない。

　これらの事項を雇入通知書に記載するにあたり，通達では次の点に留意するよう指摘している。

　まず，期間の定めのある労働契約の場合はその期間，期間の定めのない労働契約の場合はその旨を記載する必要があるとし，就業の場所および従事すべき

業務に関する事項は雇入れ直後に明示すれば足りるが，将来の就業場所や従事させる業務を併せて網羅的に明示することは差し支えなく，当該労働者に適用される労働時間等に関する具体的な条件については明示しなければならないとしている（平11・1・29基発45号）。

さらに，賃金に関する事項については，就業規則の規定と併せ，賃金に関する事項が当該労働者について確定し得るものであればよく（昭51・9・28基発690号），退職に関する事項は，退職の事由および手続，解雇の事由等を明示しなければならないが，当該明示すべき事項の内容が膨大なものとなる場合においては，労働者の利便性をも考慮し，当該労働者に適用される就業規則上の関係条項を網羅的に示すことで足りるとしている（平11・1・29基発45号，平15・10・22基発1022001号）。

(5) 就業規則

就業規則とは，労働条件や職場のルールについて使用者が作成する規則の総称である。したがって，ターゲット会社における労働条件や職場のルールを把握するにはもっとも有効な資料でもある。

この就業規則には，賃金規程や退職金規程等のように就業規則の本則とは別に定められている規程が附属することもあるが，これらの規程に労働条件や職場のルール等に関する規定が記載されていれば，就業規則とみなされる[10]。また，就業規則は約款（契約）としても機能しており，わが国では，特に正社員について，個別に労働契約書を作成して採用されることは少なく，これに代わる機能を有している。日本企業の採用の場面では，労働条件の個別の交渉はほとんど行われず，就業規則に定められた定型的な労働条件を一括受諾して労働契約が締結されることが多い[11]。

就業規則については，労基法89条に「常時10人以上の労働者を使用する使用

10　それらの規程が労基法89条で定める「就業規則」に該当する場合には，管轄労基署長に届出が必要となる。

11　水町勇一郎『労働法』87頁（有斐閣，第6版，2016）。

者は，次に掲げる事項について就業規則を作成し，行政官庁に届け出なければならない。」と定めがあり，この作成（変更を含む）義務違反，届出義務違反には30万円以下の罰金刑が科せられる（同法120条1号）。

① 作成義務

作成義務が課せられる「常時10人以上」とは，企業単位ではなく，事業場単位で常態として10人以上を使用している場合を指し，一時的に10人未満となることがあってもこの要件に該当する。当該労働者には常時使用されている限り，パートやアルバイトもこれに含まれるが，派遣労働者については，派遣元の労働者としてカウントされるので，派遣労働者は含めない[12]。まずは，これらに留意して，ターゲット会社の出勤簿などから常時10人以上の労働者を正確に算出する必要がある。

次に，就業規則に記載する事項としては，必ず記載しなければならない絶対的必要記載事項[13]と，そのような制度が設ける場合には記載する必要がある相対的必要記載事項があるので，ターゲット会社において，これら必要記載事項を確認することになる（巻末のチェックリストを参照）。

② 届出義務

行政官庁（労基署）への届出については，労基法90条で「労働者の過半数で組織する労働組合がある場合においてはその労働組合，労働者の過半数で組織する労働組合がない場合においては労働者の過半数を代表する者の意見を聴かなければなら」ず，同条2項に「前項の意見を記した書面を添付しなければならない。」とある。意見を聴くことは，同意を得ることではないので，就業規則に添付した意見書の内容が当該就業規則に全面的に反対するものであっても，特定部分に関して反対するものであっても構わない。また，何度も督促したにもかかわらず，過半数代表者が意見を表明せず，意見書を添付することができ

---

12 東京大学労働法研究会編『注釈労働基準法（下）』1002頁以降（有斐閣，2003）。
13 絶対的必要記載事項の一部を欠いても就業規則全体は無効とはならない。

なければ，その旨を記載した書面を添付することで，届出は受理される。

③　周知義務

　就業規則の周知については，労基法106条1項で「就業規則を見やすい場所に掲示し，または備え付けること，書面で交付することその他厚生労働省令で定める方法によって，労働者に周知させなければならない。」と定めがあり，周知義務を怠っても30万円以下の罰金に処せられる（同法120条1号）。

　周知方法については，就業規則を労働者が必要なときに容易に確認できる状態であることが「周知させる」ための要件を充足するとされ[14]，「その他厚生労働省令で定める方法による」とは，①常時各作業場の見やすい場所へ掲示し，または備え付けること，②書面を労働者に交付すること，③磁気テープ，磁気ディスクその他これらに準ずる物に記録し，かつ，各作業場に労働者が当該記録の内容を常時確認できる機器を設置することである（労基則52条の2）。なお，本条は周知方法を特定しているので，これによらない方法により実質的周知を図っても，法の定める方法で労働者が常時確認できる状態でなければ，本条違反は成立する。

④　労基法上の「周知」と労契法上の「周知」

　ところで，労契法7条および10条における「周知」は，労働契約法上の効力の有無という契約法的観点から求められるものであるため，労基法で定める周知に限らず，いかなる方法によるものであっても実質的にみて労働者が知ろうと思えば知りうる状態になっていればよいと解され，労基法上の周知とは異なる概念として，「実質的周知」と呼ばれている[15]。

　当該実質的周知については，第1に周知方法（就業規則の定める労働条件へのアクセスの問題）が，第2に周知対象（周知される情報）の適切性・的確性が問題になるが，労契法10条においては，就業規則に定める労働条件が労働契

14　平11・3・31基発169号。
15　中村克己ほか『就業規則の変更をめぐる判例考察』293頁（三協法規出版，2014）。

約の内容となる前提要件であるので，周知の客体たる情報が適切・的確である
ことも要請される[16]。近時の裁判例[17]では，退職金制度の変更を朝礼で言及し，
休憩室の壁に改定後の就業規則を掛けていても，新しい就業規則に退職金の計
算方法等が具体的に記載されていなかったことから，周知されたとはいえない
として新就業規則の効力を否定したものがある。

(6)　退職証明書

　解雇等の退職をめぐるトラブルを回避し，労働者の再就職活動に資するため，
労基法22条で「労働者が，退職の場合において，使用期間，業務の種類，その
事業における地位，賃金又は退職の事由（退職の事由が解雇の場合にあっては，
その理由を含む）について証明書を請求した場合においては，使用者は，遅滞
なくこれを交付しなければならない」と「退職証明書」（29頁以下参照）の交
付義務を課している。さらに同法22条2項で「労働者が，第20条第1項の解雇
の予告がされた日から退職の日までの間において，当該解雇の理由について証
明書を請求した場合においては，使用者は，遅滞なくこれを交付しなければな
らない」と「解雇理由証明書」（31頁参照）の交付義務も課している。ただし，
これらの証明書には，労働者の請求しない事項を記入してはならず（同法22条
3項），ブラックリストを作らせないため，あらかじめ第三者と謀り，労働者
の就業を妨げることを目的として，労働者の国籍，信条，社会的身分もしくは
労働組合運動に関する通信をし，または同法22条第1項および第2項の証明書
に秘密の記号を記入してはならないとしている（同法22条4項）。

　交付の時期については，特に何日以内という明確な規定はなく，単に「遅滞
なく」と一般的に規定するのみであるが，使用者が意識的であるか否かを問わ
ず，証明書の交付を遅らせた場合には，当該労働者の就業を妨害する結果とな
るおそれがあることに鑑み，この「遅滞なく」とは「可及的速やかに」の意と
解すべきであり，また労働者が期限を付して請求した場合においては，使用者

16　荒木尚志ほか『詳説労働契約法』113〜114頁（弘文堂，第2版，2014）。
17　「中部カラー事件」東京高判平19・10・30労判964号72頁。

第2章　義務的調査項目　29

退 職 証 明 書

_____殿

　以下の事由により、あなたは当社を　　　　　年　　　月　　　日に退職したこと
を証明します。

年　　　　月　　　　日

事業主氏名又は名称

使 用 者 職 氏 名

①　あなたの自己都合による退職　（②を除く。）

②　当社の勧奨による退職

③　定年による退職

④　契約期間の満了による退職

⑤　移籍出向による退職

⑥　その他（具体的には　　　　　　　　　　　　　　　　　）による退職

⑦　解雇（別紙の理由による。）

※　該当する番号に○を付けること。

※　解雇された労働者が解雇の理由を請求しない場合には、⑦の「（別紙の理由による）」
　　を二重線で消し、別紙は交付しないこと。

別　紙

ア　天災その他やむを得ない理由（具体的には、

によって当社の事業の継続が不可能になったこと。）による解雇

イ　事業縮小等当社の都合（具体的には、当社が、

となったこと。）による解雇

ウ　職務命令に対する重大な違反行為（具体的には、あなたが

したこと。）による解雇

エ　業務について不正な行為（具体的には、あなたが

したこと。）による解雇

オ　相当長期間にわたる無断欠勤をしたこと等勤務不良であること（具体的には、あなたが

したこと。）による解雇

カ　その他（具体的には、

）による解雇

※　該当するものに〇を付け、具体的な理由等を（　）の中に記入すること。

第2章　義務的調査項目　**31**

解 雇 理 由 証 明 書

_____　殿

　当社が、____年____月____日付けであなたに予告した解雇については、以下の理由によるものであることを証明します。

年　　　　月　　　　日

　　　　　事業主氏名又は名称
　　　　　使 用 者 職 氏 名

〔解雇理由〕※1、2

1　天災その他やむを得ない理由（具体的には、

　　　　　　　　によって当社の事業の継続が不可能となったこと。）による解雇

2　事業縮小等当社の都合（具体的には、当社が、

　　　　　　　　　　　　　　となったこと。）による解雇

3　職務命令に対する重大な違反行為（具体的には、あなたが

　　　　　　　　　　　　　　したこと。）による解雇

4　業務については不正な行為（具体的には、あなたが

　　　　　　　　　　　　　　したこと。）による解雇

5　勤務態度又は勤務成績が不良であること（具体的には、あなたが

　　　　　　　　　　　　　　したこと。）による解雇

6　その他（具体的には、

　　　　　　　　　　　　　　　　　　　　）による解雇

※1　該当するものに○を付け、具体的な理由等を（　）の中に記入すること。
※2　就業規則の作成を義務付けられている事業場においては、上記解雇理由の記載例にかかわらず、当該就業規則に記載された解雇の事由のうち、該当するものを記載すること。

は可能な限りこれに応じなければならない[18]。

法定記載事項について，通達[19]では，「使用期間」は，当該企業における使用期間であり，「業務の種類」はできるだけ具体的に記入し，特に特殊技能を必要とするものについてはそれが明確となるよう記入されるべきとし，また，「地位」は，単に職名のみならず，その責任の限度を明確にすべきであり，「賃金」は手当の名称ごとに分類し，あわせて1カ月の総額も記入すべきとしている。「退職の理由」については，自己都合退職，勧奨退職，解雇，定年退職等，労働者が身分を失った事由のことであり，退職時の離職票を退職証明書に代えることはできない。

退職証明書の交付請求は1回に限定されず，複数回請求されても，退職証明書請求権の時効である退職時から2年（労基法115条）以内であれば，これに応じる義務があり，これを拒否した場合も労基法に抵触することになる。

ところで，本来，退職証明書は，未然に紛争を防止するために交付されるものであるが，現実には，解雇に不満がある労働者が使用者の主張する解雇の理由を確認するために退職証明書あるいは解雇理由証明書の交付を請求することもある。当該証明書により解雇の理由が明示されたからといって，労働者が納得して紛争に至らずに収束するということはなく，むしろ，解雇理由書の請求は，弁護士その他の第三者機関に相談するためであったり，あるいは，訴訟等の準備のためであったりするものである[20]。したがって，退職証明書に記載していない事実は，将来の訴訟において主張することが難しくなることを認識しておき，就業規則上の根拠をはじめ，できるだけ網羅して記載しておくことが肝要である。

(7) 労使協定

労基法においては，労働者の過半数で組織する労働組合がある場合はその労

18　厚生労働省労働基準局・前掲注（3）331頁。
19　平11・1・29基発45号。
20　藤井康弘「「退職証明書」「解雇理由証明書」作成上の留意点」ビジネスガイド2014年9月号37～38頁。

働組合，労働者の過半数で組織する労働組合がない場合は労働者の過半数を代表する者（以下，「過半数代表者等」という）と書面による労使協定を締結し，管轄の労働基準監督署へ届け出る[21]ことで，労基法の規制を免除する効果を認めている。

ここでは，労使協定の代表格である「時間外労働・休日労働に関する労使協定」について解説する。なお，当該労使協定を締結し，手続を行う効果は，労基法上の免罰的効果のみであり，労働者に対して時間外労働を命じる効果が生じるわけではない。所定労働時間を超える労働提供義務は，就業規則や労働契約等により，予め当事者間の合意が必要となる。

①　36（サブロク）協定

労基法32条で1週について40時間，1日について8時間を超えて労働させることを禁止しており，この法定労働時間を超えて労働させた場合，使用者は6カ月以下の懲役または30万円以下の罰金に処せられる（同法119条1項）。ただし，労基法36条で，「過半数代表者等との書面による協定をし，これを行政官庁に届け出た場合においては，第32条から第32条の5まで若しくは第40条の労働時間（以下，この条において「労働時間」という）又は前条の休日（以下，この項において「休日」という）に関する規定にかかわらず，その協定で定めるところによって労働時間を延長し，又は休日に労働させることができ」，「協定で定める労働時間の延長，又は休日に労働させること」が許されることになる（34頁参照）。

②　協定の締結当事者

労使協定の労働者側の締結当事者については，過半数代表者等となるが，過半数代表を選出する際には，同法施行規則6条の2で労基法「41条2号の監督

21　労基則17条1項の様式第9号を使用。なお，様式第9号に所要の事項を記載し，これに労使代表が押印すれば，その様式自体が36協定となる（昭53・11・20基発642号，昭63・3・14基発150号，平11・3・31基発168号）。

様式第9号(第17条関係)

時間外労働 / 休日労働 に関する協定届

事業の種類	事業の名称	事業の所在地(電話番号)

	時間外労働をさせる必要のある具体的事由	業務の種類	労働者数(満18歳以上の者)	所定労働時間	延長することができる時間	期間
					1日	1日を超える一定の期間(起算日)	
① 下記②に該当しない労働者						
② 1年単位の変形労働時間により労働する労働者						

	休日労働をさせる必要のある具体的事由	業務の種類	労働者数(満18歳以上の者)	所定休日	労働させることができる休日並びに始業及び終業の時刻

協定の成立年月日　　　年　　月　　日

協定の当事者である労働組合の名称又は労働者の過半数を代表する者の
職名
氏名

協定の当事者(労働者の過半数を代表する者の場合)の選出方法(　　　　　　　)

　　年　　月　　日

使用者　職名
　　　　氏名

労働基準監督署長殿

記載心得

1 「業務の種類」の欄には、時間外労働又は休日労働をさせる必要のある業務を具体的に記入し、労働基準法第36条第1項ただし書の健康上特に有害な業務について協定をした場合には、当該業務を他の業務と区別して記入すること。
2 「延長することができる時間」の欄の記入に当たっては、次のとおりとすること。
　(1) 「1日」の欄には、労働基準法第32条から第32条の5まで又は第40条の規定により労働させることができる最長の労働時間を超えて延長することができる時間を記入すること。
　(2) 「1日を超える一定の期間(起算日)」の欄には、労働基準法第32条から第32条の5まで又は第40条の規定により労働させることができる最長の労働時間を超えて延長することができる最長の労働時間を記入すること。なお、「1日を超える一定の期間」は、労働基準法第36条第1項の協定で定められた同項第2号の期間及び1年についての限度となる期間をそれぞれ協定し、当該期間の起算日を括弧書きし、その下の欄に当該期間に応じ、それぞれ当該期間についての延長することができる限度となる時間を記入すること。
3 ②の欄は、労働基準法第32条の4の規定による労働時間により労働する労働者(対象期間が3箇月を超える1年単位の変形労働時間制により労働する者に限る。)について記入すること。
4 「労働させることができる休日並びに始業及び終業の時刻」の欄には、労働基準法第35条の規定による休日であって労働させることができる日並びに当該休日の労働の始業及び終業の時刻を記入すること。
5 「期間」の欄には、時間外労働又は休日労働をさせることができる期間を記入すること。

又は管理の地位にある者でないこと」および，「投票，挙手等の方法による手続により選出された者であること」が要請され，この条件を満たさない者との労使協定は無効となり，免罰的効果は発生しないことになる。

　また，任期を定めて従業員代表を選出し，その任期中は選出手続をとらずに，継続して従業員代表として協定の当事者になることがあるが，学説はさておき，法は任期制を予定していない。しかし，実務上では，事業場の労働者の人数に大きな変動がなく，また，従業員代表が期間の定めのある労働契約を締結している者であっても労働契約を超えて任期を定めるもの等の従業員代表の要件を欠かない限り，任期制を認めている。

　一方，会社側の締結当事者については，労基法では「使用者」とのみ規定され，取締役以上の者等の具体的な要請は行われていない。この使用者については，労基法10条で「事業主又は事業の経営担当者その他その事業の労働者に関する事項について，事業主のために行為をするすべての者をいう。」とあることから，代表取締役のみならず，人事部長等でも構わない。なお，会社側の締結当事者として人事部長等の代表取締役以外の者が労使協定を締結する場合の使用者印については，代表取締役印を使用せず，個人印を押印することになるが，自署の場合では押印そのものを省略することが可能である。

③　特別条項付36協定

　労働時間の延長できる限度について，労基法36条2項で「厚生労働大臣は，労働時間の延長を適正なものとするため，前項の協定で定める労働時間の延長の限度，当該労働時間の延長に係る割増賃金の率その他の必要な事項について，労働者の福祉，時間外労働の動向その他の事情を考慮して基準を定めることができる。」とあり，次の時間を厚生労働大臣が限度時間として定めている[22]（**図表2－1**）。

22　平成10年労働省告示154号，最終改正：平成21・5・29厚生労働省告示316号の3条。

図表2−1 延長時間の限度基準

期　　　間	限度時間
1週間	15時間
2週間	27時間
4週間	43時間
1カ月	45時間
2カ月	81時間
3カ月	120時間
1年	360時間

　ただし，予め次の要件を満たした労使協定（特別条項付36協定）を締結した場合には，限度時間を超えて時間外労働を行わせることができる。

①　原則の限度時間
②　限度時間を超えて行わなければならない「特別の事情」をできるだけ具体的に記載
③　「特別の事情」は，一時的または突発的であること。全体として1年の半分を超えないことが見込まれること
④　「特別の事情」が生じ，限度時間を延長する場合における労使間の手続を，協議，通告，その他具体的に定めること。
⑤　限度時間を超えることのできる回数を定めること
⑥　限度時間を超えることのできる一定の時間を定めること
⑦　⑥を定めるに当たり，当該時間をできる限り短くするよう努めること
⑧　限度時間を超える時間外労働に係る割増賃金の率を定めること
⑨　⑧の割増賃金の率は，法定割増賃金率（2割5分）を超える率[23]とするよう努めること

　ターゲット会社において，特別条項付きの36協定が締結されている場合，過重労働が疑われ，メンタルヘルス不調者の存在も予想される。

23　60時間を超える時間外労働の割増率は5割以上であるが，平成31年3月31日までは中小企業の適用が猶予されている。

第2章 義務的調査項目 **37**

(8) 記録の保存

労基法109条では使用者に，労働者名簿等の書類を３年間保存する義務を課している。

この３年の起算日については，書類により異なり，施行規則56条で次のように定めている。

> 一　労働者名簿については，労働者の死亡，退職又は解雇の日
> 二　賃金台帳については，最後の記入をした日
> 三　雇入れ又は退職に関する書類については，労働者の退職又は死亡の日
> 四　災害補償に関する書類については，災害補償を終った日
> 五　賃金その他労働関係に関する重要な書類については，その完結の日

保存義務が課されている書類については，光学式読取装置により読み取り，画像情報として光磁気ディスク等の電子媒体に保存する場合であって，①画像情報の安全性が確保されていること，②画像情報を正確に記録し，かつ，長期間にわたって復元できること，③労働基準監督官の臨検時等，保存文書の閲覧，提出等が必要とされる場合に，直ちに必要事項が明らかにされ，かつ，写しを提出し得るシステムとなっていること等の要件のいずれも満たすときは，本条違反とはならないと解される[24]。

なお，退職金制度のあるターゲット会社において，退職金額の算出に基本給を採用している場合，退職金の請求時効は５年（労基法115条）であることから，退職者から退職金額に対する根拠の問い合わせ等に対応するため，賃金台帳を少なくとも５年保管しておくことが必要であろう。ターゲット会社において，賃金台帳を法定の３年間しか保管していない場合については，賃金規程，離職票（４年保管）および源泉徴収簿（申告書の提出期限の属する年の翌年１月10日の翌日から７年保管）から，基本給を推測することになる。

24　厚生労働省労働基準局・前掲注（３）1015頁。

38

2 内々定，内定，試用期間

事例
2

内々定，内定，試用期間

ターゲット会社であるＡ社の人事担当者とのインタビューで，Ａ社は内々定から試用期間までを次のように位置づけて対応していたことがわかった。

内々定	労働契約の締結過程にすぎず，9月30日までならば，キャンセルしても，会社には何らペナルティーはない。
内定	入社日に労働契約を締結するという予約であり，入社日の前日までならキャンセル可能である。
試用期間	試用期間の3カ月間は本採用までの観察期間であり，適格性がないと判断した者については，労基法上の解雇予告義務を回避するため，入社後14日以内に本採用を拒否することができる。

　Ａ社では，昨年，内々定を辞退する者が当初の予想よりも少なかったため，9月30日に太郎の内々定を取り消した。一方，内定を出した80名の内，次郎を含む12人に対し，11月5日に実施した入社前研修を卒論の指導を受けるため欠席したことから，12人の内定を取り消した。

　また，4月1日付け新卒採用で入社した花子は，入社の初日から3日連続で遅刻し，口頭で注意したにもかかわらず，翌日も遅刻したので，4月5日付けで本採用を拒否する旨伝えた。

＜内々定，内定，試用期間の取扱いについて問題がある＞

① 9月30日付けで内々定を取り消した太郎について

　内々定が労働契約締結の予約であったにせよ，10月1日に一斉に内定式を行う日本の労働慣行においては，その直前での内々定の取り消し行為は，内々定者の

第2章　義務的調査項目　**39**

期待権を侵害する不法行為となり，損害賠償を支払うことになりうる旨レポートした。

② 11月5日付けで内定を取り消した次郎ら12人について

同一年度に10人以上内定を取り消した企業について，厚生労働大臣は，企業名を公表することができる。したがって，A社は内定を取り消した企業として企業名を公表されるおそれがある。内定の一般的な位置づけは，始期付（通常4月1日スタート）・解約権留保付（一定の理由が生じた場合，契約の解除権が使用者に付与されている）の労働契約が成立しているものと解されており，次郎の内定取り消しは解雇にあたる。当該内定取り消しが解雇であれば，解雇権濫用法理が適用されることになり，たった1度の研修に欠席したことで解雇することについて，客観的事実があるにせよ社会通念上の相当性に欠け，当該内定取り消しは無効となる可能性が高い旨レポートした。

③ 4月5日付けで本採用を拒否した花子について

試用期間は本採用までの観察期間とはいえ，解約権留保付の労働契約が既に成立していることから，本採用拒否は解雇にあたり，当該本採用拒否は，解雇権濫用法理が適用されることになる。また，労基法20条は解雇について「30日前の解雇予告または30日分以上の解雇予告手当」義務を使用者に課し，同法21条で「引き続き14日を超えて使用される試の使用期間中の者」も適用される。つまり，採用後，14日以内の試の使用期間中の者については，解雇予告も解雇予告手当の支払いも必要ないが，これは単に労基法上の「解雇手続の規制の例外」にすぎず，入社後14日以内の解雇権の行使そのものを正当化させるものではない。花子については，遅刻4回という正社員として適格性にやや欠ける要素が見られたとしても，比較的軽微であり，かつ試用期間中でもあることから，社会通念上相当性として是認できず，当該本採用拒否（解雇）は無効となるおそれがある旨レポートした。

解　説

新規学卒者の採用における内々定，内定については，その実態は多様であり，具体的な事実関係に則して個別にその法的性質を判断することになる。一般的

には，「内々定」は労働契約締結の１つの過程で予約的なものであり，「内定」は多くの企業が10月１日に内定式を行うことから，事実上拘束され，内定通知を交付された時点で「始期付・解約権留保付の労働契約」が成立すると解されている。また，入社日以降の試用期間では，「解雇権留保付の労働契約」が成立すると解されており，内定取り消しおよび，本採用拒否は「解雇」にあたり，解雇であれば，客観的に合理的な理由があり社会通念上相当性として是認できない場合，解雇権の濫用で無効となる（**図表２－２**）。

図表２－２　**内々定から本採用までのイメージ**

内々定 （６月１日～）	内々定 （10月１日～）	試用期間 （４月１日～）	本採用 （７月１日～）
労働契約締結予約 →	始期 解雇権留保 労働契約成立 →	解雇権留保 労働契約成立 →	労働契約成立

(1)　内々定

　わが国では新卒者を正規従業員として一括採用する場合，①プレ広報[25]，②広報活動[26]，③採用選考[27]，④内々定[28]，⑤内定，⑥入社（試用期間），⑦本採用（試用期間終了）というプロセスを経て行われる。

　内々定とは，「内定前の１つのプロセスであり，応募者に対する採用予約である」と本書では定義する。あくまでも，採用の予約であるため，内々定を得た学生は，その後も他社への就職活動を継続して自由に行うことが許され，その結果，複数の企業から内々定を得た上で，最終的（９月30日まで）に一社に

25　インターンシップ，就職支援イベント，およびセミナー等を行うことで，エントリーを促進すること。

26　経団連の採用選考に関する指針では卒業・修了年度に入る直前の３月１日以降としている。

27　経団連の採用選考に関する指針では卒業・修了年度の６月１日以降としている。

28　経団連の採用選考に関する指針では卒業・修了年度の10月１日以降としている。

絞ることになる。

　一方，企業でも，ある程度の辞退者を見込んで内々定を通知するが，ボーダーラインの学生には，状況次第で通過連絡を入れられるように通過者のみに連絡する，いわゆる「サイレント」対応を行う企業もある[29]。そして，当初の予想よりも内々定を辞退する者が少なかったり，また，会社の経営環境の急激な悪化により採用計画を大幅に見直さざるを得ない理由が生じたりした場合に内々定を取り消すことがある。

　内々定はあくまでも採用の予約であることから，この段階では，原則として，双方ともにキャンセルすることができるが，キャンセルを連絡する時期については，可能な限り早く行い，その理由を誠実な態度で説明する等の信義則上の義務を負う。

　すなわち，学生が内々定を辞退する場合には，できるだけ早く確実な方法で会社に連絡し，誠実な態度で辞退する理由を説明する義務を負うし，企業が内々定を取り消す場合にも，他社への就労の機会を失わせないようできるだけ早く確実な方法で伝え，誠実な態度で内々定を取り消す理由を説明する義務を負う。例えば，ホテルの宿泊を予約した客が直前になって宿泊をキャンセルした場合，キャンセル料を請求されることがあるが，同様に内定日直前の９月30日に企業が内々定を取り消したケースでは，信義則違反として企業に対して55万円の損害賠償の支払いを命じた裁判例[30]もある。

　また，経団連の「採用選考に関する指針」[31]では，内々定の段階で学生に対して誓約書等を要求しないとされているが，当該指針は法的拘束力がないため，企業サイドでは内々定通知書以外に雇入れ通知書等を交付したり，誓約書を提出させたりすることがある。

　このように，学生に対して，誓約書，卒業見込み証明書および健康診断書等の提出を求め，さらに，他社への就職活動を妨げるような拘束が認められたり

29　平野恵子「2017年卒採用の総括と実務」労政時報3920号24頁（2016）。
30　「「コーセーアールイー」（第２）事件」福岡高判平23・３・10労判1020号82頁。
31　旧倫理憲章。

する場合には，内々定であっても，始期付・解約権留保付の労働契約が成立していると解される。この場合の「内々定取り消し」は「解雇」にあたり，内々定を取り消す際には，解雇権濫用法理が適用され，客観的に合理的な理由があり社会通念上相当性として是認できる場合にのみ許されることになる。

(2) 内 定

　一般に採用内定日（10月1日）に内定通知を交付した時点で始期付・解約権留保付の労働契約の成立が認められると解されている。これは，新規卒業者の採用過程を検討して，採用内定により始期付・解約権留保付の労働契約の成立を認めた大日本印刷事件[32]において確定されている概念である。当該事件は，入社予定日の直前に採用内定を取り消したケースで内定取消の効力が争われたものであるが，判例では「採用内定により，労働者が働くのは大学卒業直後とし，それまでの間に企業と学生が取り交わした誓約書に記載されている採用内定取消事由があれば会社が解約することができることを約した労働契約が成立したと認めるのが相当」とし，「採用内定の取消は，採用内定当時知ることができず，また知ることが期待できないような事実であり，これを理由として採用内定を取消すことが客観的に合理的と認められ社会通念上相当として是認することができるものに限られると解するのが相当である」と示した。

　「始期」については，やむを得ない理由により，採用内定の際に定められていた入社日は変更しないものの，事業主の都合により休業させ，実際の就業をさせなかったり（自宅待機）または，事業主の都合により，採用内定の際に定められていた入社日を延期したりする（入社日の延期）場合には，所定の様式により，管轄のハローワークおよび施設の長[33]に通知する必要がある（職安則35条[34] 2項）。

　留保されている解約権を行使した企業，つまり，内定を取り消した企業につ

32　最二小判昭54・7・20民集33巻5号582頁。
33　学校の校長等。
34　「新規学校卒業者の採用内定取消等に係る事前通知制度」という。

いて，厚生労働大臣は，倒産により翌年度の新規学校卒業者の募集・採用が行われないことが確実な場合を除き，厚生労働大臣が定める場合に該当したときには，企業名を公表することができるとしている（職安則17条の4，平成21年厚生労働省告示5号）。

内定取り消し企業として企業名を公表される場合
① 2年度以上連続して行われたもの
② 同一年度内において10名以上の者に対して行われたもの（内定取消しの対象となった新規学校卒業者の安定した雇用を確保するための措置を講じ，これらの者の安定した雇用を速やかに確保した場合を除く）
③ 生産量その他事業活動を示す最近の指標，雇用者数その他雇用量を示す最近の指標等に鑑み，事業活動の縮小を余儀なくされているものとは明らかに認められないときに行われたもの
④ 次のいずれかに該当する事実が確認されたもの
 ・内定取消しの対象となった新規学校卒業者に対して，内定取消しを行わざるを得ない理由について十分な説明を行わなかったとき
 ・内定取消しの対象となった新規学校卒業者の就職先の確保に向けた支援を行わなかったとき

内定取り消しに係るトラブルを回避するためには，予め内定通知書や誓約書に記載された「内定取消事由」を具体的に記載しておくことが必要であり，ターゲット会社の内定通知書の内容をチェックしておくべきである。例えば，「提出書類に虚偽がある場合」「学校を卒業できなかった場合」「健康上の理由から入社日から一定期間就労することができない場合」等が挙げられるが，取消事由に該当すれば内定取り消しが無条件に認められるわけではなく，その都度，解雇権濫用法理の適用を検討して判断する必要がある。

内定者の生活の本拠が学生生活の場である以上，これを尊重し，内定期間中の研修によって学業を阻害してはならないことから，内定期間中の研修への不参加を理由とする内定取り消しについては，これを無効とした事例[35]もあり，

---

35 「宣伝会議事件」東京地判平17・1・28労判890号5頁。

また，「会社の経営環境の急激な悪化により採用することが困難になった場合」で内定を取り消す際には，通常の解雇よりハードルが高く，「整理解雇」としての4要件（あるいは，4要素）を充足していなければ，法的効力が認められないと解されている。

なお，内定者を入社前の研修に参加させた場合，賃金の支払い義務が問題となることがある。一般に労働者を使用者の指揮命令下に置いた場合には，労基法上の労働時間として認められることとなる。しかし，労基法では法定労働時間を超えた場合に割増賃金の支払いを義務付けてはいるが，労基法上の労働時間であれば，常に賃金請求権が発生するわけではない[36]。したがって，研修の参加を無給とするのであれば，トラブルを回避するため，予めその旨伝えておくことが賢明である。ただし，研修の参加に対して賃金を支払うのであれば，最低賃金を下回ることがないよう注意しなければならない。

(3) 試用期間

新卒学生に対する試用期間とは，日本の長期雇用システムにおいて，定年まで雇用するために相応しい人材かを判定する期間として位置づけられ，適格性を観察・評価することを第一の目的としている。その長さについては，法律上の規定がないので，通常，3カ月から6カ月程度の試用期間をおくが，この期間は労働者にとって不安定な状態であり，必要以上に長期にわたる試用期間の設定は公序良俗に反して無効となりうる。試用期間中の賃金については，本格的に業務に就かせることが少ないことから，都道府県労働局長の許可を受ければ，最低賃金を下回る時給で雇用することができる（最賃法7条2号）。なお，当該試用期間は，ハローワークからの紹介により，原則3カ月間の試行雇用（トライアル雇用）を行い，従業員としての適性や能力を見極め，トライアル雇用終了後に本採用するか否かを検討する厚生労働省で行う「トライアル雇用事業」[37]と類似するが，本採用の期待権という観点からは異なるものと理解し

36　荒木尚志『労働法』179頁（有斐閣，第3版，2016）。

第2章　義務的調査項目　**45**

ておくべきであろう。

　判例[38]では，試用期間について「企業者が，大学卒業者を管理職要員として新規採用するにあたり，採否決定の当初においてはその者の管理職要員としての適格性の判定資料を十分に蒐集（しゅうしゅう）することができないところから，後日における調査や観察に基づく最終的決定を留保する趣旨で試用期間を設け，企業者において右期間中に当該労働者が管理職要員として不適格であると認めたときは解約できる旨の特約上の解約権を留保した」（ルビは筆者）ものと成立した労働契約に特約として解約権を留保することができるとした上で，「その行使は，右解約権留保の趣旨，目的に照らして，客観的に合理的な理由が存し社会通念上相当として是認されうる場合にのみ許されるものと解すべきである」として，本採用拒否は「解雇」にあたり，解雇権濫用法理が類推適用されるとの規範を定立した。

　さらに，同判例では「留保解約権に基づく解雇は，これを通常の解雇と全く同一に論ずることはできず，前者については，後者の場合よりも広い範囲における解雇の自由が認められてしかるべきものといわなければならない」と試用期間中の本採用拒否（留保解約権の行使）は，試用期間後の解雇よりも広い範囲で認められることを明確にしている。ただし，試用期間満了前の解雇については，試用期間満了時における解雇よりも一層高度の合理性と相当性が求められるとする裁判例[39]がある。

　なお，採用後14日までの「試の使用期間中の者」については，労基法20条の解雇予告および解雇予告手当の支払い義務は適用されない[40]が（同法21条），これは単に労基法上の解雇手続の規制の例外にすぎず，入社後14日以内の解雇権の行使そのものを正当化させるものではない。

37　一定の要件を満たす事業主には当該試行雇用期間に対応して，対象労働者1人当たり月額4万円（最大12万円）の試行雇用奨励金を受けることができる。

38　「三菱樹脂事件」最大判昭48・12・12民集27巻11号1536頁。

39　「ニュース証券事件」東京高判平21・9・15労判911号153頁。

40　試の使用期間は，労働契約上の一態様であるから，就業規則または労働契約において明確に定められている必要がある。これを定めずに直ちに本採用にした場合は，採用後14日以内であっても解雇予告制度の適用がある。厚生労働省労働基準局・前掲注（3）328頁。

3 採 用

採 用 基 準

ターゲット会社であるＡ社の採用基準を調べたところ，次の採用ＮＧ基準を使用していたことがわかった。

＜採用ＮＧ基準＞

① 労働組合活動を行ったことがある者

採用後，労働組合を作られ，団体交渉に応じる等面倒であるため。

② 設計の職種については40歳以上の者

当社の年齢構成が歪で，技能等の知識の継承を図るため。

③ 既婚の女性

産前産後の休暇，育児休業等の権利を主張され，補充人員の確保等対応が面倒なため。

④ 障害者

点訳や音訳の採用試験問題用紙を用意したり，採用後にも障害に適した施設を新たに設置したりしなければならず，コストがかかるため。

⑤ LGBT[41]（性的少数者）

服装の問題やトイレの設定など対応するのが面倒なため。

⑥ ○○教の信者

社内で布教活動等されると社内秩序が乱れるため。

---

41 LGBT：レスビアン（Lesbian：女性同性愛者），ゲイ（Gay：男性同性愛者），バイセクシャル（Bisexual：両性愛者），トランスジェンダー（Transgender：心と体の性が一致しない者）の総称。エントリーシートから性別記載欄を削除する企業もある。

⑦　心療内科の受診歴がある者

　休職を繰り返す可能性が高く，フォローするのに周りのスタッフが疲弊するため。

＜一部労働法制等に抵触する事項がある＞

①　労働組合活動を行ったことがある者

　所属労働組合や労働組合活動歴を不採用基準にすることは，企業の採用活動の自由であり，労組法7条1号で禁止する不利益取扱いには該当せず，不当労働行為は成立しない。しかし，当該情報収集については，「労働者の個人情報保護に関する行動指針」で禁止しているため，採用NG基準としておくことは適切ではないとレポートした。

②　設計の職種については40歳以上の者

　募集，採用にあたり，雇用対策法上，年齢制限をすることができない。しかし，A社の場合，厚生労働省令で定める例外規定にあたるため，雇用対策法違反にはならないとレポートした。

③　既婚の女性

　均等法5条で，性別を理由とした募集採用差別を禁止しているので，採用NG基準から削除すべきとレポートした。

④　障害者

　障害者雇用促進法34条で，障害を理由とした募集採用差別を禁止しているので，採用NG基準から削除すべきとレポートした。

⑤　LGBT

　障害者雇用促進法34条で，障害を理由とした募集採用差別を禁止しているので，採用NG基準から削除すべきとレポートした。

⑥　○○教の信者

　労基法3条の均等待遇の原則違反にはあたらないが，「労働者の個人情報保護に関する行動指針」で禁止している個人情報の収集にあたり，特別な業務上の必要性がある場合を除き，プライバシーを侵害する行為にあたるので，採用NG基準としておくことは適切ではないとレポートした。

⑦　心療内科の受診歴がある者

　病歴の取得は，「労働者の個人情報保護に関する行動指針」で禁止している個

人情報の収集にあたり，また，個人情報保護法17条２項でその取得は原則として本人の同意を得る必要があるとしており，業務上の必要性がある場合を除き，プライバシーを侵害する行為にあたる可能性があるので，採用NG基準としておくことは適切ではないとレポートした。

解 説

(1) 採用の自由

　憲法第22条の「公共の福祉に反しない限り，居住，移転及び職業選択の自由を有する」および，同法29条「財産権は，これを侵してはならない」から派生する形で企業には経済活動の自由が認められており，その１つが「採用の自由」[42]である。

　しかし，憲法上認められているとはいえ，私的自治に完全に委ねていると，社会的に弱い立場に置かれている労働者が著しく不利な労働条件で契約を締結されたり，第三者が契約の取引に介入してきて，過剰に中間搾取されたりするので，採用の自由に対し，労働法制上，一定の制約がなされている。使用者による採用拒否が労働法制に抵触したり，または公序良俗違反とみなされたりする場合，不法行為（民法709条）として損害賠償を請求されることがあるが，労働契約の締結を強制されることまでは認められない[43]。以下，採用差別となりうる要素ごとに法規制等をみていく。

① 労働組合

　労組法７条１号では労働組合に加入せず，もしくは脱退することを雇用条件とすることを禁止している（黄犬契約という）が，採用時の募集にもこれが該当するか否かという問題がある。判例[44]では，組合活動を理由とした不利益取

42　労働者側においては「職業選択の自由」である。
43　採用拒否が労組法７条の不当労働行為に該当する場合には，例外的に労働委員会から採用を命じられたりすることがある。
44　「JR北海道・日本貨物鉄道事件」最一小判平15・12・22判時1847号８頁。

扱いを禁止する労組法7条1号は原則として採用時には適用しないと解釈していることから，事例の「労働組合活動を行ったことがあることを採用NG基準とすること」自体は労組法に抵触しない。ただし，後述する「労働者の個人情報保護に関する行動指針」では，労働組合への加入状況等の個人情報については，特に機微に触れる性格を有する情報であり，労働組合の活動の自由に対する使用者による支配介入および労働組合への加入等を理由とする労働者に対する不利益取扱いが不当労働行為として禁止されていることに鑑み，原則として労働組合および労働者の意思に反する情報収集を禁止している。したがって，当該個人情報を採用NG基準としておくことは適切とはいえない。

② 年　　齢

　募集および採用における年齢制限については，雇用対策法10条で「事業主は……労働者の募集及び採用について，厚生労働省令で定めるところにより，その年齢にかかわりなく均等な機会を与えなければならない」と禁止している。

　これには4つの例外があり，イ）長期間の継続勤務によるキャリア形成を目的として，若年層の労働者の募集および採用を行うとき，ロ）当該企業の年齢構成が歪であり，技能およびこれに関する知識の継承を図ることを目的として，職種，年齢層を限定した労働者の募集および採用を行うとき，ハ）子役の募集等，芸術または芸能の分野における表現の真実性等を確保するために特定の年齢の範囲に属する労働者の募集および採用を行うとき，ニ）高年齢者の雇用の促進を目的として，特定の年齢以上の高年齢者（60歳以上の者に限る）である労働者の募集および採用を行うとき，または特定の年齢の範囲に属する労働者の雇用を促進するため，当該特定の年齢の範囲に属する労働者の募集および採用を行うとき（当該特定の年齢の範囲に属する労働者の雇用の促進に係る国の施策を活用しようとする場合に限る）等，厚生労働省令に該当する場合，年齢制限を行うことができる。

　なお，本条違反に対して，罰則は規定されていないが，年齢を理由とする事実行為としての採用差別（不採用になった場合）が認定された場合，同条違反

50

の効果として不法行為（民法709条）が成立し，損害賠償を請求されるおそれがある。

③ 性　　別

　性別を理由とした募集・採用差別については，男女雇用機会均等法5条で「事業主は，労働者の募集及び採用について，その性別にかかわりなく均等な機会を与えなければならない」とこれを禁止している。これは単に「男性募集」，「女性募集」，タクシー運転手（男性歓迎），美容師（女性歓迎）と性別を区別するのみならず，一方の性を表す職種の名称を使うこと，例えば，ウェイター，ウェイトレス，保母，看護婦，ガードマン等の使用も禁止している。さらに同法7条では「事業主は……労働者の性別以外の……性別を理由とする差別となるおそれがある措置として厚生労働省令で定めるものについては……これを講じてはならない。」と間接的に性別を理由とする差別となるおそれがある措置を禁止しており，具体的には，同法施行規則2条で「募集・採用における身長・体重・体力を要件とすること，募集・採用，昇進，職種の変更において転勤を要件とすること，昇進における転勤経験を要件とすること」を定め，間接差別を原則として禁止[45]している。

　なお，本条違反について罰則は規定されていないが，厚生労働大臣は，違反企業に対して，報告を求め，または助言，指導もしくは勧告することができ（同法29条），この勧告に従わなかったときは社名を公表することができる（同法30条）。さらに，性別を理由とする事実行為としての採用差別（不採用になった場合）が認定された場合，同条違反の効果として不法行為（民法709条）が成立し，損害賠償を請求されるおそれがある。

④ 障　　害

　障害者雇用促進法34条では，「労働者の募集及び採用について，障害者に対

45　使用者が合理的な理由を立証できれば，本条には違反しない。

して，障害者でない者と均等な機会を与えなければならない」とし，単に障害者だからという理由で，障害者の応募を拒否すること，障害者に対してのみ特定の資格を有することを応募要件とすること，および，採用基準を満たす者が複数名存在した場合に，その労働能力等に基づかず，障害者でない者から順番に採用すること等を禁止している。

さらに同法36条の2では「労働者の募集及び採用に当たり障害者からの申出により当該障害者の障害の特性に配慮した必要な措置を講じなければならない。」としている。

つまり，まずは障害者から，支障となっている事情およびその改善のために必要な措置を申し出てもらい，事業主は，障害者からの申出を受け，支障となっている事情が確認された場合，どのような措置を講ずるかについて話合いを行い，講ずる措置を確定するとともに，措置の内容および理由を障害者に説明するプロセスを踏まなければならない。例えば，採用試験で筆記問題を行う際，視覚障害者から，点訳の問題用紙を用意し，試験解答時間についても通常よりも長い時間行えるよう申出があった場合，企業では点訳の問題用紙を用意し，試験時間にも配慮しなければならない。また，LGBT，特にトランスジェンダーから，面接時のトイレ使用について，男女で分けず，性差に関係のないトイレの設置を要求された場合にも特別な配慮を講じなければならない。

なお，同法36条の2の但し書きには，「事業主に対して過重な負担を及ぼすこととなるときは，この限りでない。」とあり，合理的配慮に係る措置が，事業主に対して「過重な負担」を及ぼす場合には，合理的配慮を提供する義務はない。

「過重な負担」に当たるか否かについては，次の6つの要素を総合的に勘案しながら，個別の措置ごとに，判断することになる。

過重な負担の判断要素
（1）事業活動への影響の程度
　　当該措置を講ずることによる事業所における生産活動やサービス提供への影響その他の事業活動への影響の程度をいう。

（2）実現困難度

　事業所の立地状況や施設の所有形態等による当該措置を講ずるための機器や人材の確保，設備の整備等の困難度をいう。

（3）費用・負担の程度

　当該措置を講ずることによる費用・負担の程度をいい，複数の障害者から合理的配慮に関する要望があった場合，それらの複数の障害者に係る措置に要する費用・負担も勘案して判断することになる。

（4）企業の規模

　当該企業の規模に応じた負担の程度をいう。

（5）企業の財務状況

　当該企業の財務状況に応じた負担の程度をいう。

（6）公的支援の有無

　当該措置に係る公的支援を利用できる場合は，その利用を前提とした上で判断することになる。

　これらの規定に関する紛争については，まずは，当事者間で自主的に解決を図るよう努めることが求められ（障害者雇用促進法74条の4），その援助として，都道府県労働局長による助言，指導，勧告（同法74条の6），都道府県労働局の紛争調整委員会による調停（同法74条の7）が行われる。

　なお，これら障害者差別や配慮処置に違反した場合の罰則は同法には規定されていないが，障害を理由とする事実行為としての採用差別（不採用になった場合）が認定された場合，同条違反の効果として不法行為（民法709条）が成立し，損害賠償を請求されるおそれがある。

　また，障害者雇用促進法43条では「雇用する身体障害者又は知的障害者である労働者の数が，その雇用する労働者の数に障害者雇用率を乗じて得た数（法定雇用障害者数）以上であるよう」義務づけ，これをクリアーできない事業主にはペナルティー的な意味合いの「障害者雇用納付金を徴収する」という「ムチ」を使う半面（同法53条），法定雇用障害者数を超えた事業主には「障害者雇用調整金を支給する」（同法50条）という「アメ」を与えている。

　常時雇用している労働者数が50人以上[46]の事業主は，常時雇用する労働者の

法定雇用率（2.0%）[47]以上の障害者を雇用しなければならず[48]，法定雇用率未達の企業のうち，常用労働者数が101人以上の企業は，「障害者雇用納付金」として，法定雇用障害者数の不足1人当たり月額50,000円[49]の納付義務を負う。

障害者を雇用する場合，作業施設や設備の改善等の経済的な負担を伴う特別の雇用管理が必要とされることから，雇用義務を履行する事業主と履行しない事業主とでは経済的負担に差が生じることになる。そこで，この経済的負担を調整するとともに，障害者の雇用の促進等を図るため，雇用障害者数が法定雇用率を上回っている事業主に対しては，障害者雇用調整金が支給されている。

人事DDの段階で，①ターゲット会社が障害者雇用納付金制度の対象となる常時雇用している労働者数が100人を超える規模の事業主[50]か否か，②障害者雇用義務があるならば法定雇用障害者数を満たしているか，③法定雇用障害者数を満たしていない場合，障害者雇用納付金を納付しているか否かを確認することが必要である。

なお，実雇用障害者数や実雇用率をカウントする際に，障害の種類，程度および週所定労働時間により，カウントの方法が異なるので，注意が必要である（**図表2−3**）。

46　平成30年4月1日から45.5人に拡大される。

47　平成30年4月1日から2.2%，平成33年4月までには2.3%に引き上げられる。

48　ただし，身体障害者または知的障害者が就業することが困難であると認められる職種が相当の割合を占めるとして指定された業種については，雇用義務の軽減措置として，法定雇用障害者数の算定にあたり，常時雇用している労働者から，その業種ごとに定められた一定の割合（除外率）の人数を除外することが認められており，原則として事業所ごとに除外率が適用され，満たしているか否か判定する。なお，ノーマライゼーションの観点から平成16年4月にこの制度は廃止されたが，当分の間経過措置として現在も縮小しながら継続されている。

49　平成27年4月1日から平成32年3月31日まで，常用労働者100人超200人以下の企業は障害者雇用納付金の減額特例（1人につき月額「50,000円」を「40,000円」に減額）が適用される。

50　常時雇用している労働者の数が100人を超える事業主は障害者雇用納付金の申告が義務づけられている。さらに，従業員数50人以上の事業主は，毎年6月1日時点の「障害者雇用状況報告書」を管轄のハローワークに7月15日までに提出しなければならない。また，障害者雇用推進者を選任するよう努めることとされ，障害者を解雇する場合には管轄の公共職業安定所長に届けなければならない。

図表2−3	障害者である短時間労働者のカウント表	
障害の種類・程度	週所定労働時間 30時間以上	週所定労働時間 20時間以上30時間未満
身体・知的障害者	1人	0.5人
身体・知的障害者（重度）[51]	2人	1人
精神障害者	1人	0.5人

⑤　思想・信条

　思想・信条については，労基法3条で「使用者は，労働者の国籍，信条又は社会的身分を理由として，賃金，労働時間その他の労働条件について，差別的取扱をしてはならない」とし，これに違反した場合，6カ月以下の懲役または30万円以下の罰金（同法119条）を使用者に科している。

　事例の○○教の信者に対して，それを理由とする賃金差別等が行われた場合，労基法3条違反となり，刑罰の対象となりうるが，問題は労働契約の締結前にそれが及ぶかである。判例[52]では，「企業者が特定の思想・信条を有する労働者をその故をもつて雇入れることを拒んでも，それを当然に違法とすることはできず，労働者を雇入れようとする企業者が，その採否決定に当り，労働者の思想・信条を調査し，そのためその者からこれに関連する事項についての申告を求めることは，違法とはいえない」と述べ，また「労基法3条は，労働者の雇入そのものを制約する規定ではない」と判示し，同法3条の均等待遇の原則は「雇入れ後」における労働条件についての制限であることを明確にした。

　ただし，後述する「労働者の個人情報保護に関する行動指針」では，社会的差別の原因となるおそれのある事項，例えば，思想，信条および信仰を収集してはならないとしている。したがって，当該個人情報を採用NG基準としておくのは適切とはいえない。

　以上，選考の自由に係る労働法制をみてきた。また，指摘した以外にも，求

51　重度身体障害者とは，身体障害者障害程度等級の1級または2級の障害を有する者および3級の障害を2つ以上重複して有する者をいう。また，重度知的障害者とは，知的障害者判定機関により，重度知的障害者であると判定された者をいう。

52　「三菱樹脂事件」最大判昭48・12・12民集27巻11号1536頁。

人の申込み内容が法令に違反するときには，職業安定法5条の5で「公共職業安定所，特定地方公共団体及び職業紹介事業者は，求人の申込みはすべて受理しなければならない。ただし，その申込みの内容が法令に違反するとき，……その申込みを受理しないことができる」として，ハローワークでの求人の申込みの受領を拒否されることもある。

(2) 労働者の個人情報の収集に関する留意点

採用活動に伴う労働者の個人情報の収集等について，厚生労働省では「労働者の個人情報保護に関する研究会」（座長：諏訪康雄法政大学社会学部教授）の考え方をとりまとめたものとして「労働者の個人情報保護に関する行動指針」（平成12年2月）を示した。

さらに，個人情報保護法を制定・施行（平成15年5月制定，平成17年4月全面施行）し，現在では，「雇用管理分野における個人情報保護に関するガイドライン」を発出している。

プライバシー保護の要請が高まっている昨今，一度情報が収集されると使用者が人事上その情報をいかに利用したか（例えば，思想・信条を理由として不利益な取扱いをしたこと）を労働者が立証することは極めて困難であることを考慮すると，職務内容や職業能力との関連性がないにもかかわらず，思想・信条など労働者のプライバシーにかかわる重大な事項（指針で列挙されているような事項）について使用者が調査・質問をすることは，公序違反または不法行為（民法709条）にあたる可能性もある[53]ことから，個人情報の取扱いについては指針を遵守すべきであろう。

指針では，具体的[54]に個人情報の収集について，法令に定めがある場合[55]お

53　水町・前掲注（11）129頁。

54　以下，労働省官房政策調査部総合政策課発表「労働者の個人情報の保護に関する行動指針の解説」（厚生労働省ウェブサイト）を参照。

55　障害者雇用促進法に基づき，身体障害者または知的障害者である労働者の雇用に関する状況を労働大臣に報告するため，障害に関する労働者の個人情報を収集する場合等が考えられる。

および特別な職業上の必要性があること[56]その他業務の適正な実施に必要不可欠であって，収集目的を示して本人から収集する場合を除き，㋑人種，民族，社会的身分，門地，本籍，出生地その他社会的差別[57]の原因となるおそれのある事項，㋺思想，信条および信仰を収集してはならないとしている。

　すなわち，人格そのものに関わる個人情報であったり，不当な差別に利用されるおそれが高い個人情報であったりすることから，労働者にとって不安や苦痛を感じさせる程度が強く，基本的人権を侵害する危険性が高いと考えられるため，原則としてその収集を禁止することとしたのである。

　さらに，指針では，法令もしくは労働協約に特段の定めがある場合または法令もしくは労働協約に基づく義務を履行するために必要があると認められる場合を除き労働組合および労働者の意思に反して，労働者の労働組合への加入または労働組合活動に関する個人情報を収集することも禁止している。

　労働組合への加入状況等の個人情報については，特に機微に触れる性格を有する情報であり，労働組合の活動の自由に対する使用者による支配介入および労働組合への加入等を理由とする労働者に対する不利益取扱いが不当労働行為として禁止されていることに鑑み，法令もしくは労働協約に特段の定めがある場合[58]または法令もしくは労働協約に基づく義務を履行するために必要であると認められる場合[59]を除き，労働組合および労働者の意思に反する収集を禁止することとした。

　そして，医療上の個人情報，例えば，健康状態，病歴，心身の障害，健診記

---

[56]　例えば，政党機関紙の職員としての適性を検討する上で，その政治信条に関する情報を収集する場合等が考えられる。

[57]　人間が集まって生活を営む集団内において，不当な理由により行われるあらゆる区別，排除，制限であって，その対象となった者の基本的人権の享有および行使を妨げるものをいう。

[58]　「使用者は当該労働協約を締結した労働組合への加入状況の調査を行うことができる」等の規定。

[59]　使用者が労働組合法７条の団交応諾義務の履行のため，団体交渉を行うに際し必要な場合やチェックオフ協定等の履行のため，労働組合から労働組合員名簿の提供を受けるときや，労基法36条の協定の締結等のための過半数組合の要件についての組合員数調査のため，労働組合の加入状況を調査するときなどである。

録等についても，特に機微に触れる性格を有する情報であり，かつ，その収集に当たっては少なからぬ場合において身体等への負担を伴うものであることから，(イ)特別な職業上の必要性[60]，(ロ)労働安全衛生および母性保護に関する措置[61]，(ハ)(イ)および(ロ)に掲げるほか労働者の利益になることが明らかであって，医療上の個人情報を収集することに相当の理由があると認められる[62]ものを除き，原則として，その収集を禁止し，個人情報保護法17条２項では本人の同意を得る必要があるとしている。

　しかしながら，その一方で，事業者は，労働安全衛生法等の関係法令により，労働安全衛生上必要な措置を講ずることが求められる等労働安全衛生に関し重い責任を有するとともに，判例等によれば民事上の安全配慮義務を果たすことを強く期待されているため，労働者の健康状態，病歴に関する情報，すなわち医療上の個人情報について幅広く収集しておくことが求められている。

　このため，この指針においては，「医療上の個人情報」については，法令に定めがある場合[63]およびこれらの情報の処理に従事する者について，就業規則等において業務上知り得た個人情報の漏えい防止等が義務づけられているという一定の要件の下で，前述の(イ)から(ハ)までに掲げる目的のいずれかの達成に必要な範囲内で行われる場合に限り，収集を認めることとしている。

　なお，労働者がこの指針に反する質問を受けた場合には，使用者は，労働者がその質問への回答を拒否したこと等を理由として，労働者に対し，解雇その他の不利益な扱いを行うことを禁止している。すなわち，使用者からこの指針

60　社会通念等により客観的に判断して必要性および合理性がある場合で，例えば，医師，看護師等について結核等の感染症に感染していないことを確認する場合，パイロットやバス，トラック等輸送機関の運転手について視力が一定水準以上であること等を確認する場合などが考えられる。

61　事業者が，労働安全衛生法に基づき，労働者の健康を確保するため必要な措置を講ずる場合や，男女雇用機会均等法に基づき，女性労働者の妊娠中および出産後の健康管理に関して必要な措置を講ずる場合等をいう。

62　労働者が病気休暇を申し出た際や，労働者が健康上の理由で配置転換等を申し出た際に，使用者が診断書の提出を求める場合等が考えられる。

63　労働安全衛生法66条に基づく健康診断の実施，同法66条の４に基づく健康診断結果に係る医師等からの意見聴取等が考えられる。

58

の内容に照らして不適切な質問等が行われた場合において，労働者がそのことを理由に質問への回答を拒否したり，不正確または不完全な回答を行ったりしたときは，使用者はその回答拒否等を理由に労働者に対し解雇等の不利益な扱いをしてはならないことを明確にし，個人情報の適正な収集を実質的に保障しようとしている。

4 人 事 権

事 例
4

人事考課，配転，出向，転籍，休職

A社における人事について調べたところ，次のようなことが判明した。

① 昇格・昇進

男性と女性の昇進について，女性は係長以上の役職に就任させないとの内規があり，このため花子は係長で昇進が止まっていた。また，成果主義人事を採用している営業部門では，査定の要素の1つに「婚姻の有無」を採用し，未婚者に対しては既婚者より責任感が欠けると思われるため，一律に低査定をしていた。

② 降　格

パフォーマンスの割に給料の高い係長の太郎に対して，達成不可能な高い目標を設定して達成させず，主任に降格させた。

③ 配　転

商品企画部門に配属との職種限定契約を締結して採用した三郎に対して，本人との合意なく，営業部門へ配転していた。

④ 出　向

労働組合の書記長である四郎に対して，労働組合を弱体化させるため，就業規

則の出向規定に基づき，出向辞令を発令し，Ｂ社へ出向させていた。

⑤ 転　　籍

　就業規則の転籍規定に基づき，五郎に対して転籍辞令を発令し，Ｃ社へ転籍さ
せた。

⑥ 休　　職

　職種限定契約を締結していない休職中である営業の桃子から，前職への復帰の
申出があったが，Ａ社ではこれを認めず，他の職種への配転も検討しないで，就
業規則に基づき，休職期間満了により退職手続をした。

＜人事権の行使について問題がある＞

① 昇格・昇進

　労働者の性別を理由とする配置，昇進，降格および教育訓練については，均等
法６条１号で差別的取扱いを禁止している。したがって，女性であることを理由
に係長に留まっていた花子が均等法17条に基づき，都道府県労働局長に援助を求
めた場合，都道府県労働局長は，必要な助言・指導・勧告をすることができる。
さらに，均等法18条により，都道府県労働局長は，花子から調停の申請があった
場合で当該紛争の解決のために必要があると認めるときには，紛争調整委員会に
調停を行わせることができる旨レポートした。

　また，人事考課について，職務遂行能力以外の要素を理由に低い査定を行うこ
とは，人事考課の本旨に反し，人事権の濫用とみなされることがある。裁判[64]で
も「使用者が婚姻の有無という要素によって女性を一律に低査定をしたことにつ
き，個々の労働者の業績・能力に基づき査定を行うとした人事考課制度に反する」
と述べられており，人事権の逸脱による不法行為責任が問われるおそれがある旨
レポートした。

② 降　　格

　目標管理制度において，不当な目的で当初の目標を故意に高く設定し，達成す
ることが不可能な場合で，かつ，労働者の能力開発の機会を与えないまま人事考
課を実施することは，公正な考課の重要な要素を欠き，不当な目的で人事裁量権
を濫用したものとして不法行為責任が問われるおそれがある旨レポートした。

64　「住友生命事件」大阪地判平13・6・2労判809号5頁。

③　配　　転

　労働契約上，職種が限定されていた場合，使用者は労働者の合意なしにその範囲外の職種へ配転を命じることは，配転命令権の濫用として無効となるおそれがある。したがって，商品企画部門の職種を限定して契約した三郎への営業部門の配転は，本人の合意がある場合を除き，人事権を濫用したものとして，無効となるおそれがある旨レポートした。

④　出　　向

　労働者が労働組合の組合員であることを理由に，不利益な取扱いをすることは，労組法7条1号に該当し，不当労働行為にあたる。したがって，労働組合を弱体化させるための四郎への出向辞令は，不当労働行為にあたり，四郎が労働委員会に対して，救済を求めた場合，労働委員会から救済命令が発令されるおそれがある旨レポートした。

⑤　転　　籍

　就業規則に転籍に係る根拠規定があっても，転籍には個別合意が必要となる。したがって，個別合意のない当該転籍は，人事権の行使を検討するまでもなく，C社への転籍は無効となる旨レポートした。

⑥　休　　職

　職種が限定されていない労働契約であれば，使用者は休職した労働者の健康状態の回復について，原職復帰が困難な状態であっても他に配置可能な業務があればその業務に配置して復職させるべきとの見解をとる判例[65]がある。したがって，職種の限定のない契約である桃子については，営業職以外にも現実的に就労できる他の業務に従事することを検討し，かつ，桃子がそうした復帰を申し出ていたのであれば，営業職以外の業務に復職を認める必要があった。休職期間満了による退職は，実質的には解雇とみなされることがあるので，解雇権の濫用で無効となるおそれがある旨レポートした。

65　「片山組事件」最一小判平10・4・9労判736号15頁。

第2章　義務的調査項目　**61**

解　説

(1)　人事権とは

　人事権とは，広義には，労働者を企業組織の構成員として受け入れ，組織のなかで活用し，組織から放逐する一切の権限を指し，狭義には，採用，配置，異動，人事考課，昇進，昇格，休職，解雇など，企業組織における労働者の地位の変動や処遇に関する使用者の決定権限を指していると考えられる[66]。

　終身雇用を前提とするわが国の雇用システムにおいて，人事権の1つである解雇権の行使の場面では，解雇権濫用法理という厳しい要件を課す代わりに，それ以外の人事権については，使用者に広範な行使を認め，柔軟に配転・出向などが行われてきた。とはいえ，人事権の行使には，差別的取扱いなど労働法制上の規制の他，就業規則や労働契約などの規制を受け，これらの規制の範囲内で認められている。これら労働法制上の規制や就業規則上の規制の範囲を超えて人事権を行使する場合には，権利濫用や違法行為として無効となり，不法行為として損害賠償を請求されることもありうる。

　以下，人事権について調査する前提として，把握しておくべき人事権の基本的事項を種類ごとに紹介し，かつ，その行使について，労働法制上の規制や裁判例を中心に解説する。なお，「解雇権」および「懲戒権」については，別の項で詳解する。

(2)　人事権の種類

　ここでは，①昇格・昇進，②降格，③配転，④出向，⑤転籍，⑥休職に係る6つの人事権について，解説する。

①　昇格・昇進

　職能資格制度において，労働者の職務遂行能力によって職能資格の格付けがなされ，その職能資格を持った労働者の中から，当該資格に対応する役職に就

66　菅野和夫『労働法』151頁（弘文堂，第11版補正版，2017）。

く者が選抜される。職能資格制度において資格が上昇することを「昇格」，部長や課長等の職位が上昇することを「昇進」という。これと類似する用語に「昇給」がある。昇給は，文字通り給料が上がることだが，この場合，賞与は含まれず，月額賃金の額がアップすることをいう。この昇給には2種類あり，賃金規程で定められた賃金表に基づき，毎年4月など一定の時期に賃金が上がる「定期昇給」と，物価の上昇や会社の業績により賃金表そのものを底上げする「ベースアップ」[67]とがある。

昇格・昇進は，その決定について使用者の裁量の余地が大幅に認められているが，均等待遇原則（労基法3条），配置・昇進・教育訓練に関する男女平等規制（均等法6条[68]），不当労働行為の禁止（労組法7条），妊娠・出産休業，産前産後休業等を理由とする差別の禁止（均等法9条3項），育児・介護休業を理由とする差別の禁止（育介法10条），労基法違反等の申告を理由とする差別の禁止（労基法104条），公益通報を理由とする差別の禁止（公益通報者保護法5条），通常労働者と同視すべき短時間労働者に対する差別の禁止（パートタイム労働法8条）など労働法制上の規制を受ける。

特に性差別について，次のような昇進（昇格を含む）に係る労務管理上の措置を講じている場合は，性差別指針[69]で，均等法6条に抵触し，違反となるとしている。それゆえ，ターゲット会社において次のような性差別となるような措置が講じられているか否か調査する必要がある。

イ　一定の役職への昇進に当たって，その対象から男女のいずれかを排除すること
（排除していると認められる例）
①　女性労働者についてのみ，役職への昇進の機会を与えない，または一定

67　「ベースアップ」の反対概念として，経営困難な場合やデフレにより，基本給を一定割合下げる「ベースダウン」がある。
68　均等法制定以前は，結婚退職制や，男女差別定年制などで女性を職場から排除してきた。これらの制度に対して，民法90条の公序良俗違反で無効とするとの裁判例が重ねられていった。
69　平成18年厚生労働省告示614号。

の役職までしか昇進できないものとすること。

② 一定の役職に昇進するための試験について，その受験資格を男女のいずれかに対してのみ与えること。

ロ 一定の役職への昇進に当たっての条件を男女で異なるものとすること。
（異なるものとしていると認められる例）

① 女性労働者についてのみ，婚姻したこと，一定の年齢に達したことまたは子を有していることを理由として，昇格できない，または一定の役職までしか昇進できないものとすること。

② 課長への昇進に当たり，女性労働者については課長補佐を経ることを要するものとする一方，男性労働者については課長補佐を経ることなく課長に昇進できるものとすること。

③ 男性労働者については出勤率が一定の率以上である場合または一定の勤続年数を経た場合に昇格させるが，女性労働者についてはこれらを超える出勤率または勤続年数がなければ昇格できないものとすること。

④ 一定の役職に昇進するための試験について，女性労働者についてのみ上司の推薦を受けることを受験の条件とすること。

ハ 一定の役職への昇進に当たって，能力および資質の有無等を判断する場合に，その方法や基準について男女で異なる取扱いをすること。
（異なる取扱いをしていると認められる例）

① 課長に昇進するための試験の合格基準を，男女で異なるものとすること。

② 男性労働者については人事考課において平均的な評価がなされている場合には昇進させるが，女性労働者については特に優秀という評価がなされている場合にのみその対象とすること。

③ ＡからＥまでの5段階の人事考課制度を設けている場合において，男性労働者については最低の評価であってもＣランクとする一方，女性労働者については最高の評価であってもＣランクとする運用を行うこと。

④ 一定年齢に達した男性労働者については全員役職に昇進できるように人事考課を行うものとするが，女性労働者についてはそのような取扱いをしないこと。

⑤ 一定の役職に昇進するための試験について，男女のいずれかについてのみその一部を免除すること。

⑥ 一定の役職に昇進するための試験の受験を男女のいずれかに対してのみ

奨励すること。

二　一定の役職への昇進に当たり男女のいずれかを優先すること。

（優先していると認められる例）

　一定の役職への昇進基準を満たす労働者が複数いる場合に，男性労働者を優先して昇進させること。

　さらに，不当な目的があったり，恣意的に評価が行われるなど裁量権の濫用（労契法3条5項）にあたると認められる場合[70]や，婚姻の有無などの人事考課要素以外の要素に基づいて評価したり，評価対象期間外の出来事を評価[71]したりするなど人事考課に係る契約上の定めに反する場合には，人事権の濫用として損害賠償を請求されることがある（**図表2-4**）。

　ただし，昇進については，ポストの数や配置など企業の経営判断と結びつくため，法に抵触するような差別に該当したとしても，救済方法としては損害賠償に限定されるのが一般的である。なお，例外として，勤続3年で主任に昇進するなど就業規則の規定や労使慣行によって，一定の要件が満たされれば当然に昇進がなされるという取扱いがなされていた場合には，労働者に昇進請求権が認められる[72]こともある。

　また，人事考課について学説上では，人事考課の内容に使用者の専権的判断事項が多くその判断が実際に使用者に委ねられているような場合には，使用者に広く人事考課上の裁量権を認める見解と，人事考課の過程で目標設定や自己評価など労働者の関与が組み込まれて人事制度が設計・運用されている場合には，使用者は人事考課にあたり公正評価義務を負い，当該義務に反する場合には債務不履行として損害賠償請求ができるという見解に分かれている。

70　労働者が敗訴した「光洋精工事件」大阪高判平9・11・25労判729号39頁，「コナミデジタルエンタテインメント事件」東京高判平23・12・27労判1042号15頁。

71　「マナック事件」広島高判平13・5・23労判811号21頁。

72　「芝信用金庫事件」東京地判平8・11・27労判702号21頁。

第2章　義務的調査項目　**65**

図表2−4　差別的取扱いで損害賠償請求を認めた裁判例

事件名	年月日・裁判所	差別の内容・認めた額等
倉敷紡績事件	平成15年5月14日 大阪地裁	思想信条による昇格差別（原告2名）。同期同学歴と平均賃金との差額相当額，慰謝料（150万円，80万円），弁護士費用。
昭和シェル石油事件	平成19年6月28日 東京高裁	女性を理由とした昇格差別。賃金差額相当額，退職金差額相当額，公的年金差額相当額，慰謝料（200万円），弁護士費用。
阪急交通社事件	平成19年11月30日 東京地裁	女性を理由とした昇格差別。昇格されるべき職能等級による賃金差額相当額，慰謝料（100万円），弁護士費用。

② 降　　格

「降格」とは，企業内での労働者の位置付けについて上位の職階から下位の職階への異動を行うことをいい，昇進の反対の措置である場合と，昇格の反対の措置である場合の双方が含まれる。降格のほとんどが，賃金，処遇，職務権限，責任等の低下を伴うことから，降格理由に労働者が納得しない場合には，降格によって減額となった賃金等についてその回復を求められることがある。また，降格には，①懲戒処分の降格，②人事権行使による役職・職位の降格，③職能資格の引き下げ措置としての降格，④職務・役割等級制における等級の引き下げ（降級）があり，それぞれの留意点は次のとおりである（**図表2−5**）。

降格も，均等待遇原則（労基法3条）など労働法制上の規制を受ける。特に，性差別については，次のような降格に係る労務管理上の措置を講じている場合，性差別指針で，均等法6条に抵触し違反となるとしているため，ターゲット会社において次のような措置が講じられているか否か調査する必要がある。

図表2－5 降格の種類と留意点

降 格 の 種 類	留 意 点
懲戒処分の降格	就業規則の根拠規定が必要。当該懲戒処分が懲戒権の濫用の場合，降格処分は無効となる。
人事権による役職・職位の降格	就業規則に根拠規定がなく，裁量的判断により可能。ただし，不当な目的や動機による裁量権の濫用により，経済的損失および精神的苦痛を与えた場合，不法行為責任を負う[73]。
職能資格の引き下げ措置としての降格	職務遂行能力の認定を引き下げる措置は，本来予定されていないため就業規則に根拠規定が必要[74]。ただし，著しく不合理な評価によって大きな不利益を与えた降格の場合，人事権の濫用となりうる。
職務・役割等級制における等級の引き下げ（降級）	給与等級（グレード）の引き下げについて，就業規則に根拠規定が必要。ただし，当該降級を正当化するような勤務成績の不良が認められず，退職誘導など他の動機が認められるような場合，人事評価権を濫用したものとして降級が無効となりうる[75]。

イ　降格に当たって，その対象を男女のいずれかのみとすること。
　（男女のいずれかのみとしていると認められる例）
　　一定の役職を廃止するに際して，当該役職に就いていた男性労働者については同格の役職に配置転換をするが，女性労働者については降格させること。

ロ　降格に当たっての条件を男女で異なるものとすること。
　（異なるものとしていると認められる例）
　　女性労働者についてのみ，婚姻または子を有していることを理由として，降格の対象とすること。

ハ　降格に当たって，能力および資質の有無等を判断する場合に，その方法や基準について男女で異なる取扱いをすること。
　（異なる取扱いをしていると認められる例）

73　「ダイエー事件」横浜地判平2・5・29労判579号35頁。
74　「アーク証券事件」東京地判平8・12・11労判711号57頁。
75　「マッキャンエリクソン事件」東京地判平18・10・25労判928号5頁。

① 営業成績が悪い者について降格の対象とする旨の方針を定めている場合に，男性労働者については営業成績が最低の者のみを降格の対象とするが，女性労働者については営業成績が平均以下の者は降格の対象とすること。

② 一定の役職を廃止するに際して，降格の対象となる労働者を選定するに当たり，人事考課を考慮する場合に，男性労働者については最低の評価がなされている者のみ降格の対象とするが，女性労働者については特に優秀という評価がなされている者以外は降格の対象とすること。

ニ 降格に当たって，男女のいずれかを優先すること。

（優先していると認められる例）

一定の役職を廃止するに際して，降格の対象となる労働者を選定するに当たって，男性労働者よりも優先して，女性労働者を降格の対象とすること。

人事権の行使による「降格」については，労契法 3 条 5 号で濫用を禁止し，人事権を濫用した場合は，無効となることがある（**図表 2 - 6**）。降格が人事権の濫用になるか否かについては，裁判[76]では，①使用者側における業務上・組織上の必要性の有無およびその程度，②能力や適性の欠如等の労働者側の帰責性の有無およびその程度，③労働者の受ける不利益の性質およびその程度等の諸事情を総合考慮して判断している。

③ 配 転

「配転」とは，従業員の配置の変更であって，職務内容または勤務場所が相当の長期間にわたって変更されるものをいう[77]。同一勤務地内の所属部署の変更を「配置転換」といい，勤務地が変更になる場合を「転勤」という。配転の多さは日本企業の人事管理の 1 つの大きな特徴ともいえ，この頻繁な配転の意義は，長期雇用慣行をとる日本企業において，多数の職場・仕事を経験させることによって幅広い技能・熟練を形成していくとともに，技術や市場が多様に変化していくなかでも雇用を維持できるよう柔軟性を確保することにあるとい

---

76 「バンク・オブ・アメリカ・イリノイ事件」東京地判平 7 ・12 ・ 4 労判685号17頁。

77 菅野・前掲注（66）512頁。

図表2−6 人事権の濫用を認めた裁判例

事件名	年月日・裁判所	内 容 ・ 認 め た 額 等
医療法人財団東京厚生会事件	平成9年11月18日 東京地裁	勤務予定表紛失による婦長の平看護師への降格，降格直後に退職。降格させるほどの業務上の必要性がない。慰謝料（30万円），弁護士費用。
近鉄百貨店事件	平成11年9月20日 大阪地裁	55歳役職定年制により部長職から部長待遇職への移行時の勤務態度不良を理由とする課長待遇職への降格。勤務態度も改善されつつあった。降格による賃金差額分（約94万円），慰謝料（30万円），弁護士費用。
ハネウェルジャパン事件	平成16年6月30日 東京地裁	約2年半の間に4度にわたり降格し，4度の賃金減額が行われたのは，人事権濫用。減額前の賃金差額未払賃金（約1,510万円），慰謝料（100万円）。

われている[78]。

　配転権の行使に当たり，就業規則等に「業務の都合により出張，配置転換，転勤を命じることがある」との根拠となる規定があることが前提となる。しかし，就業規則等に配転の根拠となる条文があっても，そもそも労働契約上，職種や就業場所が限定されている場合には，配転命令が無効になる場合がある。すなわち，労働契約上，職種限定の合意がなされていた場合には，労働者の同意なしにその範囲外の職種へ配転を命じることはできず（図表2−7），さらに，労働契約上，勤務地を限定する合意がある場合にも，労働者の同意なしに使用者は限定された勤務地以外の勤務地への配転を命じることは許されない（図表2−8）。したがって，ターゲット会社において，職種・勤務地を限定する労働契約が締結されている者の有無を確認し，そのような労働契約がなされている者については，将来の人事配置を検討する際に影響を及ぼすおそれがあることを，事前に把握しておく必要がある。

78　水町・前掲注（11）143頁。

第2章　義務的調査項目　**69**

図表2-7　職種限定に係る配転命令の裁判例

[職種限定の合意を認めて配転命令を無効とした裁判例]

事件名	年月日・裁判所	配転前　→　配転後
日野自動車事件	昭和42年6月16日東京地裁	作業員　→　事務職
金井学園福井工大事件	昭和62年3月27日福井地裁	大学助教授　→　事務職
大京事件	平成16年1月23日大阪地裁	調理師　→　営業部

[職種限定の合意を認めず配転命令を有効とした裁判例]

事件名	年月日・裁判所	配転前　→　配転後
東京サレジオ学園事件	平成15年9月24日東京高裁	児童指導員　→　調理員
藤田観光事件	平成16年11月5日東京地裁	バーデンダー　→　客室サービス係
大阪医科大学事件	平成17年9月1日大阪地裁	電話交換業務　→　事務員

図表2-8　地域限定に係る配転命令の裁判例

[地域限定の合意を認めて配転命令を無効とした裁判例]

事件名	年月日・裁判所	配転前　→　配転後
新日本製鉄事件	昭和45年10月26日福岡地裁	北九州工場　→　君津工場
西村書店事件	昭和63年1月11日新潟地裁	新潟本店　→　東京営業所
新日本通信事件	平成9年3月23日大阪地裁	仙台支店　→　大阪本社

[地域限定の合意を認めず配転命令を有効とした裁判例]

事件名	年月日・裁判所	配転前　→　配転後
グリコ協同乳業事件	昭和47年2月14日松江地裁	島根県　→　広島県
エレクトロラックス・ジャパン事件	昭和60年7月31日東京地裁	立川営業所→埼玉営業所
ブック・ローン事件	平成2年5月25日神戸地裁	神戸本社　→　名古屋

　また，配転も，均等待遇原則（労基法3条）など労働法制上の規制を受ける。特に性差別については，次のような配転に係る労務管理上の措置を講じている場合，性差別指針で，雇用機会均等法6条に抵触し違反となるとしているため，ターゲット会社において次のような措置が講じられているか否か調査する必要がある。

イ　一定の職務への配置に当たって，その対象から男女のいずれかを排除すること。

（排除していると認められる例）

① 営業の職務，秘書の職務，企画立案業務を内容とする職務，定型的な事務処理業務を内容とする職務，海外で勤務する職務等一定の職務への配置に当たって，その対象を男女のいずれかのみとすること。

② 時間外労働や深夜業の多い職務への配置に当たって，その対象を男性労働者のみとすること。

③ 派遣元事業主が，一定の労働者派遣契約に基づく労働者派遣について，その対象を男女のいずれかのみとすること。

④ 一定の職務への配置の資格についての試験について，その受験資格を男女のいずれかに対してのみ与えること。

ロ　一定の職務への配置に当たっての条件を男女で異なるものとすること。

（異なるものとしていると認められる例）

① 女性労働者についてのみ，婚姻したこと，一定の年齢に達したことまたは子を有していることを理由として，企画立案業務を内容とする職務への配置の対象から排除すること。

② 男性労働者については，一定数の支店の勤務を経た場合に本社の経営企画部門に配置するが，女性労働者については，当該一定数を上回る数の支店の勤務を経なければ配置しないこと。

③ 一定の職務への配置に当たって，女性労働者についてのみ，一定の国家資格の取得や研修の実績を条件とすること。

④ 営業部門について，男性労働者については全員配置の対象とするが，女性労働者については希望者のみを配置の対象とすること。

ハ　一定の職務への配置に当たって，能力および資質の有無等を判断する場合に，その方法や基準について男女で異なる取扱いをすること。

（異なる取扱いをしていると認められる例）

① 一定の職務への配置に当たり，人事考課を考慮する場合において，男性労働者は平均的な評価がなされている場合にはその対象とするが，女性労働者は特に優秀という評価がなされている場合にのみその対象とすること。

② 一定の職務への配置の資格についての試験の合格基準を，男女で異なる

ものとすること。

③　一定の職務への配置の資格についての試験の受験を男女のいずれかに対してのみ奨励すること。

ニ　一定の職務への配置に当たって，男女のいずれかを優先すること。

（優先していると認められる例）

　　営業部門への配置の基準を満たす労働者が複数いる場合に，男性労働者を優先して配置すること。

ホ　配置における業務の配分に当たって，男女で異なる取扱いをすること。

（異なる取扱いをしていると認められる例）

①　営業部門において，男性労働者には外勤業務に従事させるが，女性労働者については当該業務から排除し，内勤業務のみに従事させること。

②　男性労働者には通常の業務のみに従事させるが，女性労働者については通常の業務に加え，会議の庶務，お茶くみ，そうじ当番等の雑務を行わせること。

ヘ　配置における権限の付与に当たって，男女で異なる取扱いをすること。

（異なる取扱いをしていると認められる例）

①　男性労働者には一定金額まで自己の責任で買い付けできる権限を与えるが，女性労働者には当該金額よりも低い金額までの権限しか与えないこと。

②　営業部門において，男性労働者には新規に顧客の開拓や商品の提案をする権限を与えるが，女性労働者にはこれらの権限を与えず，既存の顧客や商品の販売をする権限しか与えないこと。

ト　配置転換に当たって，男女で異なる取扱いをすること。

（異なる取扱いをしていると認められる例）

①　経営の合理化に際し，女性労働者についてのみ出向の対象とすること。

②　一定の年齢以上の女性労働者のみを出向の対象とすること。

③　女性労働者についてのみ，婚姻または子を有していることを理由として，通勤が不便な事業場に配置転換すること。

④　工場を閉鎖する場合において，男性労働者については近隣の工場に配置するが，女性労働者については通勤が不便な遠隔地の工場に配置すること。

⑤　男性労働者については，複数の部門に配置するが，女性労働者については当初に配置した部門から他部門に配置転換しないこと。

転勤については「育児と介護」が免罪符となる場合がある。すなわち，育介法26条で「就業の場所の変更により就業しつつその子の養育又は家族の介護を行うことが困難となる労働者がいるときは，当該労働者の子の養育又は家族の介護の状況に配慮しなければならない。」とあり，当該規定は転勤命令権の権利濫用性の判断に影響を与えるものと解されている（**図表２－９**）[79]。

これに加え，少子化や労働者の健康問題との関連で，ワーク・ライフ・バランスの社会的要請が高まる中，労契法３条３項で「労働契約は，労働者及び使用者が仕事と生活の調和にも配慮しつつ締結し，又は変更すべきものとする。」と明文化されており，転勤のみならず，配転命令の権利濫用判断に影響を与えるものと解されている。

図表２－９ 労働者の受ける不利益を理由に配転命令を無効とした裁判例

事 件 名	年月日・裁判所	判 旨
損害保険リサーチ事件	平成６年５月10日旭川地裁	神経症により休職していた労働者が復職を申し出た際に出された旭川から東京への転勤命令は，通常甘受すべき程度を著しく超える。
北海道コカコーラボトリング事件	平成９年７月23日札幌地裁	長女が躁鬱病の疑いあり，次女が脳炎後遺症による発達遅延，隣接地に居住する体調の悪い両親の面倒を見ている者への転勤命令は，通常甘受すべき程度を著しく超える。
日本ヘキスト・マリオン・ルセル事件	平成９年10月14日大阪地裁	骨粗鬆症，両変形性膝関節病の母親と同居している者への転勤命令は，通常甘受すべき程度を著しく超える。

配転命令に係る判例[80]の立場では，①業務上の必要性がない（**図表２－10**），

---

79 「ネスレ日本事件」大阪高判平18・4・14労判915号60頁。
80 「東亜ペイント事件」最二小判昭61・7・14労判477号6頁。

②配転命令に不当な動機・目的がある（**図表２－11**），③労働者に通常甘受すべき程度を著しく超える不利益を負わせるものである場合，権利の濫用として無効となる旨判示している。したがって，将来設計する人事配置に影響を及ぼすおそれがあるため，ターゲット会社において，育児と介護を行っている者を把握しておく必要がある。

図表２－10 業務上の必要性がないとして配転命令を無効とした裁判例

事 件 名	年月日・裁判所	判 旨
讀宣事件	平成３年３月29日大阪地裁	協調性を欠くというだけでは業務上の必要性があったとはいえない。
フットワーク・エクスプレス（大津）事件	平成10年11月17日大津地裁	大津で人を補充しているのに和歌山への転勤の必要性は疑問である。
NTT東日本（北海道・配転）事件	平成18年９月29日札幌地裁	札幌から苫小牧，室蘭，函館，釧路への４名の配転について，労働力の適正配置，業務の能率増進等，会社の合理的運営に寄与する点があったと認められない。

　最後に賃金を引き下げる配転命令について触れておく。長期雇用システム下の配転は，基本的にはそれによって賃金が下がらないことを前提に行われ，そのことがまた，頻繁かつ広範な配転が円滑に実施される基礎的条件になっていたので，労働者を別個の職種に配転して職種が変わったことを理由に賃金を引き下げることは，配転命令権によってはなしえない[81]と解されている。したがって，職務内容によって賃金が決定される制度があり職務変更により賃金減額の根拠規定（減額の程度は問題となる）がある場合を除き，労働者の同意のない配転による賃金減額についての裁判例では，賃金減額措置を無効としてい

81　菅野・前掲注（66）689頁。

図表2-11 配転命令に不当な動機・目的があるとして配転命令を無効とした裁判例

事 件 名	年月日・裁判所	判 旨
朝日火災海上保険事件	平成4年6月23日東京地裁	会社の方針に反対し，組合の内外で会社に強く対抗する姿勢をとったこと等に嫌悪して不利益な取扱いをしたと推認できる。
フジシール事件	平成12年8月28日大阪地裁	退職勧奨拒否に対する嫌がらせとして発令された。
オリンパス事件	平成23年8月31日東京高裁	コンプライアンス室への内部通報等の行為に上司の事業部長が反感を抱いたとして行われたとしたもの。

図表2-12 配転による賃金減額措置を無効とした裁判例

事 件 名	年月日・裁判所	判 旨
デイエフアイ西友事件	平成9年1月24日東京地裁	配転と賃金は別個の問題で法的には相互に関連しておらず，賃金については従前のままとすべき契約上の義務を負う。
日本ガイダント事件	平成14年11月14日仙台地裁	職種により給与等級に格差を設けている給与体系をとっていても，営業職（61万円）から営業事務職（31万円）へ賃金を半分にする客観的合理的理由があるとはいえない。
石油産業新聞社事件	平成23年10月11日東京地裁	「中部支局長専任」から「本社編集局記者兼中部支局長」への人事異動の伴う役付手当と営業手当の減額は，職制上の序列が不明確であり，職務の変更と賃金の変更との間に客観的，合理的な対応関係を見出すことができない。

第2章　義務的調査項目　**75**

る（**図表2-12**）。

④　出　　向

「出向」とは，労働者が自己の雇用先に在籍のまま，他の企業の従業員（ないし役員）となって相当期間にわたって当該他の企業の業務に従事することをいう（在籍出向，長期出張，社外勤務，応援派遣，休職派遣などとも呼ばれる）[82]。日本企業では，企業内の配転のみならず，他企業へ出向させることで，余剰人員の雇用調整を行う。ただし，出向においては，就業規則等に根拠規定や入社時に同意書があったとしても，勤務先の変更に伴う賃金・労働条件等が出向規程等によって労働者の利益に配慮して整備されていることが必要となる。したがって，出向命令に根拠（**図表2-13**）がなかったり，また，人選の合理性や労働者の利益を著しく欠いたりするような出向命令については，その権利を濫用したものとして無効となる（**図表2-14**）。

図表2-13　出向命令の裁判例

[出向命令権に根拠があるとした裁判例]

事　件　名	年月日・裁判所	判　　旨
新日本製鐵（三島光産）事件	平成12年2月16日・福岡高裁	就業規則，労働協約に規定があり，出向者の処遇に不利益がないように配慮され，組合の了解もあり，過去にも相当数の事例があった。
川崎製鉄事件	平成12年7月27日・大阪高裁	就業規則，労働協約に規定があり，それらを受けて細則を定めた出向協定が存在し，組合の了解もあり，過去十数年にわたり相当数の従業員が出向命令に服していた。

82　菅野・前掲注（66）690頁。

[出向命令権に根拠がないとした裁判例]

事 件 名	年月日・裁判所	判 旨
日立電子事件	昭和41年3月31日・東京地裁	「社員を社命により社外の業務に従事させた場合は専従期間休職させる」旨の規定は,就業規則上,出向義務を創設したものとは解することはできない。
日本レストランシステム事件	平成17年1月25日・大阪高裁	就業規則に配転を命じることがある旨の規定があるのみで,就業規則等に,出向先の労働条件・処遇,出向期間,復帰条件等を定めた規定がないため,法的根拠を欠き無効。

図表2−14 出向命令権の濫用として無効とした裁判例

事 件 名	年月日・裁判所	判 旨
日本ステンレス事件	昭和62年11月30日・新潟地裁	身障者である両親の面倒を見ていた労働者に対する子会社への出向命令について,家族の事情により権利濫用として無効とした。
ゴールド・マリタイム事件	平成2年7月26日・大阪高裁	管理職として適性を欠く労働者を職場から放逐しようとした出向命令は権利濫用として無効とした。
リコー事件	平成26年4月15日・東京地裁	グループ全体で1万人の人員削減計画が発表されるなかで退職勧奨後に行われた出向命令について,退職勧奨を断った者を自主退職に踏み切ることを期待して行われた出向命令について,権利濫用として無効とした。

また，出向も均等待遇原則（労基法3条）など労働法制上の規制を受け，これらに抵触する出向命令は無効となる。したがって，将来設計する人事配置に影響を及ぼすおそれがあるため，ターゲット会社でなされた出向命令が権利濫用となるようなものでなかったか否かを調査しておく必要がある。

⑤　転　籍

「転籍」とは，労働者が自己の雇用先の企業から他の企業へ籍を移して当該他企業の業務に従事することをいう（移籍とも呼ばれる）[83]。転籍は在籍していた企業との労働契約を終了させ，新しく転籍先企業と労働契約を結び直すことになる。したがって，勤続年数もリセットされ，転籍と同時に退職金の支払いも行われることがある。

なお，労働者と転籍先との間に労働契約が成立することを条件に転籍元を退職するものであるから，転籍先から雇用を拒否されるなどして労働契約が成立しなければ転籍元の退職の合意は無効となる[84]（**図表2-15**）。

図表2-15　転籍先の雇用拒否により転籍元との労働契約の存続を認めた裁判例

事　件　名	年月日・裁判所	判　　　旨
日立製作所横浜工場転属事件	昭和43年8月9日・東京高裁	日立電子での就労を信じて転属を承諾したもので，承諾は要素に錯誤があり無効であるとして，転籍元の労働者に地位を認めた。
生協イーコープ・下馬生協事件	平成5年6月11日・東京地裁	転籍元への退職の意思表示は転籍先の採用を条件とするものとみるべきであり，転籍先から採用を拒否され移籍が実現しなかったことから，転籍元との間の雇用関係は依然として存続しているとした。

83　菅野・前掲注（66）690頁。
84　井上幸夫『労働法実務解説4　人事』95頁（旬報社，2016）。

実務上は,「退職合意書」と転籍先との「労働契約書」の2つの機能を備えた次のような転籍同意書に署名押印させ,当該労働者の心理的抵抗を緩和する工夫がされることが多い。

したがって,将来設計する人事配置に影響を及ぼすおそれがあるため,ターゲット会社において,転籍がなされた場合,退職の合意書のみならず,転籍先との労働契約を書面で確認しておく必要がある（次頁参照）。

第2章　義務的調査項目　**79**

平成　年　月　日

○○株式会社　御中
△△株式会社　御中

転籍同意書（見本）

氏名　山田　太郎　㊞

　私，山田　太郎　は，○○株式会社から△△株式会社に転籍することに同意いたします。
転籍先における私の労働条件は下記のとおりであると承知しておりますが，変更することがありうることも了解いたします。

記

1. 転籍先：△△株式会社
2. 所在地：
3. 代表者：
4. 転籍年月日：
5. 労働契約期間の有無：　　無・有（　　年　　月　　日～　　年　　月　　日）
6. 転籍後の身分：
7. 従事する業務：
8. 従事する場所：
9. 始業・終業時刻，休憩時間
10. 休日，休暇
11. 賃金の締切日，支払の時期
12. 給料体系：
13. 退職に関する事項：
14. 退職金制度の有無：　　無・有（退職金規程による）
15. その他の労働条件：△△株式会社の就業規則による。
16. 勤続年数の通算：年次有給休暇の計算における勤続年数の取扱いについては，
　　○○会社における勤続年数を通算して計算するものとする。

以上

出所：野中健次「M&Aにおける就業規則の整備」SR24号（ビジネスガイド別冊12月号）71頁（2011）

80

　なお，事業譲渡のケースにおける「転籍」についても，譲渡企業と譲受企業間で事業譲渡契約が成立したところで，労働契約が当然に承継されるものではない。

　転籍は民法625条1項で「使用者は，労働者の承諾を得なければ，その権利を第三者に譲り渡すことができない。」（労働契約不承継の原則）とされており，就業規則等による包括的な同意では足りず，当該労働者の個別合意を取り付ける必要がある。

　この労働契約の譲渡方法には，譲渡会社を一旦退職し，譲受会社へ再雇用という方法（再雇用型）と労働契約上の地位そのものを譲渡する方法（譲渡型）とがある。法的効果については，前者の場合では，譲受会社は転籍前の退職金，未払債務，勤続年数を承継する必要はないが，後者の場合では，債権債務の包括的譲渡の結果，これらも譲渡されると解される余地がある[85]とされている。したがって，事業譲渡の場面において，譲受会社では，簿外・偶発債務リスクを回避できるため，再雇用型のスキームを選択する傾向が多く見受けられる。

⑥　休　　職

　「休職」とは，ある従業員について労務に従事させることが不能または不適当な事由が生じた場合に，使用者がその従業員に対して労働契約関係そのものは維持させながら労務への従事を免除または禁止することをいう[86]。

　休職には，業務外の疾病により長期欠勤が一定期間に及んだときに勤続年数等に応じて一定期間の休職が認められ，期間内に回復せずに復職できなければ退職または解雇となる「傷病休職（病気休職）」，傷病休職以外の事故の都合による「事故欠勤休職」，そして，刑事事件に関し起訴され，判決確定までの期間を休職とする「起訴休職」などがある（**図表2－16**）[87]。

85　高谷知佐子ほか『M&Aの労務ガイドブック』52頁（中央経済社，第2版，2009）。
86　菅野・前掲注（66）697頁。
87　菅野・前掲注（66）697頁。

第2章　義務的調査項目　　81

図表2－16 休職の種類と内容

名　称	内　容
傷病休職（病気休職）	業務外の疾病により長期欠勤が一定期間に及んだときに勤続年数等に応じて一定期間の休職が認められ，期間内に回復せずに復職できなければ退職または解雇となる。
事故欠勤休職	傷病以外の自己都合による欠勤（事故欠勤）が一定期間に及んだときに一定期間の休職が認められ，期間内に出勤可能とならなければ，退職または解雇となる。
起訴休職	刑事事件に関し起訴された者を一定期間または判決確定までの間休職とする。
出向休職	他社への出向している期間を休職とする。
公職休職	議員等の公職に就任する期間を休職とする。
自己都合休職	海外等への留学期間を休職とする。
組合専従休職	労働組合に専従する期間を休職とする。
懲戒休職（出勤停止または，自宅謹慎）	就業規則違反に対する制裁として労働者の就労を禁止する期間を休職とする。

　休職制度は，労働法制上，使用者に強制させているものではなく，休職制度を採用するか否かは任意であり，休職期間や休職期間中の賃金等の処遇については各社各様で，それぞれの就業規則等の定めによる。ただし，組合専従休職者に対して，賃金を支払うことで組合の自主性を阻害する場合には，労組法7条3号の支配介入に当たるおそれがある。

　休職命令で問題となるのが，当該休職命令が休職事由に該当しないのに休職命令を発令したり，刑事事件で起訴されただけで，直ちに休職命令を発令したりする場合である。これら休職命令が権利を濫用したものとして認められ無効となる場合は，休職期間中の賃金を受ける権利が生じることになる（**図表2－17**）ので，ターゲット会社において，休職制度の適用となる労働者がいた場合には，休職命令が権利濫用となるようなものではなかったか否かを調査しておく必要がある。

図表2−17 休職命令が無効となった裁判例

事件名	年月日・裁判所	判　　旨
富国生命保険事件	平成7年8月30日・東京高裁	通常勤務に相当程度の支障をきたす場合に休職事由が認められるが，本件では休職事由が認められない。
日本冶金工業事件	昭和61年9月29日・東京地裁	沖縄返還協定反対闘争において，凶器準備集合罪で逮捕，起訴された労働者に対する保釈後に発令された起訴休職処分を無効とした。

　傷病休職者の復職については，どの程度の健康状態に回復すれば治癒したことになり，復職を認めるかは，医師等の意見を参考とするが，最終的には使用者が判断するので，問題になることが多い。すなわち，労働者が復職を強く希望し，主治医の復職可能とする診断書があるにもかかわらず，使用者が合理的な理由もなく，復職を認めず，傷病休職を継続させたり，休職期間満了により退職させたりした場合には，労働者はその時点以降の賃金を請求することができることがある。

　特に，片山組事件最高裁判決以降，職種限定契約でない傷病休職した労働者に対し，その健康状態により，他に配置可能な業務があり，本人もそれを望んでいるにもかかわらず，休職命令を継続する場合において裁判では，賃金請求権を認める傾向がある（**図表2−18**）。

　なお，休職期間の満了を理由として退職ないし解雇する場合，当然のことであるが，休職命令が発令されていることが前提であり，休職命令が発令されたことが確認できない場合には，休職期間満了による退職を無効とした裁判例[88]もある。

88　「北港観光バス（休職期間満了）事件」大阪地判平25・1・18労判1077号84頁。

第2章　義務的調査項目　　83

図表2−18▶ 復職を認めず退職（解雇）したケースが無効となった裁判例

事　件　名	年月日・裁判所	判　　　旨
東海旅客鉄道事件	平成11年10月4日・大阪地裁	病気休職期間満了後の退職で，復職の意思があり，職種限定契約でなければ，現実的に配置可能な業務の有無を検討することが必要。当該事件はこれを検討せず，退職扱いを無効とした。
キヤノンソフト情報システム事件	平成20年1月25日・大阪地裁	休職期間満了前に復職可との診断書を提出し，復職を申し出たが，負担軽減措置や他部門への就労可能性を考慮した事情がうかがえず，退職扱いを無効とした。

5　制　　裁

懲 戒 処 分

　A社における過去の制裁を調べたところ，次の懲戒処分を行っていたことがわかった。

① 戒告・譴責処分

　通勤時の電車が遅延したため，同日同時刻の電車に乗り合わせていた花子と桃子は遅刻した。花子は，鉄道会社から遅延証明書をもらうだけのために並ぶ時間が無駄であると判断して，遅延証明書の交付を受けなかったが，桃子は遅延証明書をもらうため列に並び，花子よりさらに10分遅れて出社した。A社の懲戒規定

84

の遅刻の懲戒対象者には「電車遅延の証明書を提出した者を除く」とあったので，遅延証明書を提出しなかった花子にのみ，譴責処分が行われた。

　これに反発した花子は，矛盾する職場のルールを改善するため労働組合を結成して，会社に抗議しようと組合員を募集した。これに対し，社内秩序を乱したとして，さらに譴責処分が科された。

② 減　　給

　仕事中，パチンコ店で遊んでいたことが判明した太郎に対して，１万円の減給処分を科した。なお，太郎の給料は基本給18万円，営業手当３万円である。

③ 出勤停止処分

　営業部長の次郎に忘年会の二次会のカラオケの席で身体を触られ，強制的にデュエットをさせられたと営業部の女性従業員から苦情があり，その調査のため３日間，次郎に自宅待機を命じた。次郎はセクハラ行為を認めなかったが，調査の結果，複数の従業員の証言から，セクハラ行為は事実であると判断し，次郎に７日間の出勤停止命令を発令し，自宅待機期間と出勤停止期間を合わせた10日間を無給とした。

④ 降　　格

　セクハラ行為を行った営業部長の次郎に対し，７日間の出勤停止処分だけでは甘いと社長から指摘があったので，後日懲戒処分の追加として，営業部長の役職を解いた。

⑤ 諭旨解雇

　大島支店への転勤辞令に対し，転勤すると親の介護ができなくなるためこれを頑なに拒否した三郎に対して，退職を勧告し，三郎からの退職願という形で退職させた。なお，Ａ社の就業規則には「業務上の都合により，従業員に対して転居を伴う配置転換を命じることがある」との規定があった。

⑥ 懲戒解雇

　会社預貯金から100万円を横領した経理の桃子に対し，自認したこともあり，管轄の労働基準監督署へ解雇予告手当の除外認定を申請したところ，労働基準監督署長から認定されたので，懲戒解雇[89]した。なお，退職金前払い制度を選択し

89　解雇予告手当の除外認定と懲戒解雇が必ずしも一致するわけではなく，懲戒解雇でも退職金が全額支給されることもある。

ていなかった桃子には本来1,200万円の退職金が支給される予定であったが，懲戒解雇の場合には退職金を支給しないとする懲戒規定に基づき，全額不支給としていた。

＜懲戒処分について問題がある＞

① 戒告・譴責処分

戒告・譴責処分は懲戒処分の中でも最も軽微な処分ではあるが，昇進や査定に影響を与えるものであることから，その適用は安易に行ってはならない。

軽微な懲戒処分であれ，懲戒権の行使が有効とされるためには，後述する労契法15条にある「根拠となる規定」，「客観的に合理的な理由」および，「社会通念上相当性」の３要件を満たす必要があり，この３要件を満たさずに懲戒処分が行われた場合には懲戒権の濫用として無効となる。

当該懲戒処分においては，Ａ社には電車遅延の証明書を提出した者を除き，遅刻を懲戒事由の対象とし，懲戒処分を科すとの根拠規定があり，また，「遅刻」を懲戒事由とすることについて，遅刻を許すと定刻に出勤している他の従業員へ悪い影響を与えるおそれがあるので，一定の合理性は認められる。しかし，「電車遅延のための遅刻」と外形的行為が同一であるにもかかわらず，「鉄道会社から遅延証明書の交付の有無」をもって，懲戒処分の有無を決定するのは形式的で公平性に欠けるものである。

つまり，社会通念上の相当性を判断する上で，同じ規定に同じ程度に違反した場合には，これに対する懲戒は同じ程度たるべきであるという公平性の要請がある[90]。しかも，実質的には花子よりも10分長く遅刻した桃子が処分の対象とならず，遅延証明書の提出がされなかった花子にのみ，譴責処分を科すことについては，社会通念上相当性は認められず，懲戒権の濫用として無効となるおそれがある。

また，労組法７条１号（前段）で「労働者が労働組合の組合員であること，労働組合に加入し，若しくはこれを結成しようとしたこと若しくは労働組合の正当な行為をしたことの故をもつて，その労働者を解雇し，その他これに対して不利益な取扱いをすること」を不当労働行為として禁止しているので，労働組合を結

---

90 菅野・前掲注（66）675頁。

成しようとしたことに対する当該懲戒処分はこれに抵触する。したがって，花子が当該懲戒処分を取り消すよう労働委員会に救済を求める[91]おそれがある旨レポートした。

② 減　　給

減給処分は労働者が生活する上で影響力が多大であるため，労基法91条で「就業規則で，労働者に対して減給の制裁を定める場合においては，その減給は，1回の額が平均賃金の1日分の半額を超え，総額が一賃金支払期における賃金の総額の10分の1を超えてはならない。」と制限している。太郎の平均賃金の1日分は7,000円であることから，労基法91条により，1回の額は3,500円（7,000円[92]÷2）を超えることは許されない。これは，「1回の事案」に対しては減給額が平均賃金の1日分の半額以内でなければならないことを意味し，減給1万円を3,400円，3,300円，3,300円のように3回の賃金支払期に分けてもよいという意味ではない。したがって，当該減給処分は労基法91条に抵触する旨レポートした。

③ 出勤停止

使用者が人事権行使の一環として行う「自宅待機命令」と企業秩序違反行為に対する制裁罰という性格を持つ「出勤停止命令」あるいは「懲戒休職」は区別する必要がある。当該自宅待機命令は，事実関係を調査するのに必要ではあるが，懲戒事由を調査した結果，懲戒事由が認められたとしても，自動的に自宅待機期間を懲戒処分の出勤停止期間に組み込むことはできず，自宅待機期間を無給としたことに問題がある。

したがって，就業規則に「懲戒処分を検討する際，調査のために自宅待機を命じた場合，自宅待機期間中は無給とする」との定めがある場合[93]を除き，自宅待機期間中の3日間の賃金不支給については不当である旨レポートした。

91　救済の申し立ては，二審制がとられ，まず都道府県労働委員会に対して行われ，都道府県労働委員会の命令に不服がある当事者は中央労働委員会に再審査の申立てをすることができる（労組法27条の15）。なお，不当労働行為の救済申立ては，不当労働行為があった日から1年以内になされなければならない（同法27条2項）。

92　この場合，4月に懲戒処分事由が生じたものと仮定して，（21万円＋21万円＋21万円）÷90日として計算した。

93　自宅待機中の賃金請求権を消滅させるには，自宅待機にしなければ，事故が再発のおそれが高い場合や不正行為の再発が高い場合に限られるとする裁判例もある（「京阪神急行電鉄事件」大阪地判昭37・4・20労民13巻2号487頁）。

第2章　義務的調査項目　**87**

④　降　　格

　使用者が人事権行使の一環として行う「降格命令」と企業秩序違反行為に対する制裁罰という性格を持つ「降格命令」は区別する必要がある。当該降格命令はセクハラ行為を行った営業部長の次郎に対する懲戒処分としての性格のものであるが，次郎には既に出勤停止処分を行っているので，追加的になされた降格処分の効力が問題となる。

　懲戒処分については，併科（1つの懲戒行為に対して2つ以上の処分を組み合わせること）は禁止されていないが，罪刑法定主義類似の諸原則の適用があるため，同一事由について一度懲戒処分が確定した事案について再び懲戒処分を行うことが禁止されており，追加的になされた降格処分については，この一事不再理の原則（二重処分の禁止）に当たり無効となる旨レポートした。

⑤　諭旨解雇

　配転命令については，まずは配置転換できる根拠となる規定があることを前提として，判例[94]では，①業務上の必要性があること，②配転命令に不当な動機・目的がないこと，③労働者に通常甘受すべき程度を著しく超える不利益を負わせるものでなければ，配転命令権は有効であると判示している。しかし，育介法26条で「事業主は，その雇用する労働者の配置の変更で就業の場所の変更を伴うものをしようとする場合において，その就業の場所の変更により就業しつつその子の養育又は家族の介護を行うことが困難となることとなる労働者がいるときは，当該労働者の子の養育又は家族の介護の状況に配慮しなければならない。」とあり，当該規定は配転命令権の権利濫用性の判断に影響を与えるものと解され[95]，介護と看護は配転命令の免罪符ともいわれている。

　したがって，当該配転命令については，配転命令権の濫用と判断され，無効となるおそれのある配転命令を拒否した三郎を懲戒処分にすることはできないので，当該諭旨解雇処分については無効となるリスクがある旨レポートした。

⑥　懲戒解雇

　桃子に対する懲戒解雇処分については妥当であり，自認したことから，労働基

94　「東亜ペイント事件」最二小判昭61・7・14労判477号6頁。
95　「ネスレ日本事件」大阪高判平18・4・14労判915号60頁。

準監督署長より労基法上の解雇予告手当の除外認定を受けられたのだろう。しかし，労働基準監督署長が解雇予告手当の除外を認めるほどの行為があったからといって，懲戒解雇と退職金不支給が直結するわけではない。したがって，退職金の全額不支給条項の合理性およびその適用の当否を検討する必要がある。

退職金の性質については，大別すると「功労報償的性質」と「賃金の後払い的な性質」があり，Ａ社の退職金制度は，退職金制度を選択することも，また退職金の前払いを選択することもできることから，「賃金の後払い性質」[96]が極めて強い退職金制度であることがわかる。

報償ないし恩恵的なものが含まれている退職金については，その合理的範囲内においてこれを減額する規定も有効と解される余地はあるが，報償ないし恩恵的な要素は認められず「賃金」の後払い性質が強い当該退職金については，永年の勤続の功をすべて抹消することにより退職金を減額・不支給とすることに合理性は認められにくい。賃金の後払いの性質が強い退職金制度に対して，懲戒解雇の場合には退職金を支払わない旨を定める退職金規定を無効と判示する裁判例[97]もあることから，当該懲戒解雇時の退職金不支給は無効となり，将来退職金を請求された場合，支払うおそれがある旨レポートした。

解　説

(1)　企業秩序の維持と制裁

職場においては，様々な価値観を持つ人々を集め，円滑に業務を遂行させるため，一定のルールの存在が不可欠である。職場のルールを遵守させるためには制裁システムが効果的であり，企業は，職場のルールに違反した場合に，企業秩序違反行為の制裁罰として懲戒処分を行う。

この懲戒処分を行う権限（懲戒権）については，判例[98]で，「企業はこの企業秩序を維持確保するため，これに必要な諸事情を規則をもって一般的に定め，

96　基本給に直結する職能資格ポイントを積算するポイント制退職金も賃金の後払い的性質が強い退職金制度である。
97　「中部ロワイヤル事件」名古屋地判平6・6・3労判680号92号。
98　「富士重工業事件」最三小判昭52・12・13民集31巻7号1037頁。

あるいは具体的に労働者に指示命令することができ，また，企業秩序に違反する行為があった場合には，その違反行為の内容，態様，程度等を明らかにして，乱された企業秩序の回復に必要な業務上の指示，命令を発し又は違反者に対し制裁として懲戒処分を行うため，事実関係の調査をすることができることは，当然のことと言わなければならない」と判示し，就業規則[99]等に懲戒事由および懲戒処分を定めることを前提とし，懲戒権の行使を認め，その行為が懲戒処分に該当するか否かについて，調査する権限を有することも認めている。

この懲戒権については，労契法15条でも「使用者が労働者を懲戒することができる場合において，当該懲戒が，当該懲戒に係る労働者の行為の性質及び態様その他の事情に照らして，客観的に合理的な理由を欠き，社会通念上相当であると認められない場合は，その権利を濫用したものとして，当該懲戒は，無効とする。」と定めている。つまり，「使用者が労働者を懲戒することができる場合」，すなわち「就業規則等に根拠規定があり，当該行為が懲戒事由に該当し，懲戒処分を行うことができる旨の規定が置かれている場合」でも，「客観的に合理的な理由を欠き，社会通念上相当であると認められない場合」には懲戒権を濫用したものとして無効としている。

この「客観的合理的な理由」とは，形式的に就業規則の懲戒事由に該当するだけでなく，実質的に企業秩序を乱している，または乱すおそれがあることが重要である。また，「社会通念上相当であると認められない場合」とは，懲戒処分の程度の妥当性，例えば，遅刻1回で懲戒解雇処分とすることや，就業規則上，懲戒処分について懲戒委員会を開催して検討し，委員会の決議をもって行うとの定めがあるにもかかわらず，委員会の決議を経ない場合および本人に懲戒事由を告知し弁明の機会を与えずに懲戒解雇処分をすること等の公正な手続を踏まない場合である。これらのケースでは懲戒権を濫用したものとして無効となる可能性が高い。

なお，懲戒権の行使は，制裁罰と同一の性格であることから，刑事罰と類似

99　労基法89条9号で制裁を設ける場合，就業規則に明記することを要求している。

性があるので，罪刑法定主義類似の諸原則を満たすものでなければならないと一般的に解されている[100]。

　罪刑法定主義とは，平たく言うと，（犯）罪と（刑）罰は予め法（律）で定めておかなければならないことを原則とする概念である。したがって，ある行為を違反行為と拡張して解釈すること（類推解釈），就業規則に違反行為として定められる以前の行為について遡及して適用すること（遡及処罰），および，同じ事由について繰り返し懲戒処分を行うこと（二重処罰，一事不再理）などは禁止される。

(2)　懲戒処分の種類

　懲戒処分の種類については企業の裁量に委ねられている。しかし，制裁の定めをする場合においては，その種類および程度に関する事項について，就業規則に定めるよう労基法89条9号で要請され，軽いものから順に，戒告・譴責，減給，出勤停止，降格，諭旨解雇，懲戒解雇等と就業規則に定められているのが一般的である。

①　戒告・譴責

　始末書を提出させずに注意を与えることが「戒告」，始末書を提出させて反省させることが「譴責」とするのが通例である。当該処分自体は本人に多大な影響を与えるものではないが，たびたび同一の懲戒事由で戒告・譴責処分をしても改悛の見込みがない場合には，身元保証人に通報され，その後の再発に対しては，同一の懲戒事由でも処分の重い減給処分を科されたりすることがある。

　また，昇進や賞与の査定にもマイナスに働く[101]ことから，最も軽微な処分ではあるが労働者の立場からするとけっして侮れるものではない。

　なお，譴責処分により「始末書」の提出を求めたにもかかわらず，始末書を

100　水町・前掲注（11）162頁。
101　人事評価は人事権に基づき行われるものであるので懲戒処分ではないため，懲戒処分と合わせて人事評価を下げても一事不再理の原則には違反しない。

提出しない社員に対して、「始末書の不提出」を理由にさらに懲戒処分ができるかという問題がある。始末書の不提出を業務命令違反と判示した裁判例[102]もあるが、始末書の不提出を理由に新たに懲戒処分を科すことは認められないとする裁判例[103]が多いため、そのようなケースには、実務では無理に提出させず、懲罰履歴として記録しておくにとどめておけばよいであろう。

② 減 給

減給とは、賃金から一定額を減額する処分であり、遅刻、早退、欠勤等の労務不提供に対する賃金の不払いとは異なる。減給処分は、従業員にとって最も重要な労働条件である「賃金」を減額することで反省を促すことから、減給額が高ければ高いほど、効果的ではある。

しかし、減給額に上限を設定しないと労働者の生活に支障をきたすおそれがあるので、労基法91条で「1回の額が平均賃金の1日分の半額を超え、総額が一賃金支払期における賃金の総額の10分の1を超えてはならない。」と制限している。

これは、「1回の懲戒事由」に対し、減給額が平均賃金の1日分の半額以内でなければならず、また、一賃金支払期に複数の懲戒事由があり、複数の減給処分をする場合でも、それらを合計した額が、賃金の総額の10分の1を超えると労基法に抵触することを意味する。ただし、複数の懲戒事由の合計額が10分の1を超えても、次期の賃金支払期以降に分けて、減給することは許されている。

ただ、企業秩序違反行為に対する制裁罰という性格を持つ「減給」と使用者が人事権行使の一環として行う降格命令に伴う「降給」とは区別する必要がある。従前の職務に従事せしめつつ、賃金額のみを減ずる趣旨であれば、減給の制裁として労基法91条の適用がある[104]が、人事権行使の一環として行う降格

---

102 「あけぼのタクシー事件」福岡地判昭56・10・7労判373号37頁。
103 「丸住製紙（懲戒解雇）事件」高松高判昭46年・2・25民集22巻1号87頁、「福知山信用金庫事件」大阪高判昭53・10・27労判314号65頁等。
104 昭37・9・6基発917号。

命令に伴う「降給」については，労働条件の不利益変更の問題であり，同法91条の適用はない。

また，賞与についても，就業規則で支給の時期と支給額の決定方法が定められている場合には労基法上の賃金に当たるので，減給の適用を受けるかが問題となる。

この問題を検討するには，賞与を「査定に基づいて支給額が決定する賞与」と，「基本給を基準に一定額の係数を乗じて算出される固定的な賞与」とに分ける必要がある。

賞与が，査定に基づいて支給額が決定される賞与は，査定がなされてはじめて賞与（賃金）請求権が発生すると解され，マイナス査定は，それにより賞与（賃金）請求権が発生するもので，発生した賞与（賃金）請求権から一定額を減額するものではないので，労基法91条の「減給」には該当しないと考えられる。しかし，基本給を基準に一定額の係数を乗じて算出される固定的な賞与については，マイナス査定でも，自動的に算定されて発生した賞与（賃金）請求権から，一定額を減額することになるので，同法91条の「減給」に該当し，本条の適用がある[105]。

したがって，基本給を基準に一定額の係数を乗じて算出される固定的な賞与から減額する場合にも，同法91条の「減給」が適用されることになる[106]。

③　出勤停止

出勤停止とは，労働契約を継続させつつ，制裁として一定期間の就労を停止させる処分であり，自宅謹慎や懲戒休職とも呼ばれる。出勤停止期間中の賃金について，賃金を支払うと制裁の意味がないので，賃金を支払うことはないが，労務提供が行われないからと言って，賃金の支払い義務が自動的に免除されるわけではないので，就業規則にその旨明記しておくことが必要である。

なお，出勤停止期間中，賃金を支払わないことに対する労基法91条の「減

105　石嵜信憲編著『賃金規制・決定の法律実務』318〜319頁（中央経済社，2012）。
106　昭63・3・14基発150号。

給」の適用の有無については，通達[107]で「出勤停止期間中の賃金を受けられないことは，制裁としての出勤停止の結果であって，通常の額以下の賃金を支給する法91条の規定には関係ない」としている。

　また，出勤停止処分中，賃金を支払われないことから，この期間に対して，当該処分対象者から，年次有給休暇の時季指定権を行使しようとするケースがある。しかし，休暇はそもそも労務を提供する義務がある日に対して，一定の理由でその義務を免除する制度であり，制裁としての出勤停止期間は，労務提供義務がないため，年次有給休暇を行使できる日とはならない。

④　降　　格

　降格とは，降職とも呼ばれ，制裁を目的として労働者の役職・職位や職能資格制度の資格や等級を低下させる処分である。制裁として，降格に伴う賃金の低下に対する労基法91条の「減給」の適用の有無については，通達[108]で「運転手から助手へ格下げしたことによる賃金の低下は，その労働者の職務の変更に伴う当然の結果であるから法91条の制裁規定の制限に抵触するものではない」としている。

　また，成績不振を理由に役職を解く等の人事権の行使としての「降格」については広くその裁量権を認められているが，見せしめ的に行われる人事権の行使については，懲戒的性格を否定できず，懲戒権の行使とみなされることもあるので，その場合は懲戒権の行使の合理性が問われることになる。

⑤　諭旨解雇

　諭旨解雇とは，懲戒解雇処分の場合，退職金を支給しないと規定する企業が多いため温情的に退職を勧告し，本人の願いによるという形で退職させる処分である。一定の期間内に勧告に応じない場合，懲戒解雇処分を科すケースが多く，形式的には依願退職であるが，実質的には退職の強要であるため，懲戒解

107　昭23・7・3基収2177号。
108　昭26・3・14基収518号。

雇に準ずるものである。

なお，諭旨解雇と同視できる態様として変更解約告知がある[109]。ただし，労働条件の変更を承諾しなかった場合になされる変更解約告知を受けた解雇については「解雇権濫用性」の問題であり，退職願を提出しなかった場合になされる当該解雇については「懲戒権濫用性」の問題であると整理することができる。

温情的とはいえ，退職金の不支給をちらつかせて，強引に退職願いを提出させる場合には，強迫にあたり，法的効果が認められないことがある。

⑥ 懲戒解雇

懲戒解雇とは，懲戒処分の中で最も重い処分である。懲戒＋解雇なので，法的にはこれが懲戒の一種なのか，解雇の一種なのか，それとも両者をともに兼ね備えるものなのかは必ずしもはっきりしていない[110]。実務では，処分対象者に弁明の機会を与えた上で，事前に管轄の労働基準監督署長から労基法20条（ただし書き）の労働者の責に帰すべき事由に基づく解雇として解雇予告手当の除外認定を受ける手続をとる。除外認定の有無にかかわらず，退職金制度のある企業では，退職金の一部または全部を不支給として「解雇」するのが一般的であることから，本書では，当該処分の有効性の判断において，労契法15条（懲戒）および同法16条（解雇）の懲戒権および解雇権の双方の権利濫用に抵触しないことと考える。懲戒解雇されたことで再就職活動に支障をきたすおそれもあり，処分の対象となる労働者にとっては，経済的にも精神的にも相当のダメージを与えることから，使用者が綿密な調査もせずに軽率に無効となる懲戒解雇を行った場合には不法行為として損害賠償責任を負うことになる[111]。

さらに，不当な懲戒解雇を行ったことで，役員は株主代表訴訟により会社が被った損害の賠償を命じられることもありうる[112]。なお，労基法20条の解雇予

109　労働条件の変更を申し入れ，これに応じない場合には労働契約を解約するとの使用者の意思表示をいう。

110　大内伸哉『労働法実務講義』575頁（日本法令，第2版，2005）。

111　「アサヒコーポレーション事件」大阪地判平11・3・31労判767号60頁。

告手当の除外が認定されることは懲戒解雇の相当性を基礎づける重要な要素ではあるが，必ずしも一致するものではない[113]。

(3) 懲戒の事由

懲戒処分の対処となる懲戒事由は，企業秩序を乱す性質を持ち，懲戒権の行使は，罪刑法定主義類似の諸原則を満たすものでなければならないため，何が「罪」（懲戒事由）であるかを予め定めておくことが要請される。したがって，懲戒事由の最後に一般条項として「その他，前各号に準ずる程度の不都合な行為をしたとき」というような抽象的な規定は適切とはいえない。しかし，就業規則に予め定められた事由しか懲戒処分にできないとするのも現実的ではないため，就業規則上のその他の懲戒事由と同じ性質の行為で，同じ程度の職場秩序侵害が生じている場合にのみ「一般条項」を根拠とする懲戒処分が認められると考えるべきであろう[114]。以下，懲戒事由として，就業規則に定められている一般的なものを挙げ，概説する。

① 経歴詐称

労働契約の締結の際，履歴書や職務経歴書において最終学歴，職歴，犯罪歴等の「重要な経歴」について，虚偽の申告をしたり，重要な事実を秘匿したりすることが経歴詐称にあたる。経歴を詐称することは，労使間の信頼関係を破壊するものであり，懲戒事由とすることを認める裁判例[115]も多い。

② 職務懈怠

無断欠勤，早退，出勤不良，職場離脱等が再三にわたり行われ，職場秩序を

---

112 「渡島信用金庫事件」札幌高判平16・9・29労判885号32頁では，懲戒解雇をした理事には善管注意義務違反，忠実義務違反があったとして，理事長と人事担当常務の2名に対し，金庫が解雇無効となった労働者に支払った賃金相当分3,075万円を金庫に支払うよう命じた。

113 菅野・前掲注（66）734頁。

114 大内・前掲注（110）605頁。

115 「炭研精工事件」最一小判平3・9・19労判615号16頁など。

乱す場合には，懲戒事由となる。ただし，無断欠勤についてやむを得ない理由
がある時は慎重に対応しなければならない。例えば，阪神・淡路大震災で19日
間の無断欠勤をしたものに対する懲戒解雇処分について，就業規則上の懲戒事
由である「無断欠勤14日以上に及んだ時」に該当しても，出勤できなかった理
由が専ら震災による被害が大きかったことによるもので，実際のところ職場秩
序を乱すものでもないとして，懲戒解雇を無効とした裁判例[116]もあることか
ら，懲戒事由となった理由を十分調査し，実質的に職場秩序を乱したか否かに
よって対応する必要がある。

③　業務命令違反

　労働者にとって労働契約上の最大の義務は指揮命令に従うことである。介護
や看護に多大なる影響を及ぼす等命令に服しないことにつきやむを得ない事由
もなく，就業にあたり，上司の指示・命令のみならず，時間外労働命令，出張
命令，配転命令，出向命令，健康診断受診命令等を拒否する行為については懲
戒事由となる。なお，所持品検査については，労働者の人権やプライバシーを
侵害することになるので，業務上の必要性や検査の方法等に配慮して行うこと
が必要であり，このような配慮を実施したにもかかわらず，検査命令に従わな
い場合には懲戒事由として裁判[117]でも認めている。

④　業務妨害

　労働組合の争議行為が使用者の業務を積極的に阻害する態様で行われ正当性
が認められない場合には，指導者・率先実行者などの役割に応じて相応の懲戒
処分を科すことが許されている[118]。例えば，タクシー会社において，車両の搬
出を阻止するために座り込みをするという争議戦術（車両確保戦術）がとられ
たことに対して，不法に使用者側の自由意思を抑圧し，あるいはその財産に対

116　「長栄運送事件」神戸地判平7・6・26労判685号60頁。
117　「西日本鉄道事件」最二小判昭43・8・2民集22巻8号1603頁，「帝国通信工業事件」
　　横浜地川崎支判昭50・3・3労民26巻2号107頁。
118　菅野・前掲注（66）668頁。

する支配を阻止するような行為をすることは正当な争議行為とはいえないとし，本件車両確保戦術は，営業者用車両を説得活動の範囲を超えて排他的に占有し，その運行を阻止するものであり，正当な争議行為ではないと判断した判例[119]もある。

⑤　職場規律違反

　就業規則の服務規律に違反する行為の多くは懲戒事由となる。例えば，横領，背任，会社の物品の私用・窃盗，セクシャル・ハラスメント，パワー・ハラスメント等がその典型である。なお，社内での政治活動や演説，集会，貼紙，ビラ配布等を禁止する規定に反した場合，直ちに懲戒事由になるか否かについては問題がある。

　すなわち，従業員の社内での政治活動等を禁止や許可制とすることについては，労働者の表現の自由を侵害することから許されず，それらは作業の遂行や施設管理に具体的に支障を生ぜしめるか，または生ぜしめるおそれがある場合のみ個別的に規制の対象とされうると主張する学説[120]が多い。

　しかし，判例[121]では，「職場内における従業員の政治活動は，従業員相互間の政治的対立ないし抗争を生じさせるおそれがあり，また，それが使用者の管理する企業施設を利用して行われるものである以上その管理を妨げるおそれがあり，しかも，それを就業時間中に行う従業員がある場合にはその労務提供義務に違反するにとどまらず他の従業員の業務遂行をも妨げるおそれがあり，また，就業時間外であっても休憩時間中に行われる場合には他の従業員の休憩時間の自由利用を妨げ，ひいてはその後における作業能率を低下させるおそれがあるなど，企業秩序の維持に支障をきたすおそれが強いものといわなければならない。したがって，一般私企業の使用者が，企業秩序維持の見地から，就業規則により職場内における政治活動を禁止することは，合理的な定めとして許

119　「御國ハイヤー事件」最二小判平4・10・2労判619号8頁。
120　横井芳弘「企業内政治活動の規制」『労働法の判例』（有斐閣，第2版，1978）128頁以下を参照。
121　「目黒電報電話局事件」最三小判昭52・12・13民集31巻7号974頁。

されるべきである」と判示している。

⑥　私生活上の非行

　労働者の私生活上の非行が会社の名誉，対面，信用を毀損することがあるため懲戒事由とされることがある。例えば，新聞記者が個人で開設したホームページに，取材で知りえた秘密や会社に対する批判などを書き込み，会社の閉鎖命令に従わなかった場合の出勤停止命令を有効とした裁判例[122]がある。しかし，労働者の私生活に対する使用者の過度の介入は，プライバシーの侵害にあたるため，判例[123]では，私生活上の非行に対する懲戒処分の認定はより厳格に判断する傾向がある。

⑦　二重就職・兼業規制

　長時間に及ぶ兼業のため提供される労務に支障が生じる場合や競合企業への機密事項の漏えいを防止するため「会社の許可なく他人に雇入れられること，また自営すること」を懲戒事由にする企業は多い。しかし，労働者の職業選択の自由を会社が制限することにつながるので，裁判例[124]では，二重就職・兼業の懲戒事由該当性やこれに対する懲戒処分の相当性をより厳格に判断する傾向がある。すなわち，許可制度を置かずに，二重就職・兼業を全面的に禁止することの合理性を認めていない。

122　「日本経済新聞社事件」東京地判平14・3・25労判827号91頁。
123　「横浜ゴム事件」最三小判昭45・7・28民集24巻7号1220頁，「日本鋼管事件」最二小判昭49・3・15民集28巻2号265頁。
124　「小川建設事件」東京地決昭57・11・19労判397号30頁。

第2章 義務的調査項目　99

6　労働契約の終了

解雇，辞職，合意解約，定年制，休職期間満了

　ターゲット会社であるＡ社の人事担当者とのインタビューで，過去2年間の労働契約の終了について次のようなケースがあることがわかった。

① 解　　雇

　入社4年目の太郎は，社員の親睦会や社内旅行にまったく参加せず，協調性がなく，かつ，仕事に対する熱意も感じられないことから，労基法20条に基づき，30日前に予告して解雇した。

② 辞　　職

　Ａ社の就業規則には「自己の都合により退職する場合は，退職予定日の少なくとも6カ月前までに，退職届を提出しなければならない」との定めがあり，花子は退職日の6カ月前に退職届を提出し，退職した。

③ 合意解約

　Ａ社では，企業体質の強化のため，業績の低い下位10%の社員を「ボトムテン」として特定し，基本給の15カ月分を退職金に加算することを条件に退職勧奨を行った。今回の査定でボトムテン入りした次郎は，人事部長に呼ばれ転職するよう勧められたが，これに応じなかった。その後も連日，日によっては1日3時間近く，個室に呼ばれ，尋問のように退職を迫られ，精神的に耐えられなくなり，やむを得ず退職勧奨に応じる態様で退職した。

④ 定年制

　Ａ社では，60歳定年制を採用し，65歳までの高年齢者雇用確保措置として65歳までの継続雇用制度を導入している。定年に達した桃子は，従前の業務内容・責

任の範囲が変わらなかったが基本給が定年前の6割に減額されていた。

⑤　休職期間満了

　精神疾患のため休職していた三郎は復職できず，3カ月の休職期間が満了したため就業規則の定めに則り，退職手続をとった。

＜解雇，辞職，合意解約，定年制，休職期間満了の取扱いについて問題がある＞

①　労基法20条の要件を充足した太郎の解雇について

　労基法20条で，解雇する場合には，30日前に予告するか，平均賃金30日分以上の解雇予告手当を支払うことを使用者に義務づけている。ただし，この義務を履行しさえすれば解雇が認められるわけではない。労契法16条では「解雇は，客観的に合理的な理由を欠き，社会通念上相当であると認められない場合は，その権利を濫用したものとして，無効とする」との定めがあり，当該解雇の理由は，「協調性がなく，かつ，仕事に対する熱意がない」という主観的なものであり，「客観的に合理的な理由」を欠く解雇権の行使なので，解雇権を濫用したものとして無効となるおそれがある旨レポートした。

②　退職届（辞職）に6カ月前の提出義務を課すことについて

　民法627条1項に「当事者が雇用の期間を定めなかったときは，各当事者は，いつでも解約の申入れをすることができる。この場合において，雇用は，解約の申入れの日から2週間を経過することによって終了する」とあることから，当該制度はこれに反し，無効と解することができる。これは，退職の自由を保障するという観点から，同法同条を強行規定[125]と解することを前提としているが，同法同条を任意規定と解した場合，同法91条を根拠に当事者の合意により修正が許されるので，2週間を超える期間を就業規則に定めても有効とする見解[126]もある。ただし，6カ月は「労働者の退職の自由を不当に制限」することになるおそれがあるため，公序良俗に反するおそれがあるとレポートした。

③　退職勧奨に応じて退職した次郎の合意解約について

125　民法91条の文言から，民法の規定には公の秩序に関するものとそうでないものがあることが推察できる。公の秩序に関する規定を強行規定と呼び，公の秩序に関しない規定を任意規定と呼ぶ。強行規定に違反する特約は無効であるが，任意規定は特約によってその適用を排除することができる。

126　東京大学労働法研究会『注釈労働基準法（上）』314頁〔野田進〕（有斐閣，2003）。

第2章　義務的調査項目　　101

　A社の退職勧奨の目的や選定については一定の合理性は認められる。しかし，執拗な退職勧奨には問題があり，退職勧奨対象者の自由な意思形成を阻害していることから，錯誤（民法95条），詐欺・強迫（民法96条）等，意思の欠缺や瑕疵ある意思表示とみなされ，当該意思表示は無効または取消を主張されることがある。したがって，当該退職勧奨による労働契約の合意解約は無効となるおそれがある旨レポートした。

④　定年後の継続雇用制により再雇用した桃子について

　定年後，継続雇用制へ移行する場合，60歳の賃金よりも大幅に引き下げられ，65歳までの有期労働契約[127]を締結するケースが多い。しかし，従前の業務に従事し，業務の内容や責任等の変更がまったく行われずに，契約期間の定めがあることのみを理由に労働条件に差異を設けることは，期間の定めがあることによる不合理な労働条件を禁止している労契法20条に抵触し違法となる可能性がある旨レポートした。

⑤　休職期間満了により退職した三郎について

　労基法19条で「使用者は，労働者が業務上負傷し，又は疾病にかかり療養のために休業する期間及びその後30日間並びに産前産後の女性が第65条の規定によって休業する期間及びその後30日間は，解雇してはならない」とあり，「業務上の疾病」で休業している期間は解雇制限がある。なお，この「業務上の疾病」は，必ずしも「労災認定された疾病」とは限らないので，留意しなければならない。また，就業規則で「休職期間満了に伴い復職できない場合には退職（合意解約）する」と記載され，それにより「退職」することになったとしても，業務との起因性が認められた場合，「解雇」として労基法19条が類推適用されることがある[128]ので，当該精神疾患について，業務との関連性（パワー・ハラスメントの有無や過重労働等）を詳細に調査する必要がある旨レポートした。

解　説 ....

　労働契約とは，労働者は使用者の指揮命令に従って労働に従事すること（労

127　満60歳以上の労働者については，期間の上限は5年となる（労基法14条1項）。

128　「アイフル事件」大阪高判平24・12・13労判1072号55頁。

働提供義務）を約束し，使用者はこれに対して報酬を支払うこと（賃金支払義務）を約束する双務契約[129]である。労働契約を終了する場合，使用者からの一方的な意思表示による「解雇」，労働者からの一方的な意思表示による「辞職」，そして，当事者間の合意による「合意解約」（定年，契約期間満了，休職期間満了も広い意味では合意解約に含まれる）の3つに大別できる。

ターゲット会社で，賃金の請求時効である過去2年間において，合意解約でも解雇とみなせるケースや，解雇権の濫用が疑われるような解雇が行われていた場合，解雇した労働者から地位確認の訴えを提訴されることもあるので，バックペイリスク[130]を把握するためにも，労働契約の解約については詳細に調査しておくべきである。以下，確認的に労働契約終了の3つの形態を解説する。

(1) 解　雇

解雇とは，使用者からの一方的な意思表示によって労働契約の解約を通告することである。雇用契約の一方的な解約については，民法627条1項に，解約の申入れの日から2週間を経過することによって終了するとの定めが適用されるから，解雇も2週間の猶予期間を置けば自由に行えるのではないかと考えられる。しかし，労基法20条では，少なくとも30日前にその予告をしなければならないと民法を上回る義務を使用者には課している。

法律は法適用の領域の広さによって分けられる。人・場所・事柄について一般に及ぼす法が「一般法」で，その一部について効力を及ぼす法が「特別法」である。法適用における優先関係について，特別法は一般法に優先する[131]との規範があることから，この場合，民法に対して労基法は特別法となり，労基法が民法に優先して適用されることになる。

なお，解雇は労働者の生活を脅かすものであることから，労働法制上，①解

129　当事者の双方が互いに対価的な債務を負担する契約のこと。
130　解雇が無効となった場合，解雇時点まで遡って賃金支払い義務が発生するリスク。
131　村田彰編『リーガルスタディー法学入門』8頁（酒井書店，第3版，2007）。

雇手続の規制，②解雇理由による規制で解雇を制限することで労働者を保護しており，これらに抵触する解雇は無効となるおそれがある。

① 解雇手続の規制

解雇手続の規制には，(a) 解雇の予告，(b) 時期的規制，(c) 労働協約等がある。

(a) 解雇の予告

解雇の予告とは，労基法20条で「解雇する場合には，少なくとも30日前に予告するか，平均賃金の30日分以上を支払うこと」を義務づけている。予告または，解雇予告手当のいずれか一方を選択するのではなく，例えば，20日前に予告して，平均賃金の10日分の解雇予告手当を支払うことでも，20条の義務を果たすことになる。ただし，天災事変その他やむを得ない事由により事業の継続が不能になった場合，および，労働者の責に帰すべき事由に基づいて解雇する場合には，即時解雇することができるが，労働者の責に帰すべき事由により即時解雇する場合については，事前[132]に管轄の労働基準監督署へ解雇予告除外申請書を提出[133]し，解雇予告の除外認定を受ける必要がある。

労働基準監督署長が行う解雇予告の除外認定基準[134]については，次のとおりである。

解雇予告手当除外認定基準

① 極めて軽微なものを除き，事業場における盗取，横領，傷害等刑法に該当する行為のあった場合又は，事業場外であってそれら刑法犯に該当する行為によって事業場の名誉，信用が失われたり，取引関係に悪影響を与えたりしたような場合。

② 事業場内で賭博，風紀紊乱（びんらん）等により職場規律を乱し，他の労働者に悪影響を及ぼす場合。

---

132 事後であっても解雇除外申請書は受理されるが，是正勧告書の指導対象となる。
133 天災事変その他やむを得ない事由により事業の継続が不能になった場合は「解雇制限除外認定申請書」を提出する。
134 昭23・11・11基発1637号，昭31・3・1基発111号。

③　雇い入れの際の採用条件の要素となるような経歴を詐称した場合及び雇入れの際，使用者の行う調査に対し，不採用の原因となるような経歴を詐称した場合。
④　他の事業へ転職した場合。
⑤　原則として2週間以上正当な理由なく無断欠勤し，出勤の督促に応じない場合。
⑥　出勤不良または出勤常ならず，数回にわたって注意を受けても改めない場合。

出所：厚生労働省労働基準局編『平成22年版　労働基準法（上)』303頁（労務行政，2011)。ルビは筆者

　使用者が，懲戒解雇処分を行う場合には，次の資料を添付して解雇予告除外認定申請を合わせて行うことが多いが，除外認定の有無と懲戒解雇の有効性は必ずしも連動するわけではなく，解雇予告除外認定がされなくとも，民事上では懲戒権の行使としての懲戒解雇は認められることもある。

解雇予告除外認定申請時の添付資料一覧
添付資料一覧
1　企業全体の事業概要に関する事項
　□企業全体の事業内容（営業品目・生産品目，その他参考事項）
　□企業全体の労働者数
　□企業全体の組織体制の概要（本社・支店・工場・営業所等の設置状況）
　□企業の本社等の所在地・代表者職氏名・電話番号

2　被申請労働者が所属する事業場の概要に関する事項
　□被申請労働者が所属する事業場の事業内容（営業品目・生産品目，その他参考事項）
　□事業場の労働者数（男女別及び合計）
　□事業場の組織体制の概要（組織表等）

3　被申請労働者に関する事項
　□被申請労働者の生年月日
　□労働者の現住所・居所，その電話番号，携帯電話等の連絡先
　□労働者との連絡がつかない場合，家族・実家等の住所・電話番号等の連絡

先

□労働者の職務内容・職務権限〔辞令・事務分掌等〕

□労働者の労働者名簿

□労働者の最近3か月程度の賃金台帳

□労働者の最近3か月程度の勤務実績〔タイムカード・出勤簿等〕

□労働者の事業場における経歴・賞罰〔人事記録等〕

□労働者が過去に懲戒処分を受けている場合はその記録〔始末書等〕

4　労働者の責に帰すべき事由に関する事項

□労働者の責に帰すべき事由について，詳細・具体的に記載した資料〔事由や時系列順等によって整理され，事実（日時・場所・関係者・被害状況等）が具体的に特定されていることが必要〕

□帰責事由について労働者本人が行った認否の記録がある場合はその記録〔自認書・聴取書等〕

□帰責事由となる事実の存否・内容について，労働者本人以外の関係者（取引先・同僚等本人以外の労働者・被害を受けた者・目撃者等）によって作成された記録がある場合はその記録〔報告書・顛末書・損害賠償請求書・苦情申入書・現認書等〕

□帰責事由となる事実の存否・内容を示す，客観的な資料やその状況を示す資料

〔経理帳簿・伝票等の帳票類，報道記事，訴状，交通事故証明書，写真，労働者が逮捕拘留中である場合はその警察署名・所在地・電話番号・担当官職氏名等〕

5　その他

□労働契約・就業規則・労働協約における，この申請と関連する懲戒等の関係条項すべて（各第何条に該当するか明示すること）

□労働組合・懲罰委員会等がある場合については，この申請に関する意見を示した資料（資料が存在しない場合は労働組合代表者の氏名及び連絡先）

□貴事業場における，本件担当者の職名，氏名及び電話番号

□この申請の時点で既に労働者に対する解雇の意思表示を行っている場合は，意思表示を行った日時・解雇の日付〔解雇通知書等〕

出所：池袋労働基準監督署配布「解雇予告除外認定申請について」より抜粋

(b) 時間的規制

労基法19条1項で「労働者が業務上の負傷や疾病による療養のために休業する期間及びその後30日間と，産前（6週間）産後（8週間）の期間及びその後30日間」の時期について，当該労働者を解雇することはできないと規定している。この「業務上の負傷や疾病」とは，必ずしも当該負傷や疾病が労働者災害補償保険法の適用の認定を受けることを要件としていない。したがって，労災が認定されないことを確認後に解雇したとしても，労使間で争いのあった場合には「業務上の負傷や疾病」については最終的に裁判所の判断に従うことになる。

なお，業務上の負傷については，打切補償[135]を支払ったまたは，支払ったとみなされる場合，および天災事変その他やむを得ない事由により事業の継続が不能になった場合には解雇制限は適用されない。（労基法19条1項但し書き）

(c) 労働協約等による手続的規制

労働協約等による手続的規制とは，労働協約や就業規則において，使用者が解雇を行うときには労働組合と事前に協議[136]することや，または，就業規則に，解雇の手続が定めてあることをいい，この場合には，それらは労働契約の内容となる。したがって，使用者の解雇権の行使を契約上規制することになり，これらの規定による手続を踏まない解雇は無効となるおそれがある。

② 解雇理由の規制

解雇理由の規制には，(a) 法令で定める理由によるもの，(b) 就業規則に定める理由によるもの，(c) 労契法等に定める理由によるものがある。

(a) 法令で定める理由によるもの

法令で定める理由によるものには，「差別的なもの」および「法律上の権利を行使したことによるもの」の2つに大別することができる（**図表2-19**）。

135　療養開始後3年を経過したときに，平均賃金の1,200日分を支払うことを条件として，その後の療養補償，休業補償，障害補償，その他のすべての補償についての使用者責任を免除させる。

136　解雇協議と呼ばれる。

第2章 義務的調査項目 **107**

これらを理由とする解雇は法的に認められず，無効となる。

図表2-19 法令による解雇の規制

	内　　容	根　拠　法
差別的なもの	国籍・信条・社会的身分を理由としたもの	労基法3条
	組合員・組合活動を行ったことを理由としたもの	労組法7条
	性別を理由としたもの	男女雇用機会均等法6条
	婚姻・妊娠・出産を理由としたもの	男女雇用機会均等法9条
権利行使をしたことによるもの	育児・介護休業の申出・取得したことによるもの	育児介護休業法10条，16条など
	裁判員休暇の申出・取得したことによるもの	裁判員法100条
	裁量労働制の導入を拒否したことによるもの	労基法38条の4第1項6号
	労基署に労基法違反を申告したことによるもの	労基法104条2項
	労働紛争の助言・指導，あっせんを申請したことによるもの	個別労働紛争解決促進法4条3項，5条2項
	公益通報者保護法上の通報したことによるもの	公益通報者保護法3条
	均等法上の紛争解決の援助や調停を申請したことによるもの	男女雇用機会均等法17条2項，18条2項
	労働者派遣法違反を申告したことによるもの	派遣法49条の3第2項
	パート労働法上の紛争解決の援助や調停を申請したことによるもの	パート労働法24条2項，25条2項

出所：社会保険労務士法人野中事務所編『M&Aの労務デューデリジェンス』153頁（中央経済社，第2版，2018)

(b) 就業規則に定める理由による規制

就業規則に定める理由による規制とは，解雇の事由に関し，就業規則に定める以外の理由は認めないとするものである。解雇の事由については，労基法89

条3号に就業規則の絶対記載事項とするとの定めがある。その趣旨の捉え方については、解雇は、就業規則に記載されている解雇事由に限られる「限定列挙」とする見方と、解雇事由が限定されていなくても包括的事由が規定[137]されていさえすれば、就業規則等に記載されている解雇事由に限られない「例示列挙」とする見方がある。裁判では、限定列挙された理由以外ではこれを認めない傾向が多い[138]。したがって、ターゲット会社において、就業規則に限定列挙されていない理由により解雇した場合、解雇権の濫用として無効と判断されるおそれがある。

(c) 労契法等に定める理由によるもの

労契法等に定める理由によるものとは、労契法16条で「解雇は、客観的に合理的な理由を欠き、社会通念上相当であると認められない場合は、その権利を濫用したものとして、無効とする。」とあり、一般的にはこれらを総合的に判断して解雇の有効性を判断する。

なお、下級審[139]ではあるが、16条を2要件として捉え、まず、「客観的に合理的な理由」の有無を検討し、次に、「社会通念上相当」を検討するような枠組みで解雇の有効性を判断することもある。

この「客観的に合理的な理由」とは、①労働者の労働能力や適格性の低下・喪失によるもの（普通解雇・労働者側に理由がある）、②経営上の必要性があるもの（整理解雇・会社側に理由がある）、③労働者の義務違反や規律違反行為によるもの（懲戒解雇・労働者側に理由がある）の3つ[140]に大別することができる。特に、整理解雇の場合は、労働者には何ら落ち度がないため、裁判では、ア）人員削減の必要性の有無、イ）解雇回避義務の履行、ウ）合理的な対象者の選定、エ）解雇に至る手続の妥当性の4つの基準を整理解雇の有効性を判断する材料としている。整理解雇が有効であるためには、これら4つの基

---

137 「その他全各号に掲げる事由に準じる重大な事由」などの定め。
138 水町・前掲注（11）179頁。
139 「ライトスタッフ事件」東京地判平24・8・23労判1061号28頁。
140 これに、ユニオン・ショップ協定による解雇を加えて4つとする学説もある。菅野・前掲注（66）739頁。

準すべてを満たさなければならない（4要件説）。しかし，近年の裁判例[141]の傾向では，4要件を4要素と理解して，総合的に判断して整理解雇の有効性を判断するというものが多くなっている（4要素説）。例えば，解雇回避努力が完全でなくても，人員整理の必要性が非常に高ければ，整理解雇が有効であるという結論を導くことも可能となっている[142]。

(2) 辞　職

辞職とは，労働者からの一方的な意思表示によって労働契約の解約を通告することであり，通常，「退職届」を提出することにより行われる。原則として，辞職の意思表示が到達した時点で撤回することはできない。

雇用契約の一方的な解約については，民法627条1項に，解約の申入れの日から2週間を経過することによって終了するとの定めが適用される。ただし，給与支払体系が完全月給制（欠勤しても控除なし）の場合，同法同条2項により，解約は翌月以降に対してのみなすことができ，しかも，当月の前半に予告することを要請している。

また，期間の定めがある雇用契約[143]の場合，契約期間の途中にこれを解約するには同法628条で「やむを得ない事由があるとき」には，各当事者は，直ちに契約の解除をすることができるとしているが，その事由が当事者の一方の過失によって生じたものであるときは，相手方に対して損害賠償の責任を負うとしている。

契約期間の定めがない雇用契約の場合，信義則上，就業規則に記載された手続を履行する義務はあるが，「やむを得ない事由」がなくても，2週間の予告期間を置けば労働契約を解約することができると解されている。これは，退職

---

141 「東京自転車健康保険組合事件」東京地判平18・11・29労判935号35頁。

142 野口大『労務管理における労働法上のグレーゾーンとその対応』171頁（日本法令，2011）。

143 労基法14条により，労働契約は，期間の定めのないものを除き，一定の事業の完了に必要な期間を定めるもののほかは，3年（特例で5年）を超える期間について締結してはならない。

の自由を保障するという観点から，同法同条を強行規定と解することを前提としているが，同法同条を任意規定と解する余地もある。

　すなわち，民法627条1項の規定が任意規定と解することができるならば，民法91条の「法律行為の当事者が法令中の公の秩序に関しない規定と異なる意思を表示したときは，その意思に従う。」を根拠にして，627条1項を排除することも可能かと思われる。例えば，「自己の都合により退職する場合は，退職予定日の少なくとも1カ月前までに，退職届を提出しなければならない」というような，労働者の退職の自由を不当に制限する範囲でない限り，特約により627条1項の適用を排除することも可能かと思われる。大阪労働局のウェブサイト[144]でも，「退職・解雇・雇止め（Q&A）」のQ1に対する回答として，「就業規則で極端に長い退職申入れ期間を定めている場合などは，労働者の退職の自由が極度に制限され，公序良俗の見地から無効とされる場合もある」が，「会社の就業規則に退職について規定されている場合は，原則として就業規則の規定が適用されます」とし，辞職の申出に2週間を超える期間を定めることを容認している。

(3)　合意解約[145]
①　会社からの申出

　退職勧奨とは，勧奨対象となった労働者の自発的な退職意思の形成を働きかけるための説得活動であり，退職を勧奨することは，使用者の自由である。これに応じるか否かは当該労働者の自由な意思に委ねられるべきものであり，合意があれば2週間の予告期間を置くことなくいつでも契約を解約することができる。会社は当該労働者から合意を取り付けるため，割増退職金を支給したり，再就職支援会社と契約し，会社が費用を負担して一定の間，再就職支援サービスを利用させたり，時効となり失権する年次有給休暇を買い取ったりする。た

144　http://osaka-roudoukyoku.jsite.mhlw.go.jp/yokuaru_goshitsumon/jigyounushi/taisyoku.html
145　「依願退職」と呼ばれることもある。

だし，退職勧奨の態様が，退職に関する労働者の自由な意思形成を促す行為として許容される限度を逸脱し，労働者の退職についての自由な意思決定を困難にするものであったと認められるような場合，労働者の退職に関する自己決定権を侵害するものとして違法性を有し，使用者は，当該退職勧奨を受けた労働者に対し，不法行為に基づく損害賠償義務を負うことがある[146]。したがって，退職勧奨を行う場合，不法行為責任を追及されないために，次に掲げる注意事項を踏まえて実行し，当該労働者が退職勧奨に応じた場合には，トラブルを回避するため書面で退職合意書を取り交わしておくことが必要である（次頁参照）。

---

① 就業時間中に社内の会議室で面談を行う（就業時間外，社外での退職勧奨は避ける）。
② 退職勧奨の経緯について，できる限り詳細に書面による記録を残す（録音でも可）。
③ 会社側の人数を絞る（２人程度。複数でのプレッシャーをかけないため）。
④ １回の面談は30分，長くて１時間程度とし，同じことを何度も繰り返さない。
⑤ 面談の頻度は週に２回程度を上限とする。
⑥ 退職勧奨となった理由を十分説明できるよう準備し，担当者の個人的な見解を伝達することは控える。
⑦ 退職後の不安を払拭するため，退職条件等を説明できるように準備しておき，対象者の話をよく聞く姿勢で臨む。
⑧ 人格の否定や，名誉感情を毀損する発言（「給与泥棒」「寄生虫」「役立たず」など）はしない。
⑨ 退職勧奨に応じた場合，詳細な退職合意書を締結する。

出所：近藤圭介，相澤恵美「退職勧奨─紛争に陥らないための適切な対応」労政時報3865号63頁（2014）を一部著者が修正

---

146 「下関商業高校事件」最一小判昭55・7・10労判345号20頁。

退職合意書

　株式会社○○（以下「甲」という）及び○○（以下「乙」という）は，乙の退職に当たり，以下の通り合意する。

第1条（乙の退職）

　乙は，平成　年　月　日（以下，「退職日」という）をもって，甲を退職する。

第2条（乙の引き継ぎ）

1．乙は，退職日までに，甲の指示に従い，必要な引き継ぎおよび退職に必要な社内手続きを行わなければならない。

2．乙は，在職中に取得した甲の業務に関する各種文書，記録媒体等一切の資料およびデータ（これらのコピーも含む）ならびに在職中に甲より貸与を受けた一切の物品を，現状のまま，平成　年　月　日までに，甲の指示に従って甲に返還または交付する。

第3条（乙の秘密保持義務）

1．乙は，在職中に知り得た甲の技術上・営業上の一切の情報（文章によって管理されている情報のほか，知識およびノウハウ等の無形の情報も含む）を第三者に開示または漏えいしない。

2．乙は，本合意書の存在および内容について，第三者に開示または漏えいしない。

3．本条に規定される秘密保持義務は，甲を退職後も存続する。

第4条（就業規則等違反に関する表明および保証）

　乙は，甲での就業期間中，法令，就業規則，労使慣行，その他甲の定める社内規程に反する行為を一切行っていないことを表明し，かつ保証する。

第5条（誠実義務）

　甲および乙は，乙の退職後も，相手方の名誉・信用等を毀損する一切の行為を行わない。

第6条（乙に対する退職金の支払）

1．甲は，乙に対して，退職金規程第○条に基づき，金○○○円を平成　年　月　日までに，乙の指定する乙名義の金融機関へ振り込むこととする。

第7条（再就職支援）

第2章　義務的調査項目　**113**

1．甲の費用負担により，再就職支援会社○○が提供する再就職支援サービスを退職後○ヶ月提供する。

2．乙が当該規程に違反した場合または第4条の表明保証に反する事実が判明した場合，乙は前条の退職金および再就職支援サービスの提供を受ける権利を失う。ただし，乙が既に退職金および再就職支援サービスを受領した場合，甲に対し，退職金および再就職支援サービスのために甲が支払った費用を返還する。

第8条（請求放棄）

　乙は，甲の退職および甲での就業期間中の事実に基づく甲に対する一切の請求を放棄し，甲に対し今後一切異議を述べない。

第9条（清算条項）

　甲および乙は，本合意に定めるほか，何らの債権債務がないことを相互に確認する。

第10条（管轄）

　本合意に関する紛争の解決は，甲の本社を管轄する○○地方裁判所を第一の専属的合意管轄裁判所とする。

平成　　年　　月　　日

甲　　　　　　　㊞

乙　　　　　　　㊞

出所：近藤圭介，相澤恵美「退職勧奨―紛争に陥らないための適切な対応」労政時報3865号64頁（2014）を一部著者が修正

②　労働者からの申出

　労働者からの意思表示によって労働契約の解約を申し入れる行為ではあるが，辞職と異なり，会社の承認をもって労働契約の解約が成立するので，会社から留意された場合，労働契約が継続することもある。通常，辞職の意思表示である「退職届」ではなく，「退職願」を提出することにより行われる。辞職ではないので，「退職願」の提出から2週間経過しても自動的に労働契約解約の法的効果は認められず，労働契約解約の効果には会社の承認が必要となる。ただ

し，会社が退職を了承した場合で，労働者と退職日の合意が形成されるのであれば，退職願の提出から2週間以内とすることもある。なお，合意解約の申し入れの意思表示については，会社側が承認の意思表示をするまではこれを撤回することができると解されている。

③　その他（定年制，契約期間満了，休職期間満了）

（a）定　年　制

定年制とは，労働者が一定の年齢に達した時に労働契約が終了する制度をいい，労働契約の終了事由に関する特殊の定めと解せる[147]。定年制には「定年退職」と「定年解雇」があり，前者の場合は予め就業規則等で明示されていることから，すでに当事者間で合意が形成されていると解せるため，「合意解約」として取り扱うことになるが，後者の場合は解雇事由の設定となるため「解雇」として労働法制上の規制が適用される。なお，「一定の年齢」については，労使の合意があったとしても高年齢者雇用安定法8条により60歳を下回ることは許されない。

65歳からの年金支給開始に対応するため，高年齢者雇用安定法では，①定年の引上げ，②継続雇用制度の導入（再雇用制度または勤務延長制度），③定年廃止のいずれかを選択し，65歳までの高年齢者雇用確保措置として採用することを使用者に義務づけている（同法9条1項）。なお，②の継続雇用制度については，従来は対象となる高年齢者を労使協定で定める基準を満たした者に限定することができたが，法改正により，平成25年4月1日以降，継続雇用を希望する高年齢者全員を継続雇用することが義務づけられた。ただし，改正高年齢者雇用安定法が施行されるまで（平成25年3月31日）に労使協定により継続雇用制度の対象者を限定する基準を定めていた事業主については，経過措置として，老齢厚生年金の報酬比例部分の支給開始年齢以上の年齢の者（**図表2－20**）について継続雇用制度の対象者を限定する基準を定めることが認められ

147　菅野・前掲注（66）533頁。

ている。ターゲット会社において，継続雇用制度の経過措置を採用している場合には，平成25年3月31日までに締結された「労使協定」の有無を確認する必要がある。

図表2－20 継続雇用経過措置年齢

対　象　期　間	年　齢　上　限
平成25年4月1日から平成28年3月31日まで	希望者全員を61歳まで継続雇用
平成28年4月1日から平成31年3月31日まで	希望者全員を62歳まで継続雇用
平成31年4月1日から平成34年3月31日まで	希望者全員を63歳まで継続雇用
平成34年4月1日から平成37年3月31日まで	希望者全員を64歳まで継続雇用
平成37年4月1日以降で60歳到達者	希望者全員を65歳まで継続雇用

(b) 契約期間満了

期間の定めがある労働契約は，期間満了により終了する。契約期間については，労基法14条で，一定の事業の完了に必要な期間を定めるもののほかは，3年（特例で5年）を超える期間について締結してはならないとされている。契約期間満了による労働契約の解約は，辞職でも解雇でもなく，予め当事者間で約束されていたことであるから，合意解約となる。

なお，期間満了後も労働者が継続して就労し，使用者もこれを知りながら，異議を述べなかった場合には，従前と同一の労働条件で「黙示の更新」があったものと推定されるので（民法629条1項），この黙示の更新を回避し，労働契約を期間の終了とともに打ち切るためには，使用者は更新しない旨（雇止め）の意思表示をする必要がある。ただし，使用者が契約の更新を行わない場合，「有期契約労働者の雇用管理に関するガイドライン」では，法的拘束力はないが，有期労働契約を3回以上更新し，または雇入れ日から起算して1年を超えて継続勤務している者に係るものに限り，少なくとも30日前までにその予告をしなければならないとしている。

雇止めについて，判例では「長期間にわたり，有期労働契約が反復して更新されて常用化しているような場合，使用者の更新拒否の意思表示は解雇と実質

的に同じであって，解雇権濫用法理が類推適用される」（実質無期契約型）[148]
とするものや，更新拒否の意思表示は解雇と実質的に同じとはいえなくても，
「有期労働契約の満了時に労働者が更新を期待することに合理的理由が認められる場合，解雇権濫用法理が類推適用される」（期待保護型）[149]とするものがある。これらのケースに該当するような雇止めには解雇と同様に「客観的に合理的な理由および，社会通念上の相当性」を要請している。そして，これら判例における規範が，そのまま，平成24年の労働契約法改正で追加され，法律上明文化された（労契法19条）。

　同法19条1号は，「当該有期労働契約が過去に反復して更新されたことがあるものであって，その契約期間の満了時に当該有期労働契約を更新しないことにより当該有期労働契約を終了させることが，期間の定めのない労働契約を締結している労働者に解雇の意思表示をすることにより当該期間の定めのない労働契約を終了させることと社会通念上同視できると認められること。」，同条2号では「当該労働者において当該有期労働契約の契約期間の満了時に当該有期労働契約が更新されるものと期待することについて合理的な理由があるものであると認められること。」とあり，これらのいずれかに当たる雇止めに，客観的合理性・社会的相当性が認められなければ，「労働者の更新の申し込みに対し，使用者は従前の有期労働契約と同一の労働条件で承諾をしたものとみなす。」と同条で規定している。

　裁判で重視する判断要素は，実質無期契約型では，①業務の内容（臨時的，季節的，恒常的のいずれか），②当事者間の言動（雇用の継続に関し，どのような言動があったか），③更新手続（長期にわたり反復更新の有無，手続の曖昧さ，更新拒否の実績の有無）等であり，これらを勘案して，期間の定めのない労働契約と実質的に変わらないと認められるときには，同一の労働条件で契約の更新があったものとみなされる。期待保護型では，長期的な反復更新がなく，相当の更新手続が行われていたとしても，前述の業務の内容や当事者間の

148　「東芝柳町工場事件」最一小判昭49・7・22民集28巻5号927頁。
149　「日立メディコ柏工場事件」最一小判昭61・12・4判時1221号134頁。

言動等を勘案して、労働者が「更新を期待すること」に対して合理性があると認められるときには、同一の労働条件で契約の更新があったものとみなされる。

実務では、「期待保護型」が問題となるケースが圧倒的に多く、裁判では、「2～3年更新すれば正社員にするかのような言動があった」、「正社員と業務の内容が変わらない、過去に雇止めされた事例がない」、「契約更新の上限が3年ということが周知されていない」、「新卒者が雇用されている」等の要素を重視して判断している。

なお、平成24年に労契法が改正され、同法18条1項で「同一の使用者との間で締結された2以上の有期労働契約の契約期間を通算した期間[150]が5年を超える労働者が、当該使用者に対し、現に締結している有期労働契約の契約期間が満了する日までの間に、当該満了する日の翌日から労務が提供される期間の定めのない労働契約の締結の申込みをしたときは、使用者は当該申込みを承諾したものとみなす」と定められ、1年の有期労働契約を5回更新した労働者が、6回目以降の労働契約について、無期労働契約への転換を申し込めば、使用者はこれを承諾したものとみなされることになった。本条は、平成25年4月1日から適用され、同条による無期労働契約への転換が行われるのは平成30年4月1日からとなる。

したがって、ターゲット会社における有期契約者について、平成25年4月1日以降の通算契約期間を把握し、無期契約転換権利が発生する5年をいつの時点から超えるのかを調べておく必要がある。

(c) 傷病休職期間満了

休職とは、前述したとおり労働者に就労させることが適切でないと会社が判断した場合に、労働契約を存続させつつ労働提供義務を一時的に免除または禁止することをいう。

傷病休職の場合、休職期間中に傷病が治癒すれば復職することになり、治癒せずに休職期間が満了となれば退職または解雇となる。この休職期間の長さに

---

150 通算契約期間の算定にあたり、6カ月以上の空白期間がある場合は通算がリセットされる（労契法18条2項）。

ついては，そもそも労働法制上休職制度を，使用者に義務づけているわけではなく，信義則上，任意に置かれている制度なので，会社の規模等を考慮して使用者が自由に決定することができる。しかし，使用者による休職命令は，復職できない場合には退職または解雇となる効果が生じ，実質的には休職期間満了後の解雇（条件付き解雇）という意味合いがあるので，労基法20条の解雇規制を考慮し，休職期間は少なくとも30日以上とすることが妥当であろう[151]。

復職の判断となる「治癒」については，かつての裁判例[152]では，「従前の職務を通常の程度に行える健康状態に復したときをいう」とされていたが，その後の判例[153]で，「従前の職務を十全にはできないとしても，配置される現実的可能性があると認められる他の業務について労務を提供することができ，かつ，その提供を申し出ているのであれば，なお債務の本旨に従った履行の提供があると解するのが相当である」として，「治癒」の意義の修正が行われている。

また，就業規則上，「休職期間満了に伴い復職できない場合には退職する」と「解雇」ではなく「退職」（合意解約）と記載されていたとしても，当該退職は，実質的には「解雇」とみなすことができるため，当該傷病に業務との起因性が認められた場合，「解雇」として労基法19条の類推適用を認められ，解雇が制限されることもある。したがって，メンタルヘルス不調者の休職期間満了による退職については，当該疾病が労災として認定されていなくとも，業務との起因性が認められるケースでは，解雇制限期間での解雇と判断される余地もあるので，慎重に対応しなければならない。

151　大内・前掲注（110）673頁。
152　「平仙レース事件」浦和地判昭40・12・16労民16巻6号1113頁。
153　「片山組事件」最一小判平10・4・9労判736号15頁。

第2章 義務的調査項目　119

7　育児・介護休業

育児休業，介護休業，子の看護休暇，介護休暇，短時間勤務等

　ターゲット会社であるＡ社の人事担当者とのインタビューで，育児介護休業に関して，次のような内規で運用していたことが判明した。

育児休業	育児休業を取得したものは賞与の支給対象から外している。
介護休業	家族１名（祖父母, 兄弟姉妹, 孫については同居を要件）につき，１回に限り，最長で93日の休業を認めている。
子の看護休暇	取得を１日単位でのみ認めている。
介護休暇	無給であるため，年次有給休暇を優先して消化させている。
短時間勤務	育児を理由とする短時間勤務のみ認め，介護を理由とする短時間勤務については認めていない。

　Ａ社では，賞与算定期間中に育児休業を取得した花子について，賞与支給日に在籍していたが，賞与の支給対象者から外していた。

　また，別居している祖母の介護のため介護休業を申請した太郎について，これを認めず，さらに，桃子の半日単位の看護休業の申請も管理が煩雑になるとの理由で１日単位でしか認めなかった。

　そして，母親の介護のため介護休暇と短時間勤務を申請した次郎については，介護休暇は無給のため，次郎の同意なく年次有給休暇を消化したものとして処理し，短時間勤務についてはすでに介護休業を93日取得していたので，これを認めていなかった。

＜育児休業，介護休業，子の看護休暇，介護休暇，短時間勤務等＞
①　育児休業を取得した花子に対する賞与不支給について

育介業法や労基法等の労働法制上で認められている休暇，休業については，有給であることまで保障されているわけではなく，欠勤として取り扱うことも許されている。

　しかし，賃金規程において，賞与支給要件の１つに出勤率（出勤日数÷労働提供義務日）が90％以上の者と定めることで，その結果，労働法制上認められた産前産後休暇等を取得したことで出勤率が90％に達せず，賞与の支給対象から外されることがある。判例[154]では，権利ないし法的利益に基づく不就労に対して不利益な取扱いをすることは，権利の行使を抑制し，労働法制上認められる権利を保障した趣旨を実質的に失わせるものとして認められないとして，公序に反しこれを無効であるとした上で，賞与支給対象から外されないと判示した。もっとも，賞与支給額の計算において，産前産後休暇の日数分を減額の対象となる欠勤と扱うことまでは，公序に反して無効とはいえないとした。

　したがって，花子に対する賞与不支給は公序違反としてトラブルとなるおそれがある旨レポートした。

②　太郎が申請した別居している祖母の介護休業を認めないことについて

　介護の対象となる家族について，祖父母，兄弟姉妹，孫については，「同居し，かつ扶養していること」が要件だったが，平成29年１月１日の改正により当該要件は外された。

　また，介護休業の期間は，介護を必要とする者１人につき，のべ93日間までの範囲内で労働者が申し出た期間とされ，介護休業の回数も，対象家族１人につき１回から３回まで認めるよう改正されている。したがって，太郎の介護休業の申請について，これを拒否することは改正育介法に抵触するため，申請を認めなければならなかった旨レポートした。

③　桃子の半日単位の子の看護休暇の申請を１日単位としたことについて

　改正育介法により，子の看護休暇の取得単位について，本人が希望した場合には半日単位で取得できるとされている。なお，ここでいう「半日」とは，原則として，１日の所定労働時間の２分の１をいい，１日の所定労働時間に１時間未満の端数がある場合は，これを１時間に切り上げた時間の２分の１をいう。また，

154　「東朋学園事件」最一小判平15・12・４労判862号14頁。

労使協定を締結することにより，午前と午後などと「1日の所定労働時間の2分の1としない半日」とすることもできる。したがって，休暇の管理が煩雑になったとしても，当該申請を拒むことはできず，桃子の半日単位の子の看護休暇を認めなければならなかった旨レポートした。

④　次郎の介護休暇を年次有給休暇として取り扱ったことについて

年次有給休暇の指定権は，計画的付与に関する労使協定において「会社が労働者の健康状態等を考慮して指定することができる」等との定めがない限り，本人にしか認められていない権利である。たとえ当該介護休暇を無給として取り扱うことになっていたとしても，会社が本人の同意なく，勝手に年次有給休暇を取得したこととして取り扱うことはできない。したがって，次郎の介護休暇を年次有給休暇として取り扱うことはできない旨レポートした。

⑤　次郎の介護を理由とする短時間勤務を認めなかったことについて

短時間勤務については，旧法では，介護休業と通算して93日を上限に取得可能とされていたが，改正育介法では，介護休業とは別に，利用開始から3年間で2回以上の利用が可能となった。なお，従来どおり，労使協定を締結することにより，雇用契約期間が1年未満の者および1週間の所定労働日数が2日以下の者については適用を除外することができる。

解　説

わが国の深刻な少子化問題に対する就業支援策の1つとして，平成3年5月15日に育児休業法が成立し，平成4年4月1日に施行され，子が満1歳になるまで[155]の育児休業が保障されることになった。さらに，急速な高齢化への介護体制の整備の社会的要請から，介護休業の制度化が課題となり，育児休業法の改正法として，同一家族について連続3カ月間を限度として1回のみ休業が保障されることが平成7年6月9日に法制化された（育介法。平成11年4月1日施行）。

その後，時間外・深夜労働の制限，育児・介護休業対象者の拡大，育児休業

155　労働者数30人以下の事業所は，平成7年3月31日まで適用が猶予された。

の条件付きの1歳6カ月に達するまでの延長，子の看護休暇制度の新設，父母が共に取得する場合の取得可能期間を1歳2カ月に達するまでに育児休業を延長するパパ・ママ育休プラスの新設などの改正が行われた。

平成29年1月1日には，「1億総活躍社会」政策の1つである「介護離職ゼロ」を目指し，介護休業の3回までの分割取得，介護休暇の取得単位の見直し（半日単位），介護のための短時間勤務等の制度化，育児・介護に伴うハラスメントの防止・適切対応のための雇用管理上の措置義務等の改正が行われ，さらに，平成29年10月1日から，育児休業の再延長が最長2年まで可能となる改正が行われた。

人事DDにおいては，まずは平成29年改正事項に対応がなされていることを確認するとともに，育児・介護休業を男女区別なく取得させているか，業務の繁忙等を理由として休業を拒否したり，あるいは時期を変更したりしていないか，休業を申請，取得したことにより不法に差別的な取り扱いをしていることはないか等を調べ，レポートすることになる。

(1) 育児休業と子の看護休暇

育児休業とは，1歳未満の子を養育する労働者が，原則として，男女を問わず，子が1歳に達するまでの期間，労働者の一方的な意思表示によって取得できる休業である。ただし，父母ともに育児休業を取得する場合には1歳2カ月まで（パパ・ママ育休プラス）を，1歳以後の期間について保育所での保育の申し込みを行っているにもかかわらず保育所に入所できない場合等には2歳[156]に達するまでの一定の期間を延長することもできる。

なお，育児休業期間の賃金の支給および育児休業終了後，元の職場へ復職させることまでは育介法では要請しておらず，無給でも，また元の職務とは異なる職務に就けても，業務上必要な場合には差し支えない。しかし，育児休業を取得したことを理由として，不利益な取り扱いをした場合には育介法10条に抵

156　子の誕生日が平成28年3月31日以降の場合が対象となる。

触して，無効となる[157]。

　子の看護休暇とは，小学校就学の始期に達するまでの子を養育する労働者が，その事業主に申し出ることにより，1年度[158]において5労働日（その養育する小学校就学の始期に達するまでの子が2人以上の場合にあっては，10労働日）を限度として，負傷し，もしくは疾病にかかった当該子の世話または疾病の予防を図るために必要なものとして厚生労働省令で定める[159]当該子の世話を行うための取得することができる休暇である。

　子の看護休暇は1日単位でも，半日単位（所定労働時間の2分の1）単位の取得でも可能である。ただし，雇用されて6カ月未満の者，休業申出の日から起算して1年以内（延長の申出の場合は6カ月）に雇用契約が終了することが明らかな者，1週間の所定労働日数が2日以下の者について，労働者の過半数を代表する者または労働者の過半数で組織する労働組合と労使協定を締結することで，これらの者からの申出を拒否することができる。

　なお，平成29年の育介法等の改正のうち，育児休業および子の看護休暇に係る主な改正点は次のとおりである（**図表2－21**）。ターゲット会社において，当該改正に対応して就業規則の変更がなされているかを確認する必要がある。

図表2－21 育児休業・子の看護休暇の法改正チェック表

項　　目	改正前	改正後	根拠条文
□育児休業の対象となる子の範囲の拡大	法律の子（実子および養子＝養子縁組が成立した子）	法律の子に加え，特別養子縁組の監護期間中の子，養子縁組里親に委託されている子	育介法2条1号
□育児休業の申出をすることができる有期契約者の要件緩和	〈3要件〉 ・引き続き雇用された期間が1年	〈2要件〉 ・引き続き雇用された期間が1年	育介法5条1項

157　「コナミデジタルエンタテインメント事件」東京高判平23・12・27労判1042号15頁。
158　1年度は事業主が決めることができる。事業主が特に定めをしない場合には，毎年4月1日から翌年3月31日となる（育介法16条の2第4項）。
159　子に予防接種または健康診断を受けさせること。

	以上あること ・子が1歳に到達する日を超えて引き続き雇用されることが見込まれていること ・子が2歳に達するまでの間に，その労働契約の期間が満了し，かつ，当該労働契約の更新がないことが明らかでないこと	以上あること ・子が1歳6カ月に達するまでの間に，その労働契約（労働契約が更新される場合は更新後の契約）が満了することが明らかでないこと	
□育児休業の再延長	1歳6カ月まで	2歳まで	育介法5条4項
□子の看護休暇の取得単位	1日単位	半日単位（所定労働時間の2分の1）	育介法16条の2第2項
□労使協定で子の看護休暇を取得することができないものとして定めることができる労働者の追加	① 雇用期間が6カ月未満の労働者 ② 1週間の所定労働日数が2日以下の労働者	① 雇用期間が6カ月未満の労働者 ② 1週間の所定労働日数が2日以下の労働者 ③ 業務の性質または業務の実施体制に照らして，1日未満の単位で子の看護休暇を取得することが困難と認められる業務に従事する労働者（1日未満の単位で子の看護休暇を取得しよ	育介法16条の3第2項

		うとする者に限る）	
□妊娠・出産等に関する言動に起因する問題に関する雇用管理上の措置の新設	なし	防止措置義務を新規に追加	均等法11条の2第1項
□育児休業等に関する言動に起因する問題に関する雇用管理上の措置の新設	なし	防止措置義務を新規に追加	育介法25条

(2) 介護休業と介護休暇

介護休業とは，負傷，疾病または身体上もしくは精神上の障害により，2週間以上の期間にわたり常時介護を要する状態（育介法2条3号，育介則2条）にある配偶者[160]，父母，子，配偶者の父母，祖父母，兄弟姉妹，または孫[161]の対象家族を介護するために，要介護者1人につき，要介護状態に至るごとに通算93日を限度として3回まで介護することができる休業である（育介法11条・12条・15条）。

介護休暇とは，介護状態にある対象家族の介護その他の厚生労働省令で定める世話を行う労働者が，その事業主に申し出ることにより，1年度[162]において5労働日（要介護状態にある対象家族が2人以上の場合にあっては，10労働日）を限度として，当該世話を行う介護のために認められた休暇である（育介法16条の5，育介則40条・41条1項）。平成29年改正により，看護休暇の取得単位も半日（所定労働時間の2分の1）単位の取得が可能となった。

ただし，雇用されて6カ月未満の者，休業申出の日から起算して1年以内（延長の申出の場合は6カ月）に雇用契約が終了することが明らかな者，1週

160　事実上婚姻関係と同様の事情にある者を含む。
161　祖父母，兄弟姉妹，孫については，同居と扶養要件があったが平成29年1月1日の改正で削除された。
162　1年度は事業主が決めることができる。事業主が特に定めをしない場合には，毎年4月1日から翌年3月31日となる（育介法16条の5第4項）。

間の所定労働日数が２日以下の者について，労働者の過半数を代表する者または労働者の過半数で組織する労働組合と労使協定を締結することで，これらの者からの申出を拒否することができる（育介法16条の６第２項，育介則43条）。

なお，平成29年の育児介護休業法の改正により，介護休業および介護休暇に係る主な改正点は次のとおりである（**図表２－22**）。ターゲット会社において，当該改正に対応して就業規則の変更がなされているかを確認する必要がある。

図表２－22 **介護休業・介護休暇の法改正チェック表**

項　　目	改正前	改正後	根拠条文
□介護休業の分割取得	対象家族１人につき，通算93日まで原則１回に限り取得可能	対象家族１人につき通算93日まで，３回を上限として分割して取得可能	育介法11条２項
□介護休業の申出をすることができる有期契約者の要件緩和	〈３要件〉 ・引き続き雇用された期間が１年以上あること ・介護休業開始予定日から起算して93日を経過する日（以下，「93日経過日」という）を超えて引き続き雇用されることが見込まれていること ・93日経過日から１年を経過する日までの間に，その労働契約の期間が満了し，かつ，当該労働契約の更新	〈２要件〉 ・引き続き雇用された期間が１年以上あること ・93日経過日から６カ月を経過する日までの間に，その労働契約（労働契約が更新される場合は更新後の契約）が満了することが明らかでないこと	育介法11条１項

	がないことが明らかでないこと		
□介護のための所定外労働の制限の新設	なし	対象家族を介護する労働者が，その対象家族を介護するために請求した場合には，原則として，所定外労働をさせてはならない	育介法16条の9第1項
□介護のための所定労働の短縮等の措置	対象家族1人につき介護休業をした日数と合わせて93日間の範囲内で可能	介護休業をした日数と別に，利用開始から3年の間で2回以上の利用が可能	育介法23条3項
□介護休暇の取得単位	1日単位	半日単位（所定労働時間の2分の1）	育介法16条の5第2項
□労使協定で介護休暇を取得することができないものとして定めることができる労働者の追加	① 雇用期間が6カ月未満の労働者 ② 1週間の所定労働日数が2日以下の労働者	① 雇用期間が6カ月未満の労働者 ② 1週間の所定労働日数が2日以下の労働者 ③ 1日未満の単位で介護休暇を取得する者に限り，業務の性質または業務の実施体制に照らして，1日未満の単位で介護休暇を取得することが困難と認められる業務に従事する労働者	育介法16条の6第2項

8 パートタイム労働者

事例 8

パートタイム労働者

　ターゲット会社のＡ社において，担当者とのヒアリングからパートタイム労働者に対して次の事実があることが判明した。

①　パートタイム労働者である太郎を採用した際，労働条件に関する特定事項（昇給・退職手当・賞与の有無）を記載した文書を交付していない。

②　常時10人以上の労働者を使用するのにパートタイム労働者用の就業規則が作成されていない。

③　午前中９時から12時まではＢ社で３時間働き，午後はA社で13時から19時までの６時間ダブルワークしている次郎に対して，A社では，割増賃金を支払っていない。

④　１週間の所定労働時間が同種の業務に従事する通常の労働者の１週間の所定労働時間数の４分の３以上で，かつ１年を超えて雇用することが見込まれているパートタイム労働者の三郎に対して，健康診断を実施していない。

⑤　２カ月間の雇用契約を更新して６カ月を超えたパートタイム労働者の花子に対して，「継続勤務」したとはみなさず，年次有給休暇権を認めていない。

＜パートタイム労働者の雇用管理に問題がある＞

①　パートタイム労働法６条および労基法15条１項違反

　パートタイム労働法６条で，パートタイム労働者を採用する際，労基法15条１項に規定する労働条件に加え，特定事項（昇給の有無，退職手当の有無，賞与の有無，相談窓口）を文書の交付により明示しなければならないとしている。

　パートタイム労働者の太郎に対し，特定事項を記載した文書の交付がされてい

ないので，同法6条違反となり，行政指導によっても改善がみられない場合，パートタイム労働者につき一契約ごとに10万円以下の過料に処せられるおそれがある（パートタイム労働法31条）。また，労基法15条1項でも「使用者は，労働契約の締結に際し，労働者に対して賃金，労働時間その他の労働条件を明示しなければならない」とし，「賃金及び労働時間に関する事項その他の厚生労働省令で定める事項については，厚生労働省令で定める方法により明示しなければならない」とある。「厚生労働省令で定める方法」とは労基則5条で「書面の交付」を指しており，A社の場合，労基法15条の1項にも違反しているので，パートタイム労働法の過料のみならず，労基法120条1号の30万円以下の罰金が二重に科せられるおそれがあるとレポートした。

② 労基法89条違反

　労基法89条で「常時10人以上の労働者を使用する使用者は……就業規則を作成し，行政官庁に届け出なければならない」とある。なお，一部の労働者に対して別個の就業規則を作成することは差し支えないが，就業規則は当該事業所の全労働者を対象として作成する必要があり，本工については作成しているが臨時工やパートタイム労働者については作成していないという場合は，89条違反となり[163]，30万円以下の罰金が科せられるおそれがある旨レポートした。

③ 労基法37条違反

　労基法38条1項で「労働時間は，事業場を異にする場合においても，労働時間に関する規定の適用については通算する」とある。すなわち，午前中はB社で就労し，午後はA社で就業している次郎の場合，同38条1項の規定によりこれら事業場における労働時間は通算されるから，たとえ1事業場における労働時間が労基法37条の法定労働時間以内であっても，2事業場の労働時間を通算して，法定労働時間を超えて労働させた使用者は，この超過時間分の割増賃金を次郎に支払わなければならない[164]。労基法37条では，法定の労働時間の8時間を超えて労働させた場合，2割5分以上の割増賃金を支払うことを義務づけており，8時間を超えて労働させたA社で次郎に対して割増賃金を支払っていないことから，6カ月以下の懲役または30万円以下の罰金に処せられるおそ

163　厚生労働省労働基準局・前掲注（3）894頁。
164　昭23・10・14基収2117号。

130

れがある旨レポートした。

④ 安衛法66条違反

　安衛法66条では使用者に対して，常時使用する労働者の雇入れ時および年１回の定期健康診断を実施することを義務づけている。パートタイム労働者については，「短時間労働者の雇用管理の改善等に関する法律の一部を改正する法律の施行について」（平19・10・１基発1001016号）により，期間の定めのないものまたは，１年以上使用される見込みがあり，かつ，同種の業務に従事する通常の労働者の１週間の所定労働時間数の４分の３以上であるものについては，常時使用する労働者に当たるとして，当該健康診断の実施義務を課している。A社ではパートタイム労働者の三郎に対して，健康診断を実施していないことから，50万円以下の罰金に処せられるおそれがある旨レポートした。

⑤ 労基法39条違反

　労基法39条１項の年次有給休暇については，パートタイム労働者にも適用され[165]，雇い入れの日から起算して６カ月間継続勤務し，全労働日の８割以上出勤した労働者に対して，年休権が付与される。なお，当該「継続勤務」について，通達[166]では労働契約の存続期間，すなわち在籍期間をいい，具体的には，ⓐ定年再雇用者，ⓑ雇用契約が更新され６カ月以上に及んだ者で引き続き使用されていると認められる者，ⓒ会社が解散し，労働者の権利義務関係が新会社に包括継続された場合等は勤続勤務しているものとしている。

　A社の場合，２カ月以内の期間を定めて使用される者であっても雇用契約を更新され，事実上中断なく勤務関係が継続しているので，雇用契約はその都度終了し，再契約しているとしても，労働契約関係は継続しているとみなせることから，継続勤務として取り扱わなければならない。したがって，パートタイム労働者の花子に対して，年休権を付与しないことは，労基法39条違反として，６カ月以下の懲役または30万円以下の罰金に処せられるおそれがある旨レポートした。

165　平５・12・１基発663号。

166　昭63・３・14基発150号，平６・３・３基発181号。

第2章　義務的調査項目　　**131**

解　説

　わが国の雇用システムの最大の特徴は「終身雇用」と「年功序列」であろう。正社員には，懲戒処分や重大な経営難がない限り，雇用は定年まで保障され，毎年昇給があり，景気変動の際には労働時間の調整や非正社員（パート，アルバイト等）の雇用を調整することで対応してきた。他方，非正社員に対しては，正社員とは異なる管理が行われ，非正社員が適用される就業規則が整備されておらず，口頭で労働契約が行われる等，非正社員についても労働法制が適用されているにもかかわらず，実態は労働条件が不明確であり，雇用管理が杜撰であった。そこで，平成5年にパートタイム労働法が制定，平成6年4月1日から施行され，事業主の努力義務としてなすべき任意的な措置を求めている。その後，平成19年と平成26年に改正され（施行はそれぞれ，平成20年，平成27年），①パートタイム労働者の公正な待遇の確保，②パートタイム労働者に対する納得性を高める措置の拡充，③厚生労働大臣による勧告に従わない事業主の公表等が図られた。

　パートタイム労働法では，同法の対象となる労働者を2条で「1週間[167]の所定労働時間が同一の事業所に雇用される通常の労働者の1週間の所定労働時間に比し短い労働者」と定義している。すなわち，パートタイマーやアルバイト等[168]の名称を問わず，正社員と比べて1週間の所定労働時間が1分でも短い労働者であれば，同法の対象となり，逆に，正社員と1週間の所定労働時間が同じである非正社員[169]については，同法の対象とはならないことになる。同一労働同一賃金への対応を含め，ターゲット会社において，改正パートタイム労働法を中心とした労働法制の遵守度合を調査するにあたり，人事DDのチェックポイントについて概説する。

167　この場合の「1週間」とは，原則として日曜日から土曜日までの暦週をいう。
168　企業社会において，パートタイマーは，雇用期間を定めた非終身雇用者をいい，仕事があるときは更新することを前提としている。他方，アルバイトは，パートタイマーに比べて不規則または不定期であり，学生等の業務以外の目的との調和をとった勤務を目的とする有期雇用者をいう。安西愈『トラブルを起こさないパートタイマーの雇用と法律実務』38〜39頁（日本経営協会総合研究所，2002）。
169　いわゆる「疑似パート」。

(1) 労働条件通知書

　パートタイム労働者を採用する際，口頭でも労働契約は成立する。しかし，トラブルを回避するため，パートタイム労働法等では，労働条件を書面で明示することを要請している。当該書面については，厚生労働省のモデル様式（次頁以降参照）をそのまま使用する事業所も散見されるが，事業所の実情を考慮せずに修正・加筆を行わない場合には，トラブルに繋がることもある。したがって，ターゲット会社において，将来トラブルになる事態に備え，人事DDでは，労働条件通知書の中身を確認しておく必要がある（**図表２−23**）。

第2章　義務的調査項目　　133

（短時間労働者用；常用，有期雇用型）

労働条件通知書

年　　　月　　　日

_____　殿

事業場名称・所在地

使用者職氏名

契約期間	期間の定めなし，期間の定めあり（　　年　　月　　日〜　　年　　月　　日） ※以下は，「契約期間」について「期間の定めあり」とした場合に記入 1　契約の更新の有無 　［自動的に更新する・更新する場合があり得る・契約の更新はしない・その他（　　　　）］ 2　契約の更新は次により判断する。 （・契約期間満了時の業務量　　　　・勤務成績，態度　　　　・能力 　・会社の経営状況　・従事している業務の進捗状況 　・その他（　　　　　　　　　　　　　　　　　　　　　　　　　　　　） 【有期雇用特別措置法による特例の対象者の場合】 　無期転換申込権が発生しない期間：　Ⅰ（高度専門）・Ⅱ（定年後の高齢者） 　Ⅰ　特定有期業務の開始から完了までの期間（　　年　　か月（上限10年）） 　Ⅱ　定年後引き続いて雇用されている期間
就業の場所	
従事すべき業務の内容	【有期雇用特別措置法による特例の対象者（高度専門）の場合】 ・特定有期業務（　　　　　　　　　　　開始日：　　　完了日：　　　　　）
始業，終業の時刻，休憩時間，就業時転換（(1)〜(5)のうち該当するもの一つに○を付けること。），所定時間外労働の有無に関する事項	1　始業・終業の時刻等 (1) 始業（　　時　　分）終業（　　時　　分） 【以下のような制度が労働者に適用される場合】 (2) 変形労働時間制等；（　　）単位の変形労働時間制・交替制として，次の勤務時間の組み合わせによる。 ┌始業（　時　分）終業（　時　分）（適用日　　　　） ├始業（　時　分）終業（　時　分）（適用日　　　　） └始業（　時　分）終業（　時　分）（適用日　　　　） (3) フレックスタイム制；始業及び終業の時刻は労働者の決定に委ねる。 　　（ただし，フレキシブルタイム（始業）　時　分から　時　分， 　　　　　　　　　　　　　　　　（終業）　時　分から　時　分， 　　　　　　　　　　　　　コアタイム　時　分から　時　分）

	(4) 事業場外みなし労働時間制；始業（　時　分）終業（　時　分） (5) 裁量労働制；始業（　時　分）終業（　時　分）を基本とし，労働者の決定に委ねる。 ○詳細は，就業規則第　条～第　条，第　条～第　条，第　条～第　条 2　休憩時間（　　）分 3　所定時間外労働の有無 　　　　（　有　<u>（1週　　時間，1か月　　時間，1年　　時間）</u>，無　） 4　休日労働（　有　<u>（1か月　　日，1年　　日）</u>，無　）
休　　　日 及　び 勤　務　日	・定例日；毎週　　曜日，国民の祝日，その他（　　　　　　　　　　） ・非定例日；週・月当たり　　日，その他（　　　　　　　　　） ・1年単位の変形労働時間制の場合－年間　　日 　（勤務日） 毎週（　　　　　　　），その他（　　　　　　） ○詳細は，就業規則第　条～第　条，第　条～第　条
休　　　暇	1　年次有給休暇　6か月継続勤務した場合→　　　　　日 　　継続勤務6か月以内の年次有給休暇　（有・無） 　　→　か月経過で　　日 　　時間単位年休（有・無） 2　代替休暇（有・無） 3　その他の休暇　有給（　　　　　　　　　　） 　　　　　　　　　無給（　　　　　　　　　　） ○詳細は，就業規則第　条～第　条，第　条～第　条
賃　　　金	1　基本賃金　イ　月給（　　　　　　円），ロ　日給（　　　　　円） 　　　　　　　ハ　時間給（　　　　　円）， 　　　　　　　ニ　出来高給（基本単価　　円，保障給　　円） 　　　　　　　ホ　その他（　　　　円） 　　　　　　　ヘ　就業規則に規定されている賃金等級等 　　　　┌─────────────────────────┐ 　　　　└─────────────────────────┘ 2　諸手当の額又は計算方法 　　イ（　　手当　　円　／計算方法：　　　　　　　　） 　　ロ（　　手当　　円　／計算方法：　　　　　　　　） 　　ハ（　　手当　　円　／計算方法：　　　　　　　　） 　　ニ（　　手当　　円　／計算方法：　　　　　　　　） 3　所定時間外，休日又は深夜労働に対して支払われる割増賃金率 　　イ　所定時間外，法定超　月60時間以内（　　）％ 　　　　　　　　　　　　　月60時間超　（　　）％ 　　　　　　　　　　所定超（　　）％

	ロ　休日　法定休日（　　　）％，法定外休日（　　　）％ ハ　深夜（　　　）％ 4　賃金締切日（　　　）－毎月　日，（　　　）－毎月　日 5　賃金支払日（　　　）－毎月　日，（　　　）－毎月　日 6　賃金の支払方法（　　　　　　　　　　　） 7　労使協定に基づく賃金支払時の控除（無　，有（　　　）） 8　昇給（　有（時期，金額等　　　　　　　），　無　） 9　賞与（　有（時期，金額等　　　　　　　），　無　） 10　退職金（　有（時期，金額等　　　　　　　），　無　）
退職に関する事項	1　定年制（　有（　　歳），　無　） 2　継続雇用制度（　有（　　歳まで），　無　） 3　自己都合退職の手続（退職する　　日以上前に届け出ること） 4　解雇の事由及び手続 （　　　　　　　　　　　　　　　　　　　　　　　　　　） ○詳細は，就業規則第　条～第　条，第　条～第　条
そ　の　他	・社会保険の加入状況（　厚生年金　　健康保険　　厚生年金基金　　その他（　　　）　） ・雇用保険の適用（　有　，　無　） ・雇用管理の改善等に関する事項に係る相談窓口 　部署名　　　　　　担当者職氏名　　　　　　（連絡先　　　　　　） ・その他 （　　　　　　　　　　　　　　　　　　　　　　　　　　） ・具体的に適用される就業規則名（　　　　　　　　　） ※以下は「契約期間」について「期間の定めあり」とした場合について の説明です。 　労働契約法第18条の規定により，有期労働契約（平成25年4月1日以降に開始するもの）の契約期間が通算5年を超える場合には，労働契約の期間の末日までに労働者から申込みをすることにより，当該労働契約の期間の末日の翌日から期間の定めのない労働契約に転換されます。ただし，有期雇用特別措置法による特例の対象となる場合は，この「5年」という期間は，本通知書の「契約期間」欄に明示したとおりとなります。

出所：http://www.mhlw.go.jp/seisakunitsuite/bunya/koyou_roudou/roudoukijun/keiyaku/kaisei/dl/youshiki_02.pdf

図表2−23 労働条件通知書チェックポイント

確認事項	ポ　イ　ン　ト
☐契約期間	「期間の定めあり」を〇で囲っていること。なお，「労働者は期間中であっても，14日前に申し出ることにより解約をすることができ，会社も業務上の都合により30日前の予告をもって解約できる」旨を記載している場合，労使ともに期間途中の解約による損害賠償の問題を回避することができるので類似の定めの有無もチェックする必要がある。
☐更新の有無	「自動的に更新する」，「更新する場合があり得る」が〇で囲われていると，雇用継続の可能性があるとみなされ，雇止め法理が適用されるおそれがあるので，雇止めには慎重な対応が求められることになる。また，無期転換制度の対象を回避するため更新の回数を制限しているかもチェックポイントである。
☐更新の判断基準	判断基準が抽象的であると，トラブルになるので，判断基準を明確に規定することが要請されている（労基則5条1項1号の2）。
☐有期雇用特別措置法対象者の有無	無期雇用転換ルールの対象外となる者（高度専門職，継続雇用の高齢者）の有無を確認しておく。
☐就業の場所	場所を限定しておく。転勤を想定していないと，人材活用の仕組みで正社員とは異なることが主張できなくなる。
☐従事すべき業務の内容	人材活用の仕組みにおける相違という観点で，配置転換の有無と業務内容の範囲を確認しておく。
☐始業・終業時刻	2つ以上のパターンが規定されていても違法ではない。なお，業務の都合で通常の労働時間を打ち切る場合，休業手当の支払い義務が発生するので，休業手当の支払い義務を回避するため「業務の都合により所定労働時間を短縮することがある」旨の記載があるのが望ましい。また，所定時間外労働をさせる場合，その旨記載してあることが必要である。
☐休憩	6時間を超える場合には45分以上の休憩時刻が記載していること。なお，法定労働時間の8時間を超えて，時間外労働する場合には1時間以上の休憩時間を付与する義務が生じる。
☐休日	非勤務日または勤務日の一方を記載していれば構わない。なお，非勤務日が増または勤務日が減の場合における労基法26条の休業手当の支払い義務が発生するので，休業手当の支払い義務を回避するため，「増減変更がありうること」および「その事由」

第2章　義務的調査項目　　137

	旨が定めてあること[170]が必要である。 また，休日労働（　有（1か月　　日，1年　　日），　無　）の欄を「無」とした場合，それは法定休日ではなく，「所定休日」であるから，所定休日をさせないことを意味する。
□年次有給休暇	年次有給休暇については，「6カ月間継続勤務」し，「8割以上の出勤」が付与義務になっているので，新規契約で雇用契約期間が6カ月以内の場合では「無」でも構わない。
□代替休暇	代替休暇とは割増賃金の支払いに代えて付与する休暇である。平成22年度から施行された改正労働基準法では，1カ月60時間を超える時間外労働に対する法定割増賃金率を現行の25％以上から上乗せして，50％以上に引き上げたが，代替休暇制度とは，この上乗せ部分（25％）の割増賃金の支払いに代えて，有給の休暇を付与するしくみで，同制度を適用するためには，労使協定を締結する必要がある。パートタイム労働者にも当該制度を適用させている場合，代替休暇の時間数の算定方法や休暇取得の単位，休暇取得日の決定方法などについても調査しておく必要がある。
□その他の休暇	年次有給休暇の他，法定の休暇には生理休暇，裁判員休暇等がある。これら休暇に対して，労働法制上，有給にすることまでは要請されていないが，賃金支払いの有無が明記されているか確認しておく。また，夏季休暇や慶弔休暇等の任意の休暇の有無と休暇に対する賃金の取扱いも同様に確認が必要である。
□賃金	通勤手当を支給する場合，上限額が記載されていることが重要である。「非課税限度額まで支給」などと記載があれば，平成28年1月1日以降，最高限度額が150,000円まで引き上げられているので，注意が必要である。また，割増率については，所定超えであっても法定超えでなければ，「割増せず」と記載していても違法ではない。また，平成22年4月1日の労基法改正で，中小企業を除き，1カ月[171]の時間外労働が60時間を超えた場合には，60時間を超えた労働時間に対して，5割以上で割増して計算することが義務づけられた。この改正により，時間外労働

170　休業ではなく，休日の増加であれば，労基法上の休業手当の支払い義務はない。

171　1カ月とは暦による1カ月をいい，その起算日は①毎月1日，②賃金計算期間の初日，③36協定における一定期間の初日等とすることが考えられるが，毎月1日としている企業が多い。

	については，①36協定の限度基準（1カ月45時間）までの時間外労働，②特別条項付き36協定[172]における限度基準時間を超えた時間外労働（1カ月45時間超60時間まで），③1カ月60時間を超える時間外労働の3種類の割増賃金制度が併存しているので，法定越の割増率についてはそれぞれの割増率の確認が必要である。
□昇給	例えば，雇用契約期間が3月までに満了するにもかかわらず，「毎年1回4月」と記載すると，長期雇用を設定したのではと誤解を招くので，期間途中での昇給制度がなければ記載すべきではない。
□賞与	賞与を支給する場合，パートタイム労働法9条の差別的取扱いの禁止に抵触していないか確認する必要がある。
□退職金	退職金を支給する場合，労基法89条3号の2が適用され，決定，計算，支払い方法を定めておかなければならず，どのようにルール化されているか確認する必要がある。
□退職に関する事項	自己都合で退職する場合，何日以上前に届け出るか確認しておくこと。14日を超えて必要以上に長く設定してあると無効とみなされる場合がある。また，労契法16条により，解雇についても客観的で社会通念上相当性がないと無効となるため，解雇事由および解雇手続きについて，規定されているか確認しておく必要がある。
□社会保険	雇用契約期間が2カ月を超えるパートタイム労働者であれば，「常用的使用関係」が認められれば，被保険者資格を取得しなければならない。パートタイム労働者が常用的使用関係か否かの判断基準は，内かん[173]の「所定労働時間及び……所定労働日数が……通常の就労者の……おおむね4分の3以上」に該当する者は「常用的使用関係」があるとみなし，被保険者として取り扱うことになる。

---

172 「時間外労働の限度に関する基準」告示3条但し書きに「特別な事情（臨時的なもの）が生じた場合に限り，しかるべき手続を経て限度時間を超えての弾力的な運用」を認めている。

173 昭和55年の厚生省保険局保険課長，社会保険庁医療保険部健康保険課長，同年金保険部厚生年金保険課長の連名による都道府県民生主管部（局）保険課（部）長あての「内かん」をさす。

第2章　義務的調査項目　**139**

	なお，「公的年金制度の財政基盤及び最低保障機能の強化等のための国民年金法等の一部を改正する法律」により，平成28年10月から，この4分の3以上の基準を満たさない者に加え，①週所定労働時間が20時間以上，②賃金月額が88,000円以上，③勤務期間が1年以上見込まれ，④従業員数が501人以上の規模である企業に使用されている（特定適用事業所），⑤学生でない者という5要件の全てに該当する短時間労働者も被保険者となる。さらに，平成29年4月1日から，労使が合意した場合，500人以下でもその他の4要件を満たすことにより，被保険者として加入することができるようになった（年金機能強化法附則17条・46条）。ただし，2カ月以内の期間を定めて使用される者は，そもそも被保険者にはならない（健保法3条1項2号および，厚年法12条1号ロ）。ターゲット会社において加入基準を遵守しているか労働条件通知書を通じても把握することが可能である。
□雇用保険	雇用保険被保険者の適用範囲について，平成22年4月1日の雇用保険法の改正により，「6カ月以上の雇用見込み，かつ，週所定労働時間が20時間以上」から，「31日以上の雇用見込み，かつ，週所定労働時間が20時間以上」と拡大された（雇保法4条・6条）。ターゲット会社において加入基準を遵守して手続をしているか労働条件通知書を通じても把握することが可能である。
□相談窓口	雇用管理の改善等に関する事項に係る相談窓口も文書で明示しなければならず，違反した場合には10万円以下の過料となるおそれがあり（パートタイム労働法31条）相談窓口のセクションと担当者を確認しておく必要がある。また，努力義務ではあるが，パートタイム労働者を常時10人以上雇用する事業所ごとに「短時間雇用管理者」を選任し（パートタイム労働法17条），事業所の見やすい場所に掲示するなどして，周知していることも確認しておくべきであろう。

⑵ パートタイム労働者用の就業規則
① 就業規則の作成・届出

　労基法89条により，常時10人以上の労働者を使用する使用者は，就業規則を作成し，行政官庁に届け出なければならない。なお，一部の労働者に対して別個の就業規則を作成することは差し支えないが，就業規則は当該事業所の全労働者を対象として作成する必要があり，本工については作成しているが臨時工やパートタイム労働者については作成していないという場合は，89条違反となる。したがって，ターゲット会社において，常時10人以上の労働者を使用し，かつ，パートタイム労働者も使用する場合，パートタイム労働者が適用される就業規則が作成されているか確認することが必要である。

　その結果，正社員用とパートタイム労働者用の就業規則の2つの就業規則が存在することになるが，当該2以上の就業規則を合わせたものが，労基法89条の就業規則になるのであって，それぞれ単独に同条に規定する就業規則となるものではない[174]。

　就業規則の作成または変更するときは，労基法90条で「当該事業場に，労働者の過半数で組織する労働組合がある場合においてはその労働組合，労働者の過半数で組織する労働組合がない場合においては労働者の過半数を代表する者の意見を聴かなければならない。」とある。パートタイム労働者用の就業規則を作成し，または変更しようとするときにも，労基法90条が適用されるが，さらにパートタイム労働法7条では「短時間労働者の過半数を代表すると認められるものの意見を聴くように努めるもの」とある。

　したがって，パートタイム労働者用の就業規則を作成または変更する場合，まずはパート労働者を含めた労働者の過半数で組織する労働組合，労働者の過半数で組織する労働組合がない場合においては労働者の過半数を代表する者の意見を聴き，さらに，短時間労働者の過半数を代表すると認められるものの意見を聴く必要があり，パートタイム労働者用の就業規則の制定や変更を管轄の

174　昭63・3・14基発150号。

労基署へ届けるにあたり，事業所の全体労働者の過半数代表者の意見書に付加してパートタイム労働者の過半数を代表すると認められるものの意見書を添付することになる。また，意見は文書で聴くことまで求められていないので，パートタイム労働者の過半数代表者の意見書を添付せずに，適当な方法で意見を聴き，全体の過半数代表者の意見書の中に「パートタイム労働者の過半数代表者の意見を聴取している」旨記載しても構わない。

② 就業規則の未作成の問題

　労働契約と就業規則との効力関係については，労契法12条で「就業規則で定める基準に達しない労働条件を定める労働契約は，その部分については，無効とする。この場合において，無効となった部分は，就業規則で定める基準による」と定めている。常時10人以上使用する事業場において，パートタイム労働者を採用したにもかかわらず，パートタイム用の就業規則がない場合，形式的には正社員の労働条件が記載されている就業規則が自動的に拡大して適用されることになる。その結果，正社員用の就業規則において，賞与・退職金の支給，特別休暇などを定めている場合，パートタイム労働者から，当該パートタイム労働者の労働条件として主張されるおそれがある。

　しかし，実務上は，労契法12条の形式的適用説はとられていない。すなわち，当該就業規則の適用対象として予定している者と異なる異種の雇用形態の労働者に直ちに正社員用の就業規則の拡張適用ということは，当事者の予測しない結果を及ぼし，これは，同法の予想しないところであり，同規定の趣旨でもないというのが，実質的適用説に立った通説および実務であり，厚生労働省もこのような異種の雇用態様への民事法上の効力の拡大適用という見解はとっていない[175]。

　ただ，パートタイム労働者に正社員の就業規則を適用しない旨就業規則で定めていても，主要な条件についてパートタイム労働者の適用を除外しながら，

175　安西・前掲注（168）128～129頁。

それに代わって適用される規定がないときは労基法89条違反となる[176]。

③ パートタイム労働者用の就業規則の確認事項

パートタイム労働者用の就業規則の主な調査事項は次のとおりである。

就業規則チェックポイント

1．パートタイム労働者の定義

会社独自に定義しているか，パートタイム労働法2条で定義された者と異なるかを確認しておくことが必要である。パートタイム労働法の定義と合致していなくても構わないが，定義を明確にしておくことがトラブル回避のためにも肝要である。

2．服務規定の確認

服務規定の有無，個人情報の漏洩防止策および社内秩序を維持するための制裁事項と制裁の種類についての定めの有無を確認しておくべきである。

3．書類の提出

提出書類については法定の手続き上，最低限必要な書類を提出させる規定があり，また，使用目的の定めが置かれているかを確認しておく。なお，身元保証人の提出まで求めるのは稀である。

4．試用期間

試用期間については，試用期間を置くことにより，継続勤務を前提とする証左にもなりうることから，会社としては有利とはいえないが，定めること自体は違法ではない。ただし，試用期間といえども，契約期間の定めのある者を解雇する場合には，通常の解雇よりも「やむを得ない事由」まで求められるので，ハードルは高い。

5．休　　日

正社員とは異なり，様々のケースが予想されるので，法定は4週4日と定め，あとは個別の労働契約により決定する旨の規定があるか確認する。

6．退職事由

退職に対する意識が低い傾向があるため，自然退職事由の1つとして「2週間以上の無断欠勤」の定めが置かれているか確認しておく。

7．正社員への転換制度

176　安西・前掲注（168）129頁。

正社員への転換を推進するためどのような措置を講じているか確認する必要がある。パートタイム労働法13条では，①通常の労働者の募集を行う場合において，当該募集に係る事業所に掲示すること等により，その者が従事すべき業務の内容，賃金，労働時間その他の当該募集に係る事項を当該事業所において雇用する短時間労働者に周知する，②通常の労働者の配置を新たに行う場合において，当該配置の希望を申し出る機会を当該配置に係る事業所において雇用する短時間労働者に対して与える，③一定の資格を有する短時間労働者を対象とした通常の労働者への転換のための試験制度を設ける，④その他の通常の労働者への転換を推進するための措置を講ずることのいずれかの措置を講じることを義務づけている。

8. 育児・介護休業等の適用

　育児・介護休業法の定めるところにより，パートタイム労働者に対しても，申出により休業等をさせ，また短時間勤務などの措置を講じなければならないので，その旨定めがあるかも確認しておく必要がある。

(3) 不合理な労働条件の禁止と均等・均衡処遇

　平成26年の改正パートタイム労働法の目玉といえるのが，9条（旧8条）の「差別的取扱の禁止」である。すなわち，9条では，通常の労働者と同視すべき短時間労働者については，「短時間労働者であることを理由として，賃金の決定，教育訓練の実施，福利厚生施設の利用その他の待遇について，差別的取扱いをしてはならない。」としている。

　この「通常の労働者と同視すべき短時間労働者」は，旧法では，①「職務の内容が当該事業所に雇用される通常の労働者と同一の短時間労働者」，②「期間の定めのない労働契約によって雇用されている短時間労働者」，③「雇用関係が終了するまでの全期間において，その職務の内容及び配置が当該通常の労働者の職務の内容及び配置の変更の範囲と同一の範囲で変更されると見込まれるもの」の3要件であったが，平成24年の労契法の改正により有期労働者の待遇改善（労契法20条）が定められたことを踏まえ，今回の改正で②の「期間の定めのない労働契約によって雇用されている短時間労働者」が削除され，2要

件になった。

　差別的取扱いの禁止の対象となる事項は，賃金，賞与，退職金，教育訓練，福利厚生，昇進，解雇など労働者の待遇に係るすべてに及ぶ。本条に違反する事業主の行為は不法行為（民法709条）として損害賠償請求の対象となり，また，法律行為については公序違反として無効となる（民法90条）と解される[177]。

　この差別的取扱いに加えて，改正パートタイム労働法8条で「事業主が，その雇用する短時間労働者の待遇を，当該事業所に雇用される通常の労働者の待遇と相違するものとする場合においては，当該待遇の相違は，当該短時間労働者及び通常の労働者の業務の内容及び当該業務に伴う責任の程度（以下「職務の内容」という。），当該職務の内容及び配置の変更の範囲その他の事情を考慮して，不合理と認められるものであってはならない。」と「不合理な待遇の相違を禁止」する規定を定めた。この場合の「その他の事情」とは，労働組合等との労使交渉の有無，交渉の形態や状況なども含まれていると解せる[178]。

　また，改正パートタイム労働法10条で「通常の労働者との均衡を考慮しつつ，その雇用する短時間労働者（通常の労働者と同視すべき短時間労働者を除く。……）の職務の内容，職務の成果，意欲，能力又は経験等を勘案し，その賃金（通勤手当，退職手当その他の厚生労働省令で定めるものを除く。）を決定するように努める」ことを事業主に求めている。

　さらに，改正パートタイム労働法11条1項で「事業主は，通常の労働者に対して実施する教育訓練であって，当該通常の労働者が従事する職務の遂行に必要な能力を付与するためのものについては，職務内容同一短時間労働者（通常の労働者と同視すべき短時間労働者を除く。……）が既に当該職務に必要な能力を有している場合その他の厚生労働省令で定める場合を除き，職務内容同一短時間労働者に対しても，これを実施」すること，同法12条で「事業主は，通常の労働者に対して利用の機会を与える福利厚生施設であって，健康の保持又は業務の円滑な遂行に資するものとして厚生労働省令で定めるものについては，

177　水町・前掲注（11）312頁。
178　菅野・前掲注（66）338頁。

その雇用する短時間労働者に対しても，利用の機会を与えるように配慮」することを事業主に義務づけている。したがって，これら義務づけられた事項について，ターゲット会社のおいてどのように対応しているかも確認しておく必要がある。

(4) 労働契約の無期転換

　平成24年8月10日に公布された改正労契法18条1項では，平成25年4月1日[179]より，同一の使用者の下で有期労働契約の通算契約期間が5年を超える労働者が，「当該使用者に対し，現に締結している有期労働契約の契約期間が満了する日までの間に，当該満了する日の翌日から労務が提供される期間の定めのない労働契約の締結の申込みをしたときは，使用者は当該申込みを承諾したものとみなす。」とされた。すなわち，1年の有期労働契約が5回更新され，6回目以降の契約期間満了までに当該労働者が，使用者に対して無期雇用に転換を申し込めば，これを承諾したものとみなされ，6回目の契約満了の翌日を始期とする契約期間が無期の労働契約が申込みの時点で成立することになる。ただし，高度専門職および継続雇用の高齢者（定年後再雇用者）については，都道府県労働局長の認定を受けた場合，無期転換申込権は発生しない。

　当該労働契約の労働条件については，別段の定めがある部分を除き，現に締結している有期労働契約の内容である労働条件と同一の労働条件となる（労契法18条1項）ことに留意が必要である。ここでいう「別段の定め」とは，労働協約，就業規則，個々の労働契約（無期転換に当たり労働条件を変更することについての労働者と使用者との個別合意）を指し，転換後の労働条件の同一化を意図するものではなく，正社員との労働条件の違い（格差）を解消させることまでは，意図していない[180]。

　ターゲット会社において，無期労働契約に転換されるときの労働条件について，正社員の処遇に近づける，従前の労働条件のままにする，無期転換社員と

179　平成25年3月31日以前に開始した有期労働契約期間は通算期間に含めない。
180　菅野・前掲注（66）312～313頁。

いう中間的な就業形態を準備するといった選択肢の中で，人事制度全般の視点からどのように位置づけているのか確認しておくことが必要であろう。

なお，当該使用者との間で締結された一の有期労働契約の契約期間が満了した日と当該使用者との間で締結されたその次の有期労働契約の契約期間の初日との間にこれらの契約期間のいずれにも含まれない期間（空白期間）が6カ月以上あるときは，当該空白期間前に満了した有期労働契約の契約期間は，通算契約期間に算入しない（労契法18条2項）[181]。

(5) 年次有給休暇

休暇とは，「労働契約上で労務提供義務がある日を一定の理由で免除する日」と定義することができる。この「一定の理由」については，生理休暇や育児休暇等の法で要請される場合と，信義則上，結婚休暇や忌引休暇等の会社ごとに任意で定める休暇とがある。

休暇に対して有給にするか無給にするかは使用者が決めることであるが，労基法39条1項で定める年次有給休暇（以下，「年休」という）は，文字通り「有給」となる。

年休を取得した日の賃金については，労基法39条7項により，①平均賃金方式，②通常の賃金方式，③健康保険法99条2項で定める標準報酬日額[182]方式の3つのうちいずれかの方式により支払うことを義務づけている。

「平均賃金方式」とは，平均賃金を算定すべき事由の発生した日以前3カ月間にその労働者に対して支払われた賃金総額を，その期間の総労働日数で除した金額（労基法12条）であり，昭和27年の労基法改正以前では，平均賃金方式のみが規定されていた。しかし，その都度計算するにはかなり煩雑であり，事務簡素化を図る観点から，月給をその月の所定労働日数で除した金額とする「通常の賃金方式」[183]および書面による労使協定を要件として「標準報酬日額

181　これをクーリングという。
182　標準報酬月額の30分の1に相当する額。5円未満の端数があるときははこれを切り捨て，5円以上10円未満の端数があるときは10円に切り上げる。
183　労基則25条。

方式」の選択が認められるようになった。

いずれの方式で支払うかについては，予め就業規則その他において明確に規定することが必要であり，かつ，この選択がなされた場合には必ず，その選択された方法による賃金を支払わなければならず，その都度いずれかのものを選択することは認められていない[184]。

したがって，日によって所定労働時間が異なるパートタイム労働者の場合，所定労働時間の長い日に年休権を行使する方が有利であるため，ターゲット会社において，「通常の賃金方式」を採用していたとしても，原則として買収後に「平均賃金方式」に変更することは許されない。

年休の発生要件は，雇入れの日から6カ月経過し，当該期間の全労働日の8割以上出勤することで，10労働日の年休権が付与され，その後，最初に年休が付与された日から1年を経過した日に，当該期間の全労働日の8割以上出勤することを満たせば，11労働日の年次有給休暇が付与される。仮に，1日の所定労働時間が3時間であっても，上記の2要件を充足すれば，10労働日の年休権が付与されるが，その後，1日の所定労働時間が6時間に変更された場合，3時間ではなく，6時間に時給を乗じた額を支払わなければならないことになる。

ただし，パートタイム労働者など，所定労働日数が少ない労働者については，比例的に付与される（**図表2-24**）。なお，週所定労働時間が決まっていない場合，1年間の所定労働日数により，付与日数を決めることになる。

図表2-24 パートタイム労働者等の年休表

週所定労働日数	1年間の所定労働日数	雇入れ日から起算した継続勤務期間（単位：年）						
		0.5	1.5	2.5	3.5	4.5	5.5	6.5以上
4日	169日〜216日	7	8	9	10	12	13	15
3日	121日〜168日	5	6	6	8	9	10	11
2日	73日〜120日	3	4	4	5	6	6	7
1日	48日〜72日	1	2	2	2	3	3	3

※週所定労働時間が30時間未満で，かつ，週所定労働日数が4日以下，または1年間の所定労働日数が48日から216日までの労働者に適用。

184　昭27・9・20基発675号，平11・3・31基発168号。

148

9 是正勧告

是正勧告書

A社では，過去5年間に労基署から次の16項目にわたり是正勧告書および指導票が交付されていた[185]。

① 36協定を超える時間外労働（労基法32条違反）

② 36協定における業務範囲が不明確（労基法32条違反）

③ 36協定未締結であるのに時間外労働を指示（労基法32条違反）

④ 36協定未締結であるのに休日労働を指示（労基法35条違反）

⑤ 36協定を労働者に不周知（労基法106条違反）

⑥ 法定の休憩時間の不遵守（労基法34条違反）

⑦ 時間外労働割増賃金の不払い（労基法37条違反）

⑧ 管理監督者に該当しない者に対する割増賃金の未払い（労基法37条違反）

⑨ 労使協定なく前払い金等を控除（労基法24条違反）

⑩ 解雇予告手当の不払い（労基法20条違反）

⑪ 正社員を雇用する際の労働条件明示義務違反（労基法15条違反）

⑫ 就業規則変更届の未提出（労基法89条違反）

⑬ 1年ごとの定期健康診断不実施（安衛法66条違反）

⑭ 深夜業務従事者の6カ月ごとの定期健康診断不実施（安衛法66条違反）

⑮ 衛生管理者の未選任（安衛法12条違反）

---

185 「あなたの会社も狙われる」週刊ダイヤモンド102巻49号（2014・12・20）47頁。ワタミが受けた是正勧告の概要（2008年4月～2013年2月）を参照。

⑯　衛生委員会において，長時間にわたる労働者の健康障害の防止を図るための対策樹立に関することを調査・審議させていない（安衛法18条違反）

＜是正報告書を確認する必要がある＞

　Ａ社が是正勧告書および指導票で指摘された事項について，どのように対応したか（または，異議を申し立てたか）を，「是正報告書」の内容を確認する必要がある。是正していないにもかかわらず，是正したとの虚偽の報告をした場合，Ａ社は，６カ月以下の懲役または30万円以下の罰金に処せられる（労基法119条１項）おそれがあるとレポートした。

解　説

　労基法は，憲法25条１項の「生存権」に基づき，労働条件について「労働者が人たるに値する生活を営むための必要を充たすべきものでなければならない」とし（労基法１条１項），同法で労働条件の最低基準を定め，遵守させるべく刑罰をもって労基法違反を抑制している。

　使用者の労基法違反については，事前に防止されることが理想であり，違反が行われている職場では早急に改善する必要がある。そこで，労働基準監督署（以下，「労基署」という）による監督制度が設けられ，必要に応じて労働基準監督官（以下，「監督官」という）が事業所に立ち入り，労基法違反の有無を確認し，違反事項があれば，使用者にその旨を伝え，是正を促している（これを「是正勧告」という）[186]。

　監督官は，臨検監督[187]を行った結果，労基法違反がある場合には「是正勧告書」を，労基法違反はないが，改善が必要な場合には「指導票」を，安衛法

---

[186]　河野順一『労働法実務シリーズ⑤　労働基準法違反と是正勧告・就業規則・個別労働関係紛争をめぐる実務対策』２頁（酒井書店，2009）。

[187]　監督官による事業場への立ち入り調査。臨検監督には，労働局等の年度業務計画に基づき実施される「定期監督」，過去に是正勧告を受けた事業所を対象に，その後の是正措置実施状況を確認するために行う「再監督」，労働者からの内部告発や相談により実施される「申告監督」，そして，是正勧告を受けた事業主がその是正に従わない場合に，強権を発動して行う「司法警察監督」がある。

150

に抵触し，危険な場合には施設設備の「使用停止等命令書」を交付する[188]。

　ターゲット会社において，過去に臨検監督が実施され是正勧告書が交付された場合，違反該当条文を確認し，それに対して，どのように対応し，労基署に報告したのかを担当者から，ヒアリングしておかなければならない。

(1)　是正勧告書の法的効果

　是正勧告書には，違反該当条文，違反事項，是正期日が記載され，使用者は，当該是正勧告書の内容に異議がない場合，指定された期日までの違反事項を是正し，例えば，賃金の未払いの指摘があれば，それを支払い，その顛末を是正報告書に記載し，管轄の労基署へ提出する。

　「法違反を繰り返す」，「あえて最低賃金額を支払わない」あるいは，「『是正した』と虚偽の報告をする」などの悪質な場合には送検される[189]が，是正勧告に従わなかったからといって，監督官は直ちに検察官に事件として送致するわけではない。監督官が検察官に事件を送致するのは，使用者が是正勧告に従わなかったという事実に基づくものではなく，使用者に労基法違反が存するという嫌疑に基づくものである。労基法違反の事実の態様，監督官の抱く嫌疑の程度によっては，是正勧告を発せずに直ちに検察官に事件を送致することもあれば，是正勧告を発しても事件を検察官に送致しないこともある。さらに，送致された事件が当然のように起訴されるわけでもない。裁判[190]では「労基法違反であると指摘されて是正勧告書を交付された場合，その是正勧告書によって直接に使用者に法的効果が発生するものではなく，事業者にはこれの取消あるいは無効確認を求めて行政訴訟を提起することはできない」と判示している。

　すなわち，是正勧告は行政処分ではなく，違反事項の説明を書面化した行政指導[191]にすぎず，その法的性質は，行政事件訴訟法に基づく抗告訴訟の対象

188　是正勧告書や指導票は監督官名で交付されるが，使用停止等命令書は労働基準監督署長名で交付される。

189　角森洋子「近時の最低賃金法違反にまつわる指導・トラブル事例と実務のポイント」ビジネスガイド2015年2月号47頁。

190　「札幌東労働基準監督官（共永交通）事件」札幌地判平2・11・6労判576号59頁。

としての処分に該当しないとされており，使用者は，是正勧告を受けた段階で
その取り消しを争うことはできない[192]。

ただし，事業所の建設物，寄宿舎，設備，原材料等が安全や衛生に関する基
準に抵触する場合に交付される「使用停止等命令書」については，是正勧告書
と異なり，労働災害の未然防止の観点から，命令処分に従わない場合，6カ月
以下の懲役または50万円以下の罰金を科せられる（安衛法119条）。したがって，
使用停止等命令処分に対して不満がある場合には行政不服審査法や行政事件訴
訟法で争うことができる。

以前は，是正勧告書を交付されても社名が公表されたのは書類送検した企業
のみであった。しかし，平成27年5月18日から，複数の都道府県に支店や営業
所等を置く大企業に対して，1カ月間の時間外・休日労働が100時間を超える
従業員が1つの事業所で10人以上か4分の1以上で，1年間程度の間に3カ所
の事業所で是正勧告を受けると社名を公表されることになった。公表された企
業は「ブラック企業」として社会に認知され，企業イメージを損ね人材確保が
難しくなることが予想されるので，長時間労働させないような人事労務管理を
徹底しなければならない。

(2)　監督官の臨検監督のチェックポイント

監督官には，労基法101条で「事業場，寄宿舎その他の附属建設物に臨検し，
帳簿及び書類の提出を求め，又は使用者若しくは労働者に対して尋問を行うこ
とができる。」と，「臨検監督権」，「提出要求権」，そして「尋問権」が与えら
れている。労基法に抵触した場合，刑事訴訟法に規定する司法警察官としての
権限（同法102条）も与えられており，労基法違反罪について，調書を作成し，
送検手続[193]をとることができる。

191　行政指導とは「行政機関がその任務又は所掌事務の範囲内において一定の行政目的を
　　実現するため特定の者に一定の作為又は不作為を求める指導，勧告，助言その他の行為で
　　あって処分に該当しないものをいう。」（行政手続法2条6号）。
192　石嵜信憲『健康管理等の法律実務』66頁（中央経済社，第3版，2013）。

152

　臨検後，是正勧告を交付されないためには，少なくとも労働基準監督官が調査で注視する事項を事前に準備・改善しておくことに尽きる。以下，「臨検監督のチェックポイント」を項目別にあげておく。

臨検監督のチェックポイント
１．就業規則について
□常時10人以上労働者を使用している場合，就業規則は作成しているか
□パートタイマー等についても作成されているか
□賃金，退職金等について別規程で定めることとなっている場合，別規程はあるか
□過半数の労働者の代表者の選出方法は適切か
□過半数の労働者の代表者の意見を聴いているか
□労基署に届け出ているか
□就業規則の内容に法に抵触する事項はないか
□法改正ごとに就業規則を改正し，届出が行われているか
２．労働者名簿・賃金台帳
□法定の内容がすべて労働者名簿に記載されているか
□法定の内容がすべて賃金台帳に記載されているか
□法定の保存期間（３年）を遵守しているか
３．労働条件の明示
□法定の労働条件がすべて明示されているか
□法定の労働条件が書面化されているか
□採用時に雇入れ通知書または労働契約書を渡しているか
４．賃金支払い
□最低賃金額以上に支払われているか
□商品など現物以外で支払われていないか（通貨払の原則）
□直接本人に支払われているか（直接払の原則）
□賃金の遅配等がないか（全額払の原則）
□毎月１回以上支払われているか（毎月１回以上の原則）
□一定の期日に支払われているか（一定期日の原則）

193　書類送検と身柄送検がある。被疑者に逃亡のおそれがあるか，被疑者が証拠隠滅を図るおそれがある場合に身柄送検措置がとられる。

5．労働時間・休憩・休日

□時間外労働・休日労働協定を締結し，届出が行われているか

□過半数の労働者の代表者の選出方法は適切か

□管理監督者の範囲は適切か

□法定休日が付与されているか

□法定の休憩時間が確保されているか

□法定どおり割増賃金が支払われているか

6．安全衛生管理体制・健康診断

□事業の規模に応じて，安全・衛生管理者の選任その他の安全衛生管理体制が
　とられているか

□雇入れ時の健康診断を行っているか

□１年以上の勤務が見込まれ，かつ，週所定の労働時間が通常の従業員の４分
　の３以上のパートタイマーに対し，雇入れ時の健康診断を行っているか

□定期健康診断書を労基署へ提出しているか

□安全委員会，衛生委員会の開催は適切か

7．労災保険料率

□登録している業種と現在の主たる業種が同一であるか

□複数の事業がある場合，事業ごとに従事する労働者の割合はどのようになっ
　ているか

□賃金総額に通勤手当，アルバイトの賃金，賞与等の算入漏れはないか

出所：河野順一『労働法実務シリーズ⑤　労働基準法違反と是正勧告・就業規則・個別労働
　　　関係紛争をめぐる実務対策』54～56頁（酒井書店，2009）を参考に著者が一部修正

10　労働者派遣・請負

事例 10

労働者派遣・請負

　ターゲット会社のＡ社において，担当者へのインタビューで派遣労働者に対して次の事実があることが判明した。

① 派遣労働者の太郎に対して，派遣元と派遣労働者間での36協定締結の有無および時間外労働可能時間を把握せず，法定労働時間を上回る時間外労働を命じていた。

② Ａ社の経理業務の派遣期間が３年を超えるため，過半数代表者として会社が指名した総務の次郎から意見聴取をしてこれを延長していた。現在，当該経理業務には派遣労働者の次郎に代わり花子が従事している。

③ Ａ社では，Ａ社の工場の生産ライン３本のうち，１本を外部の業者であるＢ社へアウトソーシングしていたが，Ａ社の工場長はＢ社の労働者である三郎に対して，作業方法や手順について細部にわたり指示していた。

＜派遣先企業として派遣労働者の雇用管理および請負契約に問題がある＞

① 労基法32条違反

　派遣先は派遣労働者の雇用主ではないが，派遣労働者の実際の労務提供先が派遣先であることから，派遣法において，労基法等の適用は，派遣先が，単独で，あるいは派遣元とともに，一定の事項について責任を有する旨の規定が定められている（派遣法44条～47条の３）。派遣先において，派遣労働者に対し，労基法32条の法定労働時間を超えて，時間外労働を命じるためには，予め派遣元と派遣労働者との間で時間外・休日労働に関する労使協定（36協定）を締結し，労基署に届け出ていることを確認しておく必要がある。派遣先は，当該労使協定で定め

られた時間の範囲内で時間外労働を命じることができるが，派遣元が当該労使協定を締結せず，手続を怠っていた場合や協定で定める時間外労働の可能範囲を超えた場合，労基法32条に抵触することになるので，派遣先であるA社のみが労基法32条違反として，6カ月以下の懲役または30万円以下の罰金を科せられうる旨レポートした。

② 労働契約申込みみなし制度の適用

　派遣を受け入れる期間については，原則として3年を超えて派遣労働者を受け入れることができない。しかし，派遣先の従業員過半数労働組合または従業員過半数代表者の意見聴取手続を適正に行うことにより派遣受入期間の延長が可能となる。なお，意見聴取手続に瑕疵がある場合には，派遣可能期間の延長が認められない。

　A社においては，過半数労働者の代表から意見を聴取しているが，その選出方法が非民主的方法であり，手続に瑕疵があるため，延長することは認められない。したがって，花子に対して，A社は「労働契約申込みみなし制度」が適用され，みなされた日から1年以内に花子から当該申込の承諾する旨の意思表示があった場合，花子とA社との間の労働契約が成立する旨レポートした。

③ 派遣法24条の2・41条・42条違反

　請負とは，当事者の一方がある仕事を完成させることを約し，相手側がその仕事の結果に対して報酬を支払うことをいう。労働者派遣と請負とは，労務提供先と労働者との間に雇用関係が存在しない点で共通している。労働者派遣の場合には，労働者に対して直接に指揮命令を行うのに対し，請負の場合には，派遣先から労働者に対して直接の指揮命令がなされない点が異なる。派遣と請負との区別は，あくまで実態に基づき判断され，契約の名称が「請負契約」であっても，実態が派遣であれば，派遣法が適用されることになる（「偽装請負」という）。

　労働者派遣と請負の区分については，厚生労働省で昭和61年4月17日に「労働者派遣事業と請負により行われる事業との区分に関する基準」（告示37号）[194]を示している。具体的には告示37号に基づいて判断することになるが，A社においては判断基準の重要な要素である「指揮命令」の所在が請負業者ではなく，A社

194　告示には，法律の委任があり制定されているものと単なる行政の内部規定にすぎないものがあり，当該告示は後者である。

にあることから，当該請負は偽装請負として労働者派遣と疑われる。

　偽装請負の場合，派遣法24条の2の「派遣元事業主以外の労働者派遣事業を行う事業主から，労働者派遣の役務の提供を受けてはならない」の定めに抵触し，行政からの勧告に従わない場合，A社の社名を公表されるばかりか，同法41条「派遣先責任者の選任」および同法42条「派遣先管理台帳の作成・保管」違反として，30万円以下の罰金に処せられるおそれがある旨レポートした。

解　説

　そもそも，企業による労働者の募集・職業紹介・労働者供給について規制している職業安定法44条により，労働者を継続的に支配下に置いて他人に使用させる労働者供給事業（労働組合等の行う無料の労働者供給事業が厚生労働大臣の許可を受けた場合を除く）[195]は禁止されていた。

　しかし，昭和61年7月1日に派遣法が施行され，派遣労働者の特定行為の禁止[196]，専ら派遣の禁止[197]および二重派遣の禁止[198]等一定の制約の下，法律で禁止されている業務[199]を除き，常用代替防止[200]などの観点から派遣先の社員の仕事を奪うことのないような専門性の高い業務について労働者派遣事業が法律上の例外として認められることになった。

　その後，紹介予定派遣[201]の解禁や偽装請負の取締り強化等の法改正が行わ

195　平成26年3月末現在，91組合が厚生労働大臣から許可を受けている。看護師，自動車運送などに多い。

196　紹介予定派遣を除き，派遣先では事前に派遣労働者と面接したり履歴書を送付させたりすることをしないよう努めなければならない（派遣法26条6項）。

197　専ら派遣とは，派遣労働者の派遣先を特定の会社に限定する行為をいい，例外を除き派遣法で禁止されている。

198　派遣労働者を受け入れた派遣先が，当該派遣労働者をさらに別会社へ派遣する行為等をいい，派遣法で禁止されている。

199　禁止業務（ネガティブリスト）には，港湾運送業務，建設業務，警備業務，医療関係業務，弁護士，司法書士等があり，派遣先にも企業名公表などのペナルティーが科せられる。

200　派遣先の常用労働者が派遣労働者に代替されてしまうことや，派遣労働者の受け入れを契機に，派遣先常用労働者の雇用機会が不当に狭められる事態が生じることを防止すべきという考え方。第一東京弁護士会労働法制委員会編著『最新労働者派遣法の詳解』45〜46頁（労務行政，2017）。

れ，平成24年の派遣法改正では，派遣労働者の保護を明記するとともに，日雇い派遣（日々または30日以内の派遣）の原則禁止，派遣元は派遣労働者の待遇について，派遣先の同種の労働者との均衡に配慮すべき旨の規定の新設，労働契約申込みみなし制度の規定の新設（施行日は平成27年10月1日）等が行われた。

平成27年の派遣法の改正では，平成24年改正の附帯決議を受けて，登録型派遣と常用型派遣の区別を廃止し，すべて許可制とすること，専門26業務の区分および業務単位の派遣可能期間の制限を廃止し，事業所ごとの期間制限と同一の派遣労働者に係る期間制限を設けることにしたこと，派遣労働者と派遣先社員の均衡待遇を推進すること，派遣労働者のキャリアアップ措置を実施すること等が行われた。当該改正においては，一次的な義務を負う派遣元への協力を派遣先にも負わせているので，ターゲット会社において派遣労働者を受け入れていた場合には，派遣法の改正への対応と派遣先指針[202]を確認しておく必要がある。

また，他社の労働者の労務提供を受ける形態としては，労働者派遣のほかに請負や在籍出向がある。ターゲット会社において，請負会社を活用している場合には，派遣法の適用の有無の観点から，請負とは名ばかりで実際には労働者派遣となっていないか（偽装請負）を調査しておく必要がある。在籍出向者を受け入れていた場合にも，派遣法の適用を免れるために形式的に在籍出向の形態をとることがあるので，出向契約書の内容とともに，ターゲット会社から過大に出向元に報酬が支払われていないか等の調査が必要となる。

以下，派遣先企業として労働法制上の遵守すべき事項や平成27年の派遣法の改正に対する派遣先企業の責任を中心に解説する。

201　派遣元が労働者派遣の役務の提供の開始前または開始後に，派遣労働者および派遣先について，職業安定法上の許可を受けて，または届出をして，職業紹介を行い，または行うことを予定してするものをいい，当該職業紹介により，当該派遣労働者が当該派遣先に雇用される旨が，当該労働者派遣の役務の提供の終了前に当該派遣労働者と当該派遣先との間で約されるものを含むものとする（派遣法2条4号）。なお，紹介予定派遣の場合，派遣期間は，6カ月を超えることはできず，かつ，試用期間を設けることもできない。

202　平成11年労働省告示138号（最終改正 平成28年厚生労働省告示379号）。

(1) 派遣労働者の労働法制等の適用

　労働者派遣とは，「自己の雇用する労働者を，他人の指揮命令下で，当該他人のために就労させること」をいう（派遣法2条1号）。すなわち，通常の労働契約では，「雇用」と「使用」が一致しているが，派遣契約においては「雇用」と「使用」が分離しており，「雇用」については「派遣元」，「使用」については「派遣先」となる。

　派遣法（44条～47条の3）においては，派遣先は派遣労働者を「雇用」していないが，「使用」しているので，労基法，安衛法等の適用について，派遣先が，単独で，あるいは派遣元とともに，一定の事項について責任を有する旨規定している。

　労基法上における派遣元・派遣先の責任（**図表2－25**）の分担は次のとおりとなる。

図表2－25　労基法上の派遣元・派遣先の責任分担表

派　遣　元	派　遣　先
・均等待遇	・均等待遇
・男女同一賃金の原則	
・強制労働の禁止	・強制労働の禁止
・労働契約	・公民権行使の保障
・賃金	
・1カ月単位の変形労働時間制，フレックスタイム制，1年単位の変形労働時間制の協定の締結・届出，時間外・休日労働の協定の締結・届出，事業外労働に関する協定の締結・届出，専門業務型裁量労働制に関する協定の締結・届出	・労働時間，休憩，休日
・時間外・休日，深夜の割増賃金	
・年次有給休暇	
・最低年齢	
・年少者の証明書	

	・労働時間および休日（年少者） ・深夜業（年少者） ・危険有害業務の就業制限（年少者および妊産婦等） ・坑内労働の禁止（年少者） ・坑内業務の就業制限（妊産婦等）
・帰郷旅費（年少者） ・産前産後の休業	・産前産後の時間外，休日，深夜業 ・育児時間 ・生理日の就業が著しく困難な女性に対する措置
・徒弟の弊害の排除 ・職業訓練に関する特例 ・災害補償 ・就業規則 ・寄宿舎 ・申告を理由とする不利益取り扱い禁止 ・国の援助義務 ・法令規則の周知義務 ・労働者名簿 ・賃金台帳 ・記録の保存 ・報告の義務	・徒弟の弊害の排除 ・申告を理由とする不利益取り扱い禁止 ・国の援助義務 ・法令規則の周知義務（就業規則を除く） ・記録の保存 ・報告の義務

出所：業務取扱要綱「第10−1表　派遣中の労働者に関する派遣元・派遣先の責任分担」の「1．労働基準法」

　安衛法上の派遣元・派遣先の責任（**図表2−26**）の分担は次のとおりとなる。

図表２−26 安衛法上の派遣元・派遣先の責任分担表

派遣元	派遣先
・職場における安全衛生を確保する事業者の責務	・職場における安全衛生を確保する事業者の責務
・事業者等の実施する労働災害の防止に関する措置に協力する労働者の責務	・事業者等の実施する労働災害の防止に関する措置に協力する労働者の責務
・労働災害防止計画の実施に係る厚生労働大臣の勧告等	・労働災害防止計画の実施に係る厚生労働大臣の勧告等
・総括安全衛生管理者の選任等	・総括安全衛生管理者の選任等
	・安全管理者の選任等
・衛生管理者の選任等	・衛生管理者の選任等
・安全衛生推進者の選任等	・安全衛生推進者の選任等
・産業医の選任等	・産業医の選任等
	・作業主任者の選任等
	・統括安全衛生責任者の選任等
	・元方安全衛生管理者の選任等
	・店社安全衛生管理者の選任等
	・安全委員会
・衛生委員会	・衛生委員会
・安全管理者等に対する教育等	・安全管理者等に対する教育等
	・労働者の危険または健康障害を防止するための措置
	・事業者の講ずべき措置，労働者の遵守すべき事項，事業者の行うべき調査等，元方事業者の講ずべき措置，特定元方事業者の講ずべき措置
	・定期自主検査
	・化学物質の有害性の調査
・安全衛生教育（雇入れ時，作業内容変更時）	・安全衛生教育（作業内容変更時，危険有害業務就業時）
	・職長教育
・危険有害業務従事者に対する教育	・危険有害業務従事者に対する教育
	・就業制限
・中高年齢者等についての配慮	・中高年齢者等についての配慮

・事業者が行う安全衛生教育に対する国の援助	・事業者が行う安全衛生教育に対する国の援助
	・作業環境測定
	・作業環境測定の結果の評価等
	・作業の管理
	・作業時間の制限
・健康診断（一般健康診断等，当該健康診断結果についての意見聴取）	・健康診断（有害な業務に係る健康診断等，当該健康診断結果についての意見聴取）
・健康診断（健康診断実施後の作業転換等の措置）	・健康診断（健康診断実施後の作業転換等の措置）
・ストレスチェック（常時50人以上の労働者がいる場合）[203]	
・健康診断の結果通知	
・医師等による保健指導	・病者の就業禁止
・医師による面接指導等	
・健康教育等	・健康教育等
・体育活動等についての便宜供与等	・体育活動等についての便宜供与等
	・快適な職場環境の形成のための措置
	・安全衛生改善計画等
	・機械等の設置，移転に係る計画の届出，審査等
・申告を理由とする不利益取扱い禁止	・申告を理由とする不利益取扱い禁止
	・使用停止命令等
・報告等	・報告等
・法令の周知	・法令の周知
・書類の保存等	・書類の保存等
・事業者が行う安全衛生施設の整備等に対する国の援助	・事業者が行う安全衛生施設の整備等に対する国の援助
・疫学的調査等	・疫学的調査等

出所：業務取扱要綱「第10－1表　派遣中の労働者に関する派遣元・派遣先の責任分担」の「2．労働安全衛生法」を一部著者が修正したもの

派遣先と派遣労働者との間に「雇用」関係は存在しないため，派遣労働者は派遣元の就業規則を適用されることになる。したがって，派遣先では，社内秩序を維持するため，派遣契約ないしは派遣労働者との個別の契約等により，派遣労働者に対し，派遣先の就業規則の内容を遵守させるよう明確にする必要がある。特に，個人情報の漏洩を防ぐためには，在職時のみならず，派遣契約終了後の守秘義務について，誓約書を提出させておくなどの対策が必要であり[204]，ターゲット会社において，どのように個人情報の漏えい対策を実施しているかも重要な調査項目となる。

また，派遣先において，派遣先を離職して1年以内の者の派遣労働者としての受け入れの有無，派遣法上の派遣先責任者の人数[205]，派遣先管理台帳[206]の整備状況等[207]も確認しておく必要がある。

(2)　派遣と請負の区別

労働者派遣と請負とは，共に労務提供先と労働者との間に労働契約関係が存在しない点で共通している。しかし，「指揮命令の所在」に着目すると，労働者派遣の場合には「派遣先にある」のに対し，請負の場合には，「派遣先にない」点が大きな相違点である。たとえ，「請負契約」という名称で契約が締結されていても，実態が派遣であれば，派遣法が適用される「派遣契約」とみな

203　派遣労働者について派遣先ではストレスチェックする義務はない。ただし，ストレスチェックの実施要件である「常時50人以上の労働者」の「労働者」については，派遣先で受け入れている派遣労働者を常態として使用している場合，派遣労働者も常時使用している労働者として50人のカウントに含める必要がある。

204　ベネッセ個人情報流出事件（2014年6月）では最大2,070万件の顧客情報が派遣社員に持ち出され名簿業者に売却された。

205　事業所ごとに派遣先の雇用している労働者（監査役を除く役員も可能）の中から，専属（他の事業所と兼任しないという意味）の派遣先責任者を選任しておく必要がある。なお，選任の人数については，派遣労働者数1〜100人以下は1人以上，101人〜200人以下は2人以上必要であり，201人以上は100人ごとに1人ずつ選任しなければならない。

206　派遣終了の日から起算して3年間保存しなければならない。なお，派遣先の労働者の数と受け入れた派遣労働者の数を合計した数が5人以下のときは，派遣先管理台帳を作成する必要はない。

207　その他，派遣先から派遣元へ事業所単位の抵触日を通知しているかも確認しておく必要がある。

第2章　義務的調査項目　**163**

される。

　労働者派遣と請負の区分について，実務上では，厚生労働省で示された「労働者派遣事業と請負により行われる事業との区分に関する基準」（以下，「告示37号」という）[208]を参考に，告示37号に該当すれば「請負」と判断することになり，該当しなければ「派遣」と判断することになる[209]。

告示第37号の一部を抜粋

第2条
　請負の形式による契約により行う業務に自己の雇用する労働者を従事させることを業として行う事業主であっても，当該事業主が当該業務の処理に関し次の各号のいずれにも該当する場合を除き，労働者派遣事業を行う事業主とする。
一　次のイ，ロ及びハのいずれにも該当することにより自己の雇用する労働者の労働力を自ら直接利用するものであること。
　イ　次のいずれにも該当することにより業務の遂行に関する指示その他の管理を自ら行うものであること。
　　⑴　労働者に対する業務の遂行方法に関する指示その他の管理を自ら行うこと。
　　⑵　労働者の業務の遂行に関する評価等に係る指示その他の管理を自ら行うこと。
　ロ　次のいずれにも該当することにより労働時間等に関する指示その他の管理を自ら行うものであること。
　　⑴　労働者の始業及び終業の時刻，休憩時間，休日，休暇等に関する指示その他の管理（これらの単なる把握を除く。）を自ら行うこと。
　　⑵　労働者の労働時間を延長する場合又は労働者を休日に労働させる場合における指示その他の管理（これらの場合における労働時間等の単なる把握を除く。）を自ら行うこと。
　ハ　次のいずれにも該当することにより企業における秩序の維持，確保等のための指示その他の管理を自ら行うものであること。

---

[208]　さらに厚労省では「労働者派遣事業と請負により行われる事業との区分に関する基準」（告示37号）に関する疑義応答集を発表している。
[209]　告示37号等に惑わされず，「使用」に着目し，判断すべしとする意見もある。石嵜信憲編著『非正規社員の法律実務』797頁（中央経済社，第3版，2015）。

(1) 労働者の服務上の規律に関する事項についての指示その他の管理を自ら行うこと。

(2) 労働者の配置等の決定及び変更を自ら行うこと。

二　次のイ，ロ及びハのいずれにも該当することにより請負契約により請け負った業務を自己の業務として当該契約の相手方から独立して処理するものであること。

イ　業務の処理に要する資金につき，すべて自らの責任の下に調達し，かつ，支弁すること。

ロ　業務の処理について，民法，商法その他の法律に規定された事業主としてのすべての責任を負うこと。

ハ　次のいずれかに該当するものであつて，単に肉体的な労働力を提供するものでないこと。

(1) 自己の責任と負担で準備し，調達する機械，設備若しくは器材（業務上必要な簡易な工具を除く。）又は材料若しくは資材により，業務を処理すること。

(2) 自ら行う企画又は自己の有する専門的な技術若しくは経験に基づいて，業務を処理すること。

したがって，ターゲット会社で請負業者を利用していた場合，契約書の書面だけの形式的な確認のみならず，当該請負業務の内容をヒアリングし，告示37号の基準に当てはめて派遣か請負かを判断し，適正に請負がなされていることを把握しておく必要がある。

なお，偽装請負が行われていた場合，受け入れていた労働者との労働契約関係の所在が問題となるが，そのことだけをもって派遣労働者と派遣元の労働契約が無効となるわけではなく，派遣労働者と派遣先との間において，黙示の労働契約が成立するわけではない[210]。

---

210 「パナソニックプラズマディスプレイ（パスコ）事件」最二小判平21・12・18民集63巻10号2754頁。

(3) 平成24年および平成27年の派遣法の改正

　平成24年改正では，労働契約申込みみなし制度の導入などをはじめ多岐にわたり改正があった。さらに，平成27年の派遣法の改正では，労働者派遣事業の許可制への一本化や労働者派遣期間制限の見直し等，大幅に改正された。したがって，ターゲット会社において，主要な改正点について対応がなされているか確認する必要がある。以下，派遣先企業において実務上の留意事項について概説する。

① 労働契約申込みみなし制度（平成24年改正，平成27年10月１日施行）

　労働契約申込みみなし制度とは，派遣先が「違法派遣」を受けた時点で，派遣先が派遣労働者に対して，その派遣労働者の派遣元との労働条件と同一の労働条件の内容の労働契約を申し込んだとみなす制度である（派遣法40条の６）。

　この場合の「違法派遣」とは，派遣先が適用除外業務（港湾運送・建設・警備・医療の一部）に派遣労働者を受け入れたり（40条の６第１項１号），派遣元事業主以外の労働者派遣事業を行う事業主から労働者派遣を受け入れたり（同２号），派遣受入可能期間を超えて派遣を受け入れたり（同３号，同４号），いわゆる偽装請負を行った（同５号）場合をいう。

　特に，次の場合にも違法派遣とみなされるので留意が必要である。

- 抵触日の１カ月前までに過半数労働組合等から派遣可能期間を延長するための意見聴取を行わず，引き続き労働者派遣を受けた場合
- 意見を聴取した過半数代表者が管理監督者であった場合[211]
- 派遣可能期間を延長するための代表者選出であることを明示せずに選出された者から，意見聴取を行った場合
- 使用者の指名等の非民主的方法によって選出された者から意見聴取を行った場合

211　管理監督者しかおらず，民主的な方法で選出された場合を除く。

ただし，例外として，本条については，派遣先が違法派遣に該当することを知らずに，かつ，知らないことに過失がない場合には適用されないとの故意・過失の限定が付されているので，DDの場面では故意・過失の有無について判断が迷うところでもある。

また，派遣先による労働契約の申込みとみなされた場合，40条の6第1項各号に規定された違反行為が終了してから1年間は，自らその申込みを撤回することはできないとされ（同条2項），この期間内に，派遣労働者が申込みに対する諾否を明らかにしない場合には，申込み効力がなくなるものとされている（同条3項）。

違法派遣により労働契約申込みみなし制度が適用され，派遣元での労働契約期間内に派遣労働者が当該申込みを承諾した場合，派遣先企業と当該派遣労働者との間で労働契約が成立する。この場合の労働条件については，派遣元での労働条件の内容がそのまま適用されることになる（派遣法40条の6第1項）が，派遣先における就業規則の内容が派遣元での労働条件の内容よりも有利な内容であれば，就業規則の最低基準効を定める労契法12条により，派遣先における就業規則が適用されることになる。

②　労働者派遣の期間制限の見直し（平成27年改正）

改正前では，専門26業務以外の業務（いわゆる自由化業務）については原則1年，過半数労組または過半数代表の意見を聴いても最長3年の期間制限があったが，専門26業務のような高度な業務については派遣先の労働者の雇用機会を奪う可能性が低いとのことから，派遣可能期間の制限は設けられていなかった。したがって，当該26業務に該当するか否かが重要なポイントであった。例えば，専門業務の1つであったファイリング業務で期間制限がなく，派遣されていた労働者が，ファイリングの業務の合間に電話をとったり，郵便局へ郵便物を出しに行ったりするようなことが頻繁になされた場合，専門26業務とみなすべきか，または自由化業務に転化したものとみなすべきか判断が分かれる。そこで，平成22年2月に厚生労働省から示された「専門26業務派遣適正化プラ

ン」（長妻プラン）では，「附随的に行う業務の割合が通常の場合の１日又は１週間当たりの就業時間数で１割を超えているケース」は，全体として，専門26業務ではないと評価したが，現場においても，派遣先および派遣元は，派遣契約上，専門26業務に該当するので，派遣期間に制限がないと認識し，派遣労働者サイドでは，専門26業務に該当せず，派遣可能期間を超えており，「労働契約申込みみなし制度」が適用されると双方に認識の差が生じ，紛争化するおそれがあった。

　平成27年の改正で，平成27年９月30日以降に新たに契約した派遣契約では，これらの専門性の高い26業務と自由化業務の区別を廃止し，すべての業務についての派遣可能期間を原則として３年を限度とすることになり，当該問題で紛争化することを回避した。代わりに派遣先の事業所単位の期間制限（以下，「場所規制」という）と同一の派遣労働者に係る個人単位の期間制限（以下，「人規制」という）を設けることにより，常用代替防止を図った[212]。

　まず，「場所規制」では，派遣先の同一の事業所に対して派遣可能期間が原則３年限度となった（派遣法40条の２）[213]。当該３年間に派遣労働者が交替したり，他の労働者派遣契約に基づく派遣労働者を受け入れたりしたとしても，派遣可能期間の起算日は変わらないので，派遣可能期間の途中から受け入れた派遣労働者の期間は，原則として，その事業所の派遣可能期間の範囲内に制限される（最長でも事業所単位の期間制限の抵触日までとなる）。例えば，本社が１つで１万人いるような会社でさえ，派遣労働者を１人でも受け入れていれば，そこを起算日として３年ということになる。

　派遣先が３年を超えて当該事業所に派遣を受け入れようとする場合は，事業所単位の期間制限の抵触日[214]の１カ月前，つまり，２年11カ月目までに，派遣先の事業所の過半数労働組合（過半数労働組合が存しない場合は過半数代表

212　「人規制」については，同じ職場で同じ業務を続けることで，派遣労働者のキャリアアップが図れないという趣旨で制限を設けたものと言われている。
213　起算日は，平成27年改正労働者派遣法の施行日以後最初に新たな期間制限の対象となる労働者派遣を行った日となる。
214　派遣可能期間を過ぎた最初の日。

者）からの意見を聴くこと[215]により，3年を限度とする延長が可能となった[216]（**図表2-27**）。したがって，ターゲット会社において，意見聴取をすることで派遣可能期間を延長していた場合には，意見聴取の内容を書面[217]で確認しておく必要がある。

図表2-27 場所規制での期間制限

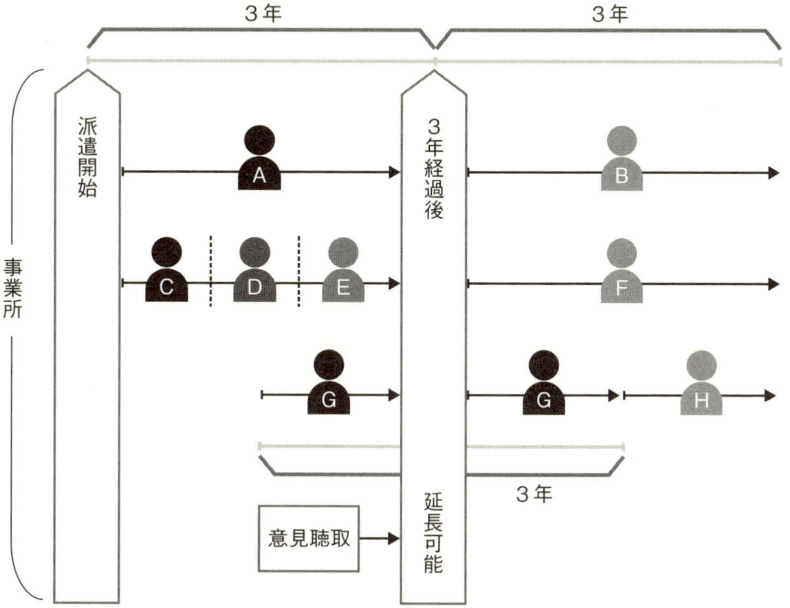

出所：「平成27年労働者派遣法改正法の概要」4頁（厚生労働省・都道府県労働局）を一部修正したもの

次に，「人規制」についても，同一の派遣労働者を派遣先の事業所における同一の組織単位[218]に対し派遣できる期間は3年が限度となる（派遣法35条の

215　同意を取り付けるまでは要求されていない。ただし，施行規則等においては，異論があった場合には別途対応方針の説明が必要と定められている。
216　同様の手続を繰り返すことで，何度でも3年を限度とする再延長は可能。
217　延長しようとする派遣可能期間の終了後3年間は保存義務がある。
218　一般的に総務「課」や，総務「グループ」といった単位がこの組織単位に該当する。

3）。

　なお，当該組織単位を変更することにより，同一の事業所に引き続き同一の派遣労働者を３年を限度として派遣することができるが，「場所規制」による派遣可能期間が延長されていることが前提となる。ただし，組織単位での期間制限となることから，異動等により派遣労働者の従事する業務が変わっても，同一の組織単位にとどまる場合については，個人単位の期間制限の起算日は変わらないことに注意が必要である（**図表２－28**）。

図表２－28 人規制での期間制限

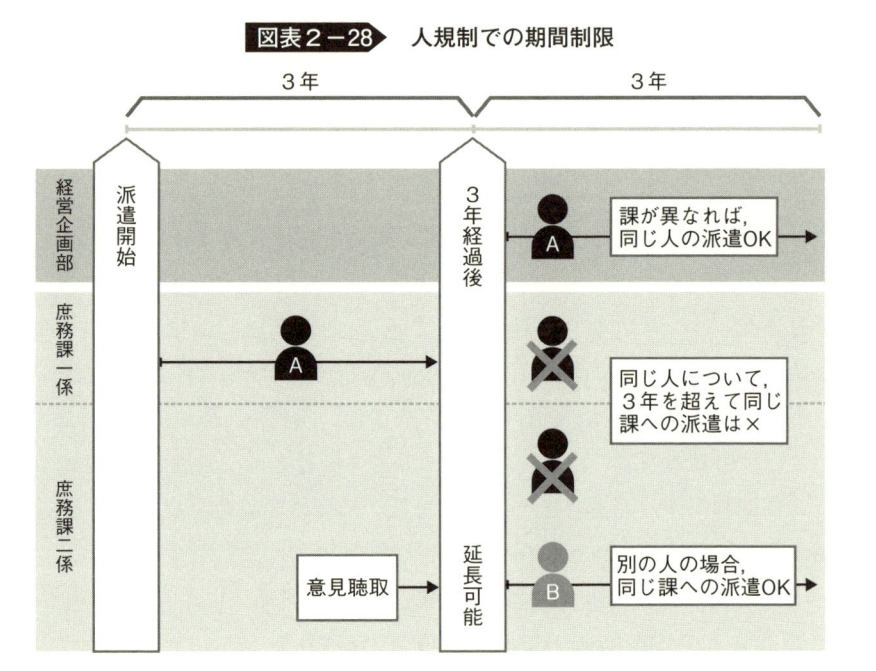

出所：「平成27年労働者派遣法改正法の概要」５頁（厚生労働省・都道府県労働局）を一部修正したもの

例外として，次に掲げる場合は，「場所規制」および「人規制」の対象外となる（派遣法40条の2第1項ただし書き）[219]。したがって，ターゲット会社が派遣労働者を受け入れていた場合，次の例外に該当するかを調査の第一歩として始めると効果的であろう。

- 派遣元事業主に無期雇用される派遣労働者を派遣する場合
- 60歳以上の派遣労働者を派遣する場合
- 事業の開始，転換，拡大，縮小または廃止のための終期が明確なプロジェクト業務に派遣労働者を派遣する場合
- 日数限定業務（1カ月の勤務日数が派遣先の正社員の半分以下かつ10日以下であるもの）に派遣労働者を派遣する場合
- 産前産後休業，育児休業，介護休業等を取得する労働者の業務に派遣労働者を派遣する場合

また，労働者派遣の終了後に再び派遣労働者を受け入れる場合，派遣先の事業所ごとの業務について，「場所規制」および「人規制」の双方で，いずれも3カ月のクーリング期間[220]が設定されている。

場所規制については，派遣終了と次の派遣開始の間が3カ月を超えないときは，労働者派遣は継続しているものとみなされ，同一の組織単位ごとの業務については，労働者派遣の終了後に同一の派遣労働者を再び派遣する場合，個人単位の期間制限が，派遣終了と次の派遣開始の間が3カ月を超えないときは，労働者派遣は継続しているものとみなされる。

③　派遣先での均衡待遇の推進（平成27年改正）

派遣法では，平成27年の改正前から，派遣労働者と派遣先の労働者との待遇格差について，派遣元および派遣先が行うべきことが努力義務ないし配慮義務として定められていた。平成27年の改正では，さらなる均衡待遇を確保するた

---

219 「期間制限の経過措置」として，平成27年9月30日の改正法施行日時点で，すでに締結されている労働者派遣契約については，派遣開始が平成27年10月1日以降でも，その労働者派遣契約が終了するまでの間は，改正前の期間制限が適用される。

220 クーリング期間とは，期間制限の通算期間がリセットされる空白期間をいう。

め，派遣先において，改正前から配慮義務であった「給食施設，休憩室，更衣室の利用機会の付与」（派遣法40条3項）に加え，従前は努力義務とされていた以下の措置も配慮義務[221]に格上げされた。

(a) 「教育訓練・能力開発の実施」（派遣法40条2項）

派遣先は，派遣労働者について，派遣元からの求めに応じ，当該派遣労働者が従事する業務と同種の業務に従事する派遣先の労働者が従事する業務の遂行に必要な能力を付与するための教育訓練について，当該派遣労働者が既に当該業務に必要な能力を有している場合等を除き，派遣労働者に対しても，これを実施するよう配慮しなければならない。

(b) 派遣先の同種の労働者に関する賃金等の派遣元事業主への情報提供（派遣法40条5項）

派遣先は，派遣元の求めに応じ，当該派遣労働者が従事する業務と同種の業務に従事する当該派遣先の労働者の賃金水準に関する情報または当該業務に従事する労働者の募集に係る事項を提供するよう配慮しなければならない。

なお，賃金提供に係る情報提供における実務上の留意点として，派遣労働者は，派遣先労働者と異なる業務についているケースが多いため，「派遣労働者と同種の業務に従事する派遣先労働者」に該当する労働者がいないことも考えられる。その場合について，業務取扱要綱には示されていないが，派遣元の賃金決定に関する均衡待遇措置としては，派遣先労働者のみならず，一般労働者の賃金水準との均衡を図ることも求められていること，また，派遣先が提供する賃金水準に関する情報は業界における平均賃金等でもよいとされていることからすれば，同種の業務に従事する派遣先労働者の具体的な賃金額を提供するというよりは，賃金水準に関する何らかの情報を提供すればよいと思われる[222]。

221　配慮義務については，努力義務よりも一段階進んだ手段を講じることと解される。
222　第一東京弁護士会労働法制委員会編著・前掲注（194）116〜117頁。

④　離職した労働者の労働者派遣の役務の提供の受入れ禁止（平成24年改正，平成27年10月１日施行）

　本来，直接雇用とすべき労働者を派遣労働者として受け入れることで，労働条件が切り下げられる可能性があるとして，平成24年の派遣法改正により，派遣先を離職して１年以内の労働者を，派遣先が受け入れることは禁止された（派遣法40条の９第１項）。具体的には，派遣受入前１年以内に正社員，契約社員，アルバイト等の雇用形態を問わず，派遣先のどこかの事業所で（派遣就業予定の事業所に限らない）１日でも直接雇用されていた者の派遣受入れが禁止された。また，派遣元から法35条に基づく「派遣先への通知」を受けた派遣先が，その派遣労働者の派遣を受け入れると，「離職後１年以内の労働者の派遣受入れ禁止」に抵触するときは，速やかにその旨を派遣元に通知することになった（派遣法40条の９第２項）。

⑤　派遣先管理台帳への追加（平成27年改正）

　派遣法42条により，派遣先責任者等[223]は派遣先企業に派遣先管理台帳を作成し，保存する義務を課しており，台帳には，次の事項を派遣労働者ごとに記載しなければならない（派遣則36条）。

- 派遣労働者の氏名
- 派遣元の氏名または名称
- 派遣元の事業所の名称
- 派遣元の事業所の所在地
- 派遣就業をした日
- 派遣就業した日ごとの始業・終業時刻，休憩時間

223　派遣法41条により，派遣先における派遣労働者の適正な就業を確保するために，派遣先が派遣先責任者を事業所その他派遣就業の場所ごとに，専属の者を選任しなくてはならず，複数の事業所の派遣先責任者を兼任させることはできない。選任する派遣先責任者の数は，事業所等における派遣労働者の数について，１人以上100人以下を１単位とし，１単位につき１人以上ずつ選任しなければならない。本条に違反した場合，刑罰（30万円以下の罰金，派遣法61条３号）の対象となる。

- 従事した業務の種類
- 従事した事業所の所在地等派遣就業の場所
- 派遣労働者から申出を受けた苦情の処理に関する事項
- 紹介予定派遣に係る派遣については，当該紹介予定派遣に関する事項
- 派遣先責任者および派遣元責任者に関する事項
- 派遣受入期間の制限を受けない業務について行う派遣に関する事項
- 派遣元から通知を受けた派遣労働者に係る健康保険，厚生年金保険および雇用保険の被保険者資格取得届の提出の有無（「無」の場合はその具体的理由）

　派遣先は，派遣先管理台帳を派遣終了の日から３年間保存しなければならず（派遣法42条２項，派遣則37条），派遣労働者の就業実績として，派遣就業をした日等の事項を１カ月ごとに１回以上，一定の期日を定めて派遣元に通知する必要がある（派遣法42条３項，派遣則38条）。

　当該通知を行うことにより，派遣元も派遣労働者の就業実態が把握できることとなり，派遣元・派遣先ともに法律や契約内容を守った範囲内で派遣労働者が使用されているか，確認し合うことができる仕組みとなっている[224]。本条に違反して派遣先管理台帳の作成・記載・保存を怠り，あるいは派遣元への通知を行わなかった場合，刑罰（30万円以下の罰金，派遣法61条３号）の対象となる。

　なお，平成27年の改正で，「事業所単位」および「個人単位」の期間制限の対象外となる等の改正を踏まえ，派遣先管理台帳に記載すべき事項に，次の４つの内容が追加された。ターゲット会社において漏れがないか確認しておきたい（**図表２－29**）。

- 当該派遣労働者の契約期間（無期か有期か）
- 60歳以上か否か
- 就業した組織単位
- 業務内での計画的なOJTの教育訓練や業務外の教育訓練を行った日時および内容

224　石嵜・前掲注（209）691頁。

図表2-29 派遣先管理台帳（見本）

派遣先管理台帳（見本）

派遣労働者の氏名	中央　太郎	性　別	男・女

派遣元事業主の名称
株式会社○□人事サービス

派遣元事業主の事業所の名称及び所在地

（名称）	（所在地）	（電話）
株式会社○□人事サービス	新宿区新大久保00-00-00	(03)000-0000

派遣先の事業所の名称
株式会社ハローワーク渋谷工場

派遣先の事業所の所在地その他派遣就業の場所（就業の場所）

（所在地）	（部署）	（電話）	組織単位
渋谷区神宮前0-00-00	製造部 情報機器課 部品製造係	(03)000-0000	情報機器課

派遣労働者の雇用期間		60歳以上か否かの別
無期雇用・有期雇用		□ 60歳以上　☑ 60歳未満

業務内容　（注）できる限り詳細に記載。なお、日雇派遣の例外業務にあたる場合は、号番号を記載【記載例（第●号業務）】
情報機器の部品の製造を行う業務

派遣期間	就業日 (注)派遣先カレンダーによる場合は「別添カレンダーによる」と記載しカレンダーを添付
平成28年4月1日から平成29年3月31日まで	月～金(祝日、年末年始12/29～1/3、夏季休業8/13～8/16を除く。)

製造業務専門派遣先責任者　(注)製造業務でない場合は、通常の「派遣先責任者」とすること

（部署）	（役職）	（氏名）	（電話）
製造部情報機器課	情報機器課長	★★★★	(03)000-0000内線000

製造業務専門派遣元責任者　(注)製造業務でない場合は、通常の「派遣元責任者」とすること

（部署）	（役職）	（氏名）	（電話）
派遣事業部	コーディネーター	▼▼▼▼	(03)000-0000

就業状況　　別添タイムシートのとおり

(注)タイムシートには、派遣労働者の氏名、派遣就業をした日、始業及び終業した実際の時刻、休憩した時間、派遣就業をした事業所の名称等（名称、所在地、組織単位及び部署）、従事した業務の種類を記載すること。

社会保険・雇用保険の被保険者資格取得届の提出の有無

健康保険　有・無　　　　厚生年金保険　有・無　　　　雇用保険　有・無

無の理由：書類準備中、○月○日届出予定　　無の理由：書類準備中、○月○日届出予定　　無の理由：書類準備中、○月○日届出予定

(注)労働・社会保険の取得届の提出が「無」の場合、具体的な理由を記載すること。
また、手続前であったため「無」と記載していた場合は、派遣元の手続終了後、事実確認のうえ、すみやかに「有」に書き換えること。

派遣労働者からの苦情処理状況

（申出を受けた日）　　　（苦情内容、処理状況）

平成28年4月4日（月）　　派遣元責任者より、派遣労働者から社員食堂の利用について便宜が図られていない旨の苦情の申出があったことの連絡を受ける。
　事実確認を行い、本日より利用可能とする措置を行い、その旨を派遣労働者に対し説明。事案解決。

教育訓練を行った日時及び内容

（教育訓練実施日）　　　（教育訓練内容）

平成28年4月1日（金）　　○○○○・・・についての研修を実施

紹介予定派遣に関する事項及び派遣可能期間の制限を受けない業務に係る労働者派遣に関する事項
(注)労働者派遣事業業務取扱要領 第8の12(2)ハ⑪及び⑭参照(該当する場合に記載すること)

例）育児休業代替要員としての業務、休業する労働者○○○○、業務内容○○、休業開始○年○月○日、終了予定日○年○月○日等

備考

【労働者派遣終了後3年間保存】

⑥ その他派遣先が講ずべき措置（平成27年改正）

　セクシャル・ハラスメントなど派遣労働者からの苦情に対しては，派遣先企業においても適切かつ迅速な処理を図ること，派遣元から求めがあったときは，雇用安定措置・派遣労働者のキャリアアップ措置を行うこと，雇入れ・正社員の募集情報の提供義務，安全衛生に関する措置等の協力や配慮義務が追加された。

　セクシャル・ハラスメントやパワー・ハラスメントについては，個別労働紛争に発展し，問題化する傾向があるので，苦情処理を担当する責任者と過去にどのような苦情があり，どのように対応したか等，苦情処理の方法を含め，苦情の記録を派遣先管理台帳で確認しておく必要がある。

　雇用安定措置・キャリアアップ措置については，派遣労働者の雇用の安定と処遇改善を図るため，派遣元において，措置を講ずる義務が新設されたが，派遣先においても，一次的な義務を負う派遣元への協力が求められることになる。

　なお，雇用安定措置への協力については，特定有期雇用派遣労働者[225]に対し派遣元から直接雇用の申込みを依頼された場合，諾否を派遣元台帳に記載する必要があり，依頼数と比較して承諾数が少ない場合，行政から指導・助言を受けるおそれがある。さらに，特定有期雇用派遣労働者については，①同一の組織単位の同一の業務について継続して1年以上同一の有期雇用派遣労働者から役務提供を受けたこと，②当該有期雇用派遣労働者について派遣元から直接雇用の依頼を受けたこと，③派遣終了後，引き続き当該同一業務に労働者を従事させるために新たに労働者を雇い入れようとすることのすべてを満たす場合，派遣先に優先雇用の努力義務が課される。

　キャリアアップ措置については，派遣先従業員に対して，業務遂行に必要な能力を付与するための教育訓練を実施している場合，派遣労働者に対しても同様の教育訓練を実施する配慮義務が課されるほか，キャリアコンサルティングが適切に実施されるように派遣元に情報提供する努力義務も課せられた。

225　同一の組織単位に継続して1年以上派遣される見込みのある派遣労働者。

(4) 派遣先が講ずべき措置に関する指針

派遣法39条を踏まえ，同法47条の5で派遣元事業主および派遣先が講ずべき措置に関して，その適切かつ有効な実施を図るため必要な指針を公表するとあり，派遣先に対して，「適切な措置」を講ずるよう義務づけている。「適切な措置」については，派遣先が講ずべき措置に関する指針[226]（以下，「派遣先指針」または「指針」という）で示されており，ターゲット会社における当該指針の適用度合を調査しておくべきであろう。以下，指針の主な事項について解説する。

① 損害賠償等に係る適切な措置（派遣先指針第2の6の（4））

派遣先は，派遣先の責に帰すべき事由により労働者派遣契約の契約期間が満了する前に労働者派遣契約の解除を行おうとする場合，派遣労働者の新たな就業機会の確保を図ることとし，これができないときには，少なくとも当該労働者派遣契約の解除に伴い当該派遣元が当該労働者派遣に係る派遣労働者を休業させること等を余儀なくされたことにより生じた損害の賠償を行わなければならないとしている。例えば，当該派遣元が当該派遣労働者を休業させる場合には休業手当に相当する額以上の額について，当該派遣元事業主が解雇の予告をしないときは30日分以上，当該予告をした日から解雇の日までの期間が30日に満たないときは当該解雇の日の30日前の日から当該予告の日までの日数分以上の賃金に相当する額以上の額について，損害の賠償を行うことを適当としている。

派遣元と派遣労働者においては，労働契約が成立しており，労基法が適用されることから，当該休業手当については労基法26条の休業手当，解雇予告ないし解雇予告手当については，労基法20条の解雇予告に依拠するものと考えられる。

---

226 平成11年労働省告示138号，平成28年厚生労働省告示379号。

②　派遣先の労働組合法上の使用者性（派遣先指針第2の7の（2））

　派遣先は，派遣労働者の苦情の処理を行うに際しては，派遣先の労働組合法上の使用者性に関する代表的な裁判例や中央労働委員会の命令に留意することとある。

　つまり，派遣労働者が苦情処理の解決の場として，労働組合に加入し，団体交渉を派遣先に求めた場合，派遣先はこれに応じる義務があるか否か，過去の裁判例や中央委員会で定立された規範を考慮して判断することを適当としている。ここでいう，雇用主以外の労組法上の使用者性についての代表的な裁判例といえば，朝日放送事件[227]であろう。

　労組法上の使用者について法文上，具体的に定義規定を置いていないが，労組法7条は，使用者は，雇用する労働者の代表からの団体交渉の要求を正当な理由なく拒んではならないと定めている。その文理上の解釈から，雇用していない労働者の代表からの団交の要求は応じる必要はないということになる。しかし，朝日放送事件では，「一般に使用者とは労働契約上の雇用主をいうものであるが，労働組合法7条が団結権の侵害に当たる一定の行為を不当労働行為として排除，是正して正常な労使関係を回復することを目的としていることに鑑みると，雇用主以外の事業主であっても，当該労働者の基本的な労働条件等について雇用主と同視できる程度に現実的かつ具体的に支配・決定できる地位にある者がいる場合には，その限りにおいて，その者が労働組合法7条の不当労働行為の対象となる使用者にあたる」として，「部分的使用者性」を認め，雇用主以外も労組法上の使用者に当たると判示している。したがって，「不当労働行為の対象となる使用者」という観点から，過去に使用者であった者[228]および，将来において使用者になる可能性がある者[229]も労組法上の使用者に当たると広く共通理解されている。

　中央労働委員会における代表的な判断枠組みとしては，ショーワ事件[230]が

227　最三小判平7・2・28民集49巻2号559頁。
228　「日本鋼管鶴見造船所事件」東京高判昭57・10・7労判406号69頁。
229　「クボタ事件」東京地判平23・3・17労経速2105号13頁。
230　中労委平24・9・19別冊中央労働時報1436号16頁。

挙げられる。

　同事件において，中労委では，「一般法理として，まず，雇用主以外の者であっても，当該労働者の基本的な労働条件等に対して，雇用主と部分的とはいえ同視できる程度に現実的かつ具体的な支配力を有しているといえる者，かつ，当該労働者との間に，近い将来において雇用関係の成立する可能性が現実的かつ具体的に存する者もまた，雇用主と同視できる者として，労働組合法7条の使用者と解すべきである」と示した。

　次に，派遣先の使用者性については，「原則として，派遣法上の枠組みに従って行われる労働者派遣の派遣先については，当該派遣労働者（その属する労働組合）との関係において労働組合法7条の使用者に該当しないとするも，例外として，労働者派遣が派遣法の枠組みまたは派遣契約で定められた基本事項を逸脱して行われている場合に，当該労働者の基本的な労働条件等に対して，雇用主と部分的とはいえ同視できる程度に現実的かつ具体的な支配力を有していると認められれば，当該労働条件等については使用者性を認め得る」と示した。また，「派遣法の枠組みに従って行われている派遣先であっても，派遣法上の一定の場合[231]には，派遣労働者の労働条件や雇用について，一定の責任を負い，義務を課されているのであって，そのような場合には，使用者性を認め得る」と示した。

③　派遣可能期間の延長に係る意見聴取の適切かつ確実な実施（派遣先指針第2の15）

　派遣先は，過半数労働組合等に対し，派遣可能期間を延長しようとする際に意見を聴くに当たっては，当該派遣先の事業所等ごとの業務について，当該業務に係る労働者派遣の役務の提供の開始時（派遣可能期間を延長した場合には，当該延長時）から当該業務に従事した派遣労働者の数および当該派遣先に期間を定めないで雇用される労働者の数の推移に関する資料等，意見聴取の際に過

231　直接雇用努力義務や直接雇用申込義務などを指す。

半数労働組合等が意見を述べるに当たり参考となる資料を過半数労働組合等に提供し，十分な考慮期間を設けることを適当とする。また，派遣先は，意見聴取の実効性を高める観点から，過半数労働組合等からの求めに応じ，当該派遣先の部署ごとの派遣労働者の数，各々の派遣労働者に係る労働者派遣の役務の提供を受けた期間等に係る情報を提供することが望ましいとしている。

なお，過半数労働組合等から「異議」[232]があった場合，当該意見を勘案して当該延長について再検討を加えること等により，当該過半数労働組合等の意見を十分に尊重するよう努め，派遣可能期間の延長の中止または延長する期間の短縮，派遣可能期間の延長に係る派遣労働者の数の削減等の対応をとることについて検討した上で，その結論をより一層丁寧に当該過半数労働組合等に説明することを適当とする。

他方で，過半数労働組合等に意見を求めたところ，意見がない場合もありうるので，疑義を残さないためにも，意見提出期限を設定し，その期限までに意見がなければ意見がない，あるいは異議はないものとみなす旨を，事前に書面で通知しておく等の措置を検討すべきであろう[233]。

---

232 ここでいう「異議」には，期間延長への反対意見のみならず，延長する期間の短縮を求める旨，条件付き賛成意見も含むとされている（業務取扱要領第8・5（4）参照）。
233 業務取扱要領第8・5（4）はそのように取り扱うことも可能であるとしている。

180

11　外国人労働者

外国人雇用報告書，資格外活動，労働法制上の取扱い

　ターゲット会社のＡ社では，外国人を雇用していたにもかかわらず，ハローワークへ外国人雇用状況届の届出を失念していた。また，在留資格がエンジニア（技術）である者に対して，工場の単純業務をさせ，同一業務に従事している日本人労働者の賃金と比べ，外国人であることを理由に２割程度を安い賃金で雇用していたり，留学生に対して週30時間を超えて働かせていたりしていた。さらに，イスラム教信者のパキスタン人にのみ，礼拝（サラート）[234]の時間として，午後１時と午後４時30分に各10分程度の休憩時間を与えていた。

＜外国人労働者の雇用管理に問題がある＞

①　雇用対策法28条違反

　雇用対策法28条で「事業主は，新たに外国人を雇い入れた場合又はその雇用する外国人が離職した場合には，厚生労働省令で定めるところにより，その者の氏名，在留資格……，在留期間……その他厚生労働省令で定める事項について確認し，当該事項を厚生労働大臣に届け出なければならない。」とある。Ａ社では，この届出を失念していたことから，30万円以下の罰金（同法40条）を科せられうる[235]旨レポートした。

②　資格外活動の許可の内容

　入管法で認められた活動以外のことを行った場合には，不法就労にあたる。ま

234　イスラム教の聖典であるコーランでは礼拝を１日５回ないし３回は必ず行うよう教えている。
235　併科されることもある。

た，「留学」の在留資格では，原則として，就労することはできないが，「資格外活動の許可」を受けることにより，週28時間以内に限り，就労することは許されている。しかし，A社では，週28時間を超えてオーバーワークさせており，不法就労助長罪に該当するため，入管法73条の2第1項により，3年以下の懲役，もしくは300万円以下の罰金を科せられうる旨レポートした。

③ 労働基準法の適用

日本国内で就労する限り，外国人であっても，労基法等の労働法制は適用される。A社では，国籍のみを理由に賃金を低く設定していたこと，休憩を他の社員よりも多く与え差別的取扱いをしていたこと（不利のみならず，有利に取り扱うことも禁止されている）[236]ため労基法3条の「使用者は，労働者の国籍，信条又は社会的身分を理由として，賃金，労働時間その他の労働条件について，差別的取扱をしてはならない。」の定めに抵触し，6カ月以下の懲役または30万円以下の罰金（労基法119条）を科せられうる旨レポートした。

解 説 ....

入管法上，外国人とは日本の国籍を有しない者をいう（入管法2条2号）。本邦に在留する外国人は，入管法および他の法律に特別の規定がある場合を除き，それぞれ，当該外国人に対する上陸許可もしくは当該外国人の取得に係る在留資格またはそれらの変更に係る在留資格をもって在留するものとされる（入管法2条の2第1項）。

在留資格により在留する者は，在留資格に応じての活動，身分もしくは地位を有する者としての活動を行うこととされ，在留資格により在留期間が定められている。

入管法の規定に違反して滞在したり，在留資格上就労が許されていないのに就労したりするいわゆる「不法就労者」については，退去強制（入管法24条）の行政処分のみならず，使用者に対しても，不法就労助長罪として，3年以下

---

236 厚生労働省労働基準局編『平成22年版 労働基準法（上)』77頁（労務行政，2011）。

の懲役もしくは300万円以下の罰金に処し，または併科すると定められている（入管法73条の２）。したがって，ターゲット会社において，外国人労働者を雇用している場合には，まずは，在留資格および，在留期間について調査し，どのように記録しているか確認する必要がある。

次に，外国人の雇用管理に関しては，雇用対策法に基づき，平成19年10月１日に「外国人労働者の雇用管理の改善等に関して事業主が適切に対処するための指針」が交付されている。日本型労働慣行では，そもそも昇給・昇格が遅く，その中でも，外国人労働者は３年や５年で帰国や転職するという理由から外国人に対して差別が行われるのではとの不安にどのように対応しているのか，ターゲット会社における人事マネジメントも確認しておきたい。

(1)　中長期在留者の在留管理制度

本邦に入国した者が上陸後90日を超える場合，90日以内に市区町村に外国人登録を申請し，外国人登録証明書を交付することによって在留する外国人の居住関係および身分関係を明確にしていた（外国人登録制度）が，平成24年７月９日より改正入管法が施行され，外国人登録制度を廃止し，「中長期在留者の在留管理制度」がスタートした[237]。当該制度では，「中長期在留者」に対し「在留カード」を交付し，使用者は，外国人を採用する際に常時携帯することを義務づけられている「在留カード」[238]で就労の可否等を確認する必要がある。なお，中長期在留者の在留管理制度の対象となるのは，観光目的で日本に短期間滞在する者や興行の在留資格で３カ月以内の在留期間が決定された者を除き，入管法上の在留資格をもって適法に中長期間在留する外国人で，具体的には次の①から⑥のいずれにも該当しない者である。

---

①　３カ月以下の在留期間が決定された者
②　短期滞在の在留資格が決定された者

237　新制度により，氏名は原則としてアルファベットで表現されることになった。
238　従来の「外国人登録証明書」は，一定期間は「在留カード」とみなされる。

③ 外交または公用の在留資格が決定された者

④ 特定活動[239]の在留資格が決定された，亜東関係協会[240]の本邦の事務所もしくは，駐日パレスチナ総代表部の職員またはその家族

⑤ 特別永住者[241]

⑥ 在留資格を有しない者

　現在，入管法上の在留資格は33種類あり，「活動に基づく在留資格」と「身分又は地位に基づく在留資格」に大別することができる。さらに，「活動に基づく在留資格」は，「各在留資格に定められた範囲で就労が可能な在留資格」と「就労できない在留資格」「個々の外国人に与えられた許可の内容により就労の可否が決められる在留資格」（特定活動）の３つに分けられる。なお，「身分又は地位に基づく在留資格」や「特別永住者」については，活動に制限がないので，単純労働を含め就労が認められている（**図表２－30**）。

図表２－30 在留資格一覧表

活動に基づく在留資格（就労可能）

在留資格	本邦において行うことができる活動	該当例	在留期間
外交	日本国政府が接受する外国政府の外交使節団若しくは領事機関の構成員，条約若しくは国際慣行により外交使節と同様の特権及び免除を受ける者又はこれらの者と同一の世帯に属する家族の構成員としての活動	外国政府の大使，公使，総領事，代表団構成員等及びその家族	外交活動の期間

239　個々の外国人について，活動を特定して許可する在留資格であり，法務省告示をもって定められているものおよび告示外のものがある。「高度人材」，「ワーキング・ホリデー」，「留学生の卒業後の就職活動」など，その数は40以上あり，就労の可否は交付される「指示書」により，確認することができる。

240　中華民国（台湾）の対日窓口機関であり，台北駐日経済文化代表処の台北本部である。日本との間に国交がないため形式的には非政府機関であるが，実質的には中華民国外交部の所管。

241　日本に戦前から居住し，日本国と平和条約の発効により日本国籍を離脱し，戦後も引き続き日本に在留する者およびその子孫については，入管特例法により，特別永住者として日本に永住することができる。在留活動に制限はなく，日本人と同様に就労が可能であり，「特別永住証明書」が交付される。なお，「特別永住証明書」については，常時携帯義務はない。

公用	日本国政府の承認した外国政府若しくは国際機関の公務に従事する者又はその者と同一の世帯に属する家族の構成員としての活動（この表の外交の項に掲げる活動を除く。）	外国政府の大使館・領事館の職員，国際機関等から公の用務で派遣される者等及びその家族	5年，3年，1年，3月，30日又は15日
教授	本邦の大学若しくはこれに準ずる機関又は高等専門学校において研究，研究の指導又は教育をする活動	大学教授等	5年，3年，1年又は3月
芸術	収入を伴う音楽，美術，文学その他の芸術上の活動（この表の興行の項に掲げる活動を除く。）	作曲家，画家，著述家等	5年，3年，1年又は3月
宗教	外国の宗教団体により本邦に派遣された宗教家の行う布教その他の宗教上の活動	外国の宗教団体から派遣される宣教師等	5年，3年，1年又は3月
報道	外国の報道機関との契約に基づいて行う取材その他の報道上の活動	外国の報道機関の記者，カメラマン	5年，3年，1年又は3月
高度専門職	1号 高度の専門的な能力を有する人材として法務省令で定める基準に適合する者が行う次のイからハまでのいずれかに該当する活動であって，我が国の学術研究又は経済の発展に寄与することが見込まれるもの 　イ　法務大臣が指定する本邦の公私の機関との契約に基づいて研究，研究の指導若しくは教育をする活動又は当該活動と併せて当該活動と関連する事業を自ら経営し若しくは当該機関以外の本邦の公私の機関との契約に基づいて研究，研究の指導若しくは教育をする活動 　ロ　法務大臣が指定する本邦の公私の機関との契約に基づいて自然科学若しくは人文科学の分野に属する知識若しくは技術を要する業務に従事する活動又は当該活動と併せて当該活動と関連する事業を自ら経営する活動	ポイント制による高度人材	1号は5年，2号は無期限

第2章　義務的調査項目　　185

	ハ　法務大臣が指定する本邦の公私の機関において貿易その他の事業の経営を行い若しくは当該事業の管理に従事する活動又は当該活動と併せて当該活動と関連する事業を自ら経営する活動 2号 1号に掲げる活動を行った者であって，その在留が我が国の利益に資するものとして法務省令で定める基準に適合するものが行う次に掲げる活動 　イ　本邦の公私の機関との契約に基づいて研究，研究の指導又は教育をする活動 　ロ　本邦の公私の機関との契約に基づいて自然科学又は人文科学の分野に属する知識又は技術を要する業務に従事する活動 　ハ　本邦の公私の機関において貿易その他の事業の経営を行い又は当該事業の管理に従事する活動 　ニ　2号イからハまでのいずれかの活動と併せて行うこの表の教授，芸術，宗教，報道，法律・会計業務，医療，教育，技術・人文知識・国際業務，興行，技能の項に掲げる活動（2号のイからハまでのいずれかに該当する活動を除く。）		
経営・管理	本邦において貿易その他の事業の経営を行い又は当該事業の管理に従事する活動（この表の法律・会計業務の項に掲げる資格を有しなければ法律上行うことができないこととされている事業の経営又は管理に従事する活動を除く。）	企業等の経営者・管理者	5 年，3 年，1 年，4 月又は 3 月
法律・会計業務	外国法事務弁護士，外国公認会計士その他法律上資格を有する者が行うこととされている法律又は会計に係る業務に従事する活動	弁護士，公認会計士等	5 年，3 年，1 年又は 3 月
医療	医師，歯科医師その他法律上資格を有する者が行うこととされている医療に係る業務に従事する活動	医師，歯科医師，看護師	5 年，3 年，1 年又は 3 月
研究	本邦の公私の機関との契約に基づいて研究を行う業務に従事する活動（この表の教授の項に掲げる活動を除く。）	政府関係機関や私企業等の研究者	5 年，3 年，1 年又は 3 月

教育	本邦の小学校，中学校，義務教育学校，高等学校，中等教育学校，特別支援学校，専修学校又は各種学校若しくは設備及び編制に関してこれに準ずる教育機関において語学教育その他の教育をする活動	中学校・高等学校等の語学教師等	5年，3年，1年又は3月
技術・人文知識・国際業務	本邦の公私の機関との契約に基づいて行う理学，工学その他の自然科学の分野若しくは法律学，経済学，社会学 その他の人文科学の分野に属する技術若しくは知識を要する業務又は外国の文化に基盤を有する思考若しくは感受性を必要とする業務に従事する活動（この表の 教授，芸術，報道，経営・管理，法律・会計業務，医療，研究，教育，企業内転勤，興行の項に掲げる活動を除く。）	機械工学等の技術者，通訳，デザイナー，私企業の語学教師，マーケティング業務従事者等	5年，3年，1年又は3月
企業内転勤	本邦に本店，支店その他の事業所のある公私の機関の外国にある事業所の職員が本邦にある事業所に期間を定めて転勤して当該事業所において行うこの表の技術・人文知識・国際業務の項に掲げる活動	外国の事業所からの転勤者	5年，3年，1年又は3月
興行	演劇，演芸，演奏，スポーツ等の興行に係る活動又はその他の芸能活動（この表の経営・管理の項に掲げる活動を除く。）	俳優，歌手，ダンサー，プロスポーツ選手等	3年，1年，6月，3月又は15日
技能	本邦の公私の機関との契約に基づいて行う産業上の特殊な分野に属する熟練した技能を要する業務に従事する活動	外国料理の調理師，スポーツ指導者，航空機の操縦者，貴金属等の加工職人等	5年，3年，1年又は3月
技能実習	1号 イ　本邦の公私の機関の外国にある事業所の職員又は本邦の公私の機関と法務省令で定める事業上の関係を有する外国の公私の機関の外国にある事業所の職員がこれらの本邦の公私の機関との雇用契約に基づいて当該機関の本邦にある事業所の業務に従事して行う技能等の修得をする活動（これらの職員がこれらの本邦の公私の機関の本邦に	技能実習生	1年，6月又は法務大臣が個々に指定する期間（1年を超えない範囲）

ある事業所に受け入れられて行う当該活動に必要な知識の修得をする活動を含む。）
ロ　法務省令で定める要件に適合する営利を目的としない団体により受け入れられて行う知識の修得及び当該団体の策定した計画に基づき，当該団体の責任及び監理の下に本邦の公私の機関との雇用契約に基づいて当該機関の業務に従事して行う技能等の修得をする活動
2号
イ　1号イに掲げる活動に従事して技能等を修得した者が，当該技能等に習熟するため，法務大臣が指定する本邦の公私の機関との雇用契約に基づいて当該機関において当該技能等を要する業務に従事する活動
ロ　1号ロに掲げる活動に従事して技能等を修得した者が，当該技能等に習熟するため，法務大臣が指定する本邦の公私の機関との雇用契約に基づいて当該機関 において当該技能等を要する業務に従事する活動（法務省令で定める要件に適合する営利を目的としない団体の責任及び監理の下に当該業務に従事するものに限る。）

活動に基づく在留資格（就労不可）

在留資格	本邦において行うことができる活動	該当例	在留期間
文化活動	収入を伴わない学術上若しくは芸術上の活動又は我が国特有の文化若しくは技芸について専門的な研究を行い若しくは専門家の指導を受けてこれを修得する活動（この表の留学，研修の項に掲げる活動を除く。）	日本文化の研究者等	3年，1年，6月又は3月
短期滞在	本邦に短期間滞在して行う観光，保養，スポーツ，親族の訪問，見学，講習又は会合への参加，業務連絡その他これらに類似する活動	観光客，会議参加者等	90日若しくは30日又は15日以内の日を単位とする期間
留学	本邦の大学，高等専門学校，高等学校（中等教育学校の後期課程を含む。）若しくは特別支援	大学，短期大学，高等専門	4年3月，4年，3年3月，

	学校の高等部，中学校（義務教育学校の後期課程及び中等教育学校の前期課程を含む。）若しくは特別支援学校の中学部，小学校（義務教育学校の前期課程を含む。）若しくは特別支援学校の小学部，専修学校若しくは各種学校又は設備及び編制に関してこれらに準ずる機関において教育を受ける活動	学校，高等学校，中学校及び小学校等の学生・生徒	3年，2年3月，2年，1年3月，1年，6月又は3月
研修	本邦の公私の機関により受け入れられて行う技能等の修得をする活動（この表の技能実習1号，留学の項に掲げる活動を除く。）	研修生	1年，6月又は3月
家族滞在	この表の教授から文化活動までの在留資格をもって在留する者（技能実習を除く。）又はこの表の留学の在留資格をもって在留する者の扶養を受ける配偶者又は子として行う日常的な活動	在留外国人が扶養する配偶者・子	5年，4年3月，4年，3年3月，3年，2年3月，2年，1年3月，1年，6月又は3月

特定活動（許可により就労可能）

在留資格	本邦において行うことができる活動	該当例	在留期間
特定活動	法務大臣が個々の外国人について特に指定する活動	外交官等の家事使用人，ワーキング・ホリデー，経済連携協定に基づく外国人看護師・介護福祉士候補者等	5年，3年，1年，6月，3月又は法務大臣が個々に指定する期間（5年を超えない範囲）

身分又は地位に基づく在留資格（就労可能）

在留資格	本邦において有する身分又は地位	該当例	在留期間
永住者	法務大臣が永住を認める者	法務大臣から永住の許可を受けた者（入管特例法の「特別永住者」を除く。）	無期限

日本人の配偶者等	日本人の配偶者若しくは特別養子又は日本人の子として出生した者	日本人の配偶者・子・特別養子	5年，3年，1年又は6月
永住者の配偶者等	永住者等の配偶者又は永住者等の子として本邦で出生し，その後引き続き本邦に在留している者	永住者・特別永住者の配偶者及び本邦で出生し引き続き在留している子	5年，3年，1年又は6月
定住者	法務大臣が特別な理由を考慮し一定の在留期間を指定して居住を認める者	第三国定住難民，日系3世，中国残留邦人等	5年，3年，1年，6月又は法務大臣が個々に指定する期間（5年を超えない範囲

　入管法上，就労が認められている活動の内容を証するものとして，就労する本人が申請すると，「○○会社における○○活動は上記に該当する」旨の「就労資格証明書」が交付される。

　外国人が現に有する在留資格の他に，収入を伴う活動を行おうとする場合には，予め入国管理局から「資格外活動の許可」を受ける必要があり，当該許可については，本来の在留資格に属する活動を阻害しない範囲で付与される。例えば，「留学」の在留資格では，原則として，就労することはできないが，勉学に支障のない週28時間以内[242]で，かつ，仕事の内容が風俗営業等に関するものでないことを条件として，「資格外活動の許可」を受け，就労することが許されている。この28時間については，どの曜日から起算した場合でも常に1週について28時間以内であることが必要であり，また，事業所が異なっても通算されることになる。使用者は，週28時間を超えて就労（オーバーワーク）させた場合，不法就労に該当し，入管法73条の2第1項により，不法就労である

242　教育機関が学則で定める長期休業期間に限り，1日につき8時間以内，週40時間以内の就労が可能となる。

ことを知らなかったとしても，３年以下の懲役，もしくは300万円以下の罰金を科せられうる。

ところで，日本国内に住民票がある者に対しては，マイナンバー制度の対象となり通知カードが交付されるが，中長期在留者や特別永住者等も住民票基本台帳法の適用対象者であり，住民票を日本国内に登録するので，マイナンバー制度の対象となり，通知カードが交付される。雇用保険等の資格取得手続の際には通知カード（または，マイナンバーカード）の提示を受け，在留カード等と合わせて確認しておく必要がある。

(2)　技能実習制度

技能実習制度とは，開発途上地域等の経済的発展を担う「人づくり」に寄与するため，諸外国の青壮年労働者を日本の産業界に受け入れ，産業上の技術・技能・知識を修得させ，帰国後に修得した技術等を活かすことを目的とする制度である[243]。

技能実習生を受け入れる方式には，企業単独型と団体監理型の２つのタイプがあり，実習実施については，前者では本邦の企業等が行い，後者では商工会や中小企業団体等の傘下の企業等が行う。また，技能実習生の行う活動により，入社後１年目の講習（座学，見学）による知識修得活動および技能等修得活動，２，３年目の修得した技能等に習熟するための活動，４，５年目の技能等に熟達する活動とに分けられ，在留資格として次の６つに区分[244]されている（**図表2-31**）。

243　技能実習制度については，技能実習推進事業運営基本方針（平成５年４月５日労働大臣公示）に規定する研修・実習生の受入れの方法，研修・技能実習の実施に関し留意すべき事項，技能実習の継続が不可能となった場合の取扱い等の内容に留意し，技能実習生に対し実効ある技術，技能等の修得が図られるように取り組むこととされている。
244　平成29年11月１日より，優良な実習実施者・監理団体に限定して，一旦１カ月以上帰国させ，新たに「技能実習３号イ，ロ」として受入れ（４～５年）が可能となった。

第2章　義務的調査項目　　191

図表2−31　技能実習生の在留資格

	入国1年目	入国2〜3年目	入国4〜5年目
企業単独型	技能実習1号イ	技能実習2号イ	技能実習3号イ
団体監理型	技能実習1号ロ	技能実習2号ロ	技能実習3号ロ

　技能実習生が，実地研修を終えて行う技能実習については労働契約関係であり，労働法制上の保護を受けるが，実地研修については，あくまでも「研修」であり，「労働」ではないので，労働法制上の規制を受けないことから，当該研修制度を悪用し，開発途上国の青年を労基法や最賃法の適用を受けないで安価な労働力として利用する事例が後を絶たず，また，失踪者が出るなど社会問題化した。しかし，裁判[245]では，技能実習関係においても，研修終了後の技能実習について，労働契約関係の実態を伴う実地研修には労基法や最賃法などの労働保護法規を適用すると判示したものもあり，これらを考慮し，平成22年の入管法の改正では，技能実習1号のうち，講習による知識修得活動を除く技能修得活動についても労働法の適用がある労働契約関係である[246]として取り扱うよう改めた。

　この労働契約関係については，実習実施機関と技能実習生の間で成立するが，企業単独型の場合は，実習実施機関である当該企業であり，団体監理型の場合では，実習を実施する傘下の企業ということになる。

(3)　外国人労働者の雇用管理の改善等に関して事業主が適切に対処するための指針[247]

　雇用対策法9条で厚生労働大臣は，事業主が適切に対処するために必要な指針を定め，これを公表するとあり，当該「外国人労働者の雇用管理の改善等に関して事業主が適切に対処するための指針」（以下，「外国人指針」または「指

245　「三和サービス事件」名古屋高判平22・3・25労判1003号5頁。
246　労働契約関係のない座学は原則として最初の2カ月間とされた。
247　平成19年厚生労働省告示276号。

針」という）が発出されている。指針を就労ルールとして，労使が共有化することにより，労働紛争を未然に防ぐ効果が期待できるので，ターゲット会社における当該指針の浸透度合いを調査しておくべきである。

　また，指針では，外国人労働者に対して，労働関係法令および社会保険関係法令を適用し，遵守することを事業主に求めるとともに，外国人労働者が適正な労働条件および安全衛生を確保しながら，在留資格の範囲内でその有する能力を有効に発揮しつつ就労できる環境が確保されるよう，適切な措置を講ずるべきとしている。以下，指針のポイントを解説する。

① 外国人労働者の募集および採用の適正化（外国人指針第４の１）

　外国人労働者の募集に際し，当該外国人が採用後に従事すべき業務の内容および賃金，労働時間，就業の場所，労働契約の期間，労働・社会保険関係法令の適用に関する事項について，その内容を明らかにした書面の交付または当該外国人が希望する場合における電子メールの送信のいずれかの方法により，明示することを適当としている。書面の交付については，トラブルを回避するため，日本語のみならず，当該外国人の母国語で明示するべきであろう。また，外国人が国外に居住している場合にあっては，来日後に，募集条件に係る相互の理解の齟齬等から労使間のトラブル等が生じることのないよう，事業主による渡航費用の負担，住居の確保等の募集条件の詳細について，予め明確にするよう努めることを適当としている。

　採用については，当該外国人が，採用後に従事すべき業務について，在留資格上，従事することが認められる者であることを確認することとし，従事することが認められない者については，採用してはならない。ただし，公正な採用選考を行うため，決定前に在留資格を確認する際には，採用選考時では口頭で確認することとし，採用が決まり次第，在留カードでの提示を求め，在留資格および在留期間を把握することが適切であるとしている。なお，在留カードを偽変造したものなどが悪用されるケースも多発しているので，在留カード番号の有効性を確認するため，入国管理局のウェブサイト上の「在留カード等番号

第2章　義務的調査項目　　**193**

失効情報照会」[248]で確認しておくとよい。

②　適正な労働条件の確保（外国人指針第４の２）

　まず，指針では，国籍を理由として，賃金，労働時間その他の労働条件について，差別的取扱いをしてはならないとしている。「国籍」には，人種も入ると解せ，裁判[249]でも，在日朝鮮人であることを応募書類において秘して採用内定された者が，入寮手続きの際に在日朝鮮人であることを告げるや否や内定を取り消された事件において，「国籍」を理由とする差別的取扱いであると判断された。また，「その他の労働条件」とは，災害補償，安全衛生，寄宿舎等に関する労働条件も含まれ，職場における労働者の待遇の一切をいうものと解して差し支えなく，「差別的取扱いをする」とは，当該労働者を有利または不利に扱うことをいい，何をもって有利としまたは不利とするかは，一般の社会通念に従うほかはない。

　次に，指針では，事業主は，外国人労働者との労働契約の締結に際し，賃金，労働時間等主要な労働条件について，当該外国人労働者が理解できるようその内容を明らかにした書面を交付することを適当としている。「当該外国人労働者が理解できる」ためには，当該外国人の母国語で記載された労働契約書または労働条件通知書[250]を作成し，特に，賃金を明示する際には，賃金の決定，計算および支払の方法等はもとより，これに関連する事項として税金，労働・社会保険料，労使協定に基づく賃金の一部控除の取扱いについても外国人労働者が理解できるよう説明し，当該外国人労働者に実際に支給する額が明らかとなるよう努めることを適当としている。日本文のみの労働契約書の場合，外国人の理解できない言語の文書で契約しても，後日，訴訟になった場合，契約自体が無効であると判断されたり，あるいは契約が取り消されたりするおそれが

248　https://lapse-immi.moj.go.jp/ZEC/appl/e0/ZEC2/pages/FZECST011.aspx
249　「日立製作所事件」横浜地判昭49・6・19労民25巻3号277頁。
250　厚生労働省のウェブサイトでは外国人向けの労働条件通知書を公開している。
　　http://www.mhlw.go.jp/new-info/kobetu/roudou/gyousei/kantoku/dl/040325-4.pdf

ある[251]。

　第三に，指針では，事業主は，法定労働時間の遵守，週休日の確保をはじめ適正な労働時間管理を行うほか，労働基準法等関係法令の定めるところによりその内容について周知を行うことを適当としている。その際には，わかりやすい説明書を用いる等外国人労働者の理解を促進するために必要な配慮をするよう努めることを要求している。また，労働者名簿等の調製については，労働基準法の定めるところにより日本人と同様に労働者名簿および賃金台帳を調製するが，外国人労働者について，家族の住所その他の緊急時における連絡先を把握しておくよう努めることを適当としている。

　第四に，外国人労働者の旅券や在留カード等を本人から預かり会社で保管しないことを適当としている。外国人労働者を受け入れるため，相応の体制を整えたにもかかわらず，失踪したり，また，金目のものを盗んだりする外国人労働者を採用した経験のある企業では，逃亡を防止するため，旅券や在留カードを「人質」のごとく預かるケースがあるようだ。このように不当に自由を拘束する手段により，労働者の意思に反して労働を強制することは，労基法の中で最も重い罰則（1年以上10年以下の懲役または20万円以上300万円以下の罰金）である5条違反に当たるおそれがある。また，外国人労働者が退職する際には，労基法23条により，当該外国人労働者の権利に属する金品を返還することを適当とし，指針では，返還の請求から7日以内に外国人労働者が出国する場合には，出国前に返還することを適当としている。

③　安全衛生の確保（外国人指針第4の3）

　外国人労働者に対して，労働安全衛生法59条で義務づけられた安全衛生教育に加え，労働災害防止，労働安全衛生法等関係法令等について，教育・指導等を実施するに当たり，当該外国人労働者がその内容を理解できる方法により行い，特に，外国人労働者に使用させる機械設備，安全装置または保護具の使用

251　布施直春『外国人労働者の雇用と管理の手引』169頁（日本法令，1990）。

方法等が確実に理解されるよう留意することを適当としている。使用者が日本語で行った安全教育が外国人労働者に十分理解できなかったために事故が発生したようなケースにおいて，安全教育が十分ではなかったとして安全配慮義務違反があったと判断され，使用者に損害賠償責任を認めた裁判例[252]もある。

したがって，当該外国人労働者の母国語で書かれた説明書を準備することは当然のこと，座学とOJTを組み合わせて計画的に実行し，特に危険を伴う業務であれば，母国語を話せる教育担当者を確保すべきである。

また，安衛法66条で義務づけられている健康診断について指針では，外国人労働者に対しても，健康診断を実施することとし，その実施に当たっては，健康診断の目的・内容を当該外国人労働者が理解できる方法により説明するよう努めることを適当としている。特に，外国人労働者に対し健康診断の結果に基づく事後措置を実施するときは，健康診断の結果ならびに事後措置の必要性および内容を産業医，衛生管理者等を活用しつつ当該外国人労働者が理解できる方法により説明するよう努めることを適当としていることから，安全衛生教育等と同様の配慮が必要と思われる。

④ 雇用保険，労災保険，健康保険および厚生年金保険の適用（外国人指針第4の4）

外国人労働者に対しても，雇用保険，労災保険，健康保険および厚生年金保険（以下，「労働・社会保険」という）は適用される。ただし，不法就労者については，そもそも就労することができないので，労災保険[253]を除き適用されない[254]。指針では，事業主は，労働・社会保険に係る法令の内容及び保険給付に係る請求手続等について，雇入れ時に外国人労働者が理解できるよう説明を行うこと等により周知に努め，被保険者に該当する外国人労働者に係る適用

---

252 「滋野鉄工事件」名古屋高金沢支判平11・11・15判時1709号57頁。
253 外国人労働者の労災民訴（逸失利益）の算定について，改進社事件（最三小判平成9・1・28労判708号23頁）では，原審の就労可能期間を3年とすることを不合理として，67歳までの39年間を対象とする旨判示した。
254 平4・3・31保険発38号。

手続等必要な手続をとることを適当としている。

　雇用保険の被保険者については，日本人と同様，加入要件に該当すれば，外国人労働者も強制適用であり，加入する必要がある。被保険者資格取得届には在留資格，在留期間，国籍・地域，資格外活動許可の有無など，日本人とは異なる情報について記載が必要な事項があり，被保険者氏名欄には在留カードどおりローマ字で記入しなければならない[255]。

　健康保険・厚生年金保険についても，日本人と同様，加入要件に該当すれば，外国人労働者も強制適用で加入する必要があり，被保険者資格取得届に併せて，「ローマ字氏名届」[256]も届出しなければならない。

　また，外国人労働者に係る労働災害等が発生した場合には，労災保険給付の請求その他の手続に関し，外国人労働者からの相談に応ずること，当該手続を代行することその他必要な援助を行うように努めることを適当としており，日本語で意思表示が難しい外国人労働者に対しては，医療機関に通訳と付き添う等の援助が必要と思われる。

　外国人労働者が退職する場合には，それぞれの保険からどのような給付が行われるか，丁寧に説明する必要がある。雇用保険について指針では，雇用保険被保険者離職票の作成等，必要な手続を行うとともに，失業等給付の受給に係る公共職業安定所の窓口の教示その他必要な援助を行うように努めることを適当としている。特に失業等給付の受給にあたり，4週間に1度はハローワークに出向き「就職活動をしているにもかかわらず，失業中であること」を認定されることが支給の条件である旨の説明しておくべきであろう。厚生年金保険については，その加入期間が6カ月以上の外国人労働者が帰国する場合，帰国後，加入期間等に応じた脱退一時金[257]の支給を請求しうる旨帰国前に説明すると

255　在留カードにローマ字氏名が記載されていないこともある。
256　健康保険被保険者証にはカナ氏名で表示される。
257　日本国籍を有しない者が，国民年金，または厚生年金保険の被保険者資格を喪失し，日本を出国した場合，日本に住所を有しなくなった日から2年以内に請求することができる一時金。ただし，脱退一時金を受け取った場合，脱退一時金の計算の基礎となった期間は年金加入期間ではなくなる。

ともに，年金事務所等の関係機関の窓口を教示するよう努めることを適当としている。当該脱退一時金については，厚生労働省のウェブサイトで英語，中国語，スペイン語等で詳細に解説されている[258]ので，それらを活用すると理解の促進につながるだろう。このように退職にあたり，懇切丁寧な対応が，口コミで友人等に伝わり，その後の採用活動を間接的に有利にすることが期待されるので，退職した者を顧客と同等とみなして接することが肝要である。

稀に，居住者[259]であるにもかかわらず，20％の所得税を徴収していたり，不知を悪用して，所得税法上で定められた金額を超えて賃金から所得税を過大に徴収したりする事業所も散見されるので，人事DDの際には，念のため適正に所得税等を徴収しているかも確認すべきである[260]。

⑤ 適切な人事管理，教育訓練，福利厚生等（外国人指針第4の5）

指針では，事業主は，その雇用する外国人労働者が円滑に職場に適応し，当該職場での評価や処遇に納得しつつ就労することができるよう，職場で求められる資質，能力等の社員像の明確化，職場における円滑なコミュニケーションの前提となる条件の整備，評価・賃金決定，配置等の人事管理に関する運用の透明化等，多様な人材が能力を発揮しやすい環境の整備に努め，公共職業安定所の行う雇用管理に係る助言・指導を踏まえ，適切に対応することを適当としている。このため，労働慣行が異なる外国人労働者に対してこれらを口頭説明するだけで内容を十分理解させるのは困難であるので，外国人労働者の母国語で組織図や職務分担表等を作成し，書面で明文化しておくとトラブルを回避できることになろう。

また，指針では，事業主は，外国人労働者の日本社会への対応の円滑化を図るため，外国人労働者に対して日本語教育および日本の生活習慣，文化，風習，

258　http://www.nenkin.go.jp/service/jukyu/todoke/kyotsu/20150406.html
259　日本での滞在が1年以上と予定される者も居住者になる。
260　居住者の場合と非居住者の場合では税率が異なること，および，住民税は前年の所得に応じて算出されることなど，特にトラブルになりやすいので，事前に説明しておくとよい。

雇用慣行等について理解を深めるための指導を行うことを適当としている。経験則であるが，具体的に，次の情報を予め説明しておくと喜ばれる。

- 食料品，生活必需品などの値段，光熱費などの値段
- 銀行，郵便局，ショッピングなどの場所，利用法
- 交通機関の利用法
- 英語で治療が受けられる医療機関
- 急病，盗難，火災，地震などの緊急時の対応法
- 母国への郵便，電話，送金などの方法
- 日本特有の気候の変化と健康管理
- 自家用車を持つ場合の免許の取得，義務，注意
- 歓楽街についての諸注意

出所：布施直春『外国人労働者の雇用と管理の手引』162～163頁（日本法令，1990）の一部を著者が修正したもの

さらに，これらの生活上または職業上の相談に応じるため，同じ部署の中から外国人労働者の世話をする語学の堪能な「世話係」を決めておくと効果的である。世話係は，自分の業務をこなしながら，次のようなことを行うことになる。

- 入社前に使用する机，ロッカー，用具，制服等を用意する。
- 業務上の知識，技能の修得，怪我・災害の防止，職場慣行等について，指導・助言する。
- 外国人労働者の意見，希望，苦情を聞いて，その解決・処理に協力・助言する。
- 外国人労働者と上司，同僚との間のパイプ役となり，職場における良好な人間関係をつくるように努める。

出所：布施直春『外国人労働者の雇用と管理の手引』160頁（日本法令，1990）の一部を著者が修正したもの

⑥　解雇の予防および再就職の援助（外国人指針第4の6）

指針では，事業主は，事業規模の縮小等を行おうとするときは，外国人労働

第2章　義務的調査項目　　**199**

者に対して安易な解雇等を行わないようにするとともに，やむを得ず解雇等を
行う場合は，その対象となる外国人労働者で再就職を希望する者に対して，関
連企業等へのあっせん，教育訓練等の実施・受講あっせん，求人情報の提供等
当該外国人労働者の在留資格に応じた再就職が可能となるよう，必要な援助を
行うように努め，公共職業安定所と密接に連携するとともに，公共職業安定所
の行う再就職援助に係る助言・指導を踏まえ，適切に対応することを適当とし
ている。

　そもそも，外国人労働者については，在留期間があることから，有期労働契
約を締結することが一般的であるが，有期雇用期間の契約途中に在留資格を
失った場合に備え，予め労働契約の解約条項として，「本契約業務に従事でき
る在留資格を失ったとき」と入れておくことで，「解雇」ではなく，「合意解
約」として対応することができる。

　また，外国人労働者特有のケースとして，有期雇用契約の更新を重ねること
により，労契法19条の雇止め法理が適用されるか，通算で5年を超えて反復更
新された場合，労契法18条の無期労働契約に転換するかが問題となる。

　雇止め法理について，オーストラリア国籍の英語教師が雇用契約期間1年で
過去4回にわたり更新後に雇止めされた事案で下級審裁判例[261]ではあるが，
「雇用契約更新に当たっては，必ずしも機械的，形式的に雇用契約書の作成が
繰り返されていたというわけではなく，賃金の額，家賃の負担などの労働条件
が（最後の更新にかかるものを除き）その都度改定されており，また新契約が
締結されないときには，帰国の旅費を債務者が負担するとの約定もなされてい
た。かつ債権者の在留資格自体が1年の期間を限り，これが更新されているも
のであったし，債務者の経営するフィリップス大学日本校においては，次第に
学生数が減少していくことにより，長期にわたる雇用継続を期待するのも次第
に困難となっていく事情もあった。以上によれば，本件において，期間満了後
の雇用の継続を期待することに合理性が存在したものとは未だ言い難く，雇用

261　「フィリップス・ジャパン事件」大阪地判平6・8・23労判668号42頁。

200

期間の定めのある雇用契約が雇用期間の定めのない雇用契約に転化したものとは認め難い」と判示し,「在留資格自体が1年」という要素も考慮して判断している。無期雇用転換については,平成25年4月1日以降を対象期間としているため未だ発生しておらず,裁判例もないが,当該裁判例の「在留資格」に着目すると,永住者を除き,在留期間の上限は5年以内であることから,外国人労働者については,無期雇用転換申込権は生じないものとも解せるが,今後の動向に注目したい。

⑦　外国人労働者の雇用状況の届出（外国人指針第5）

雇用対策法28条に基づき,新たに外国人労働者を雇い入れた場合または離職した場合,当該外国人労働者の氏名,在留資格,在留期間等の事項について,当該事業主の事業所の所在地を管轄する公共職業安定所の長に「外国人雇用状況届」を届け出なければならない。

届出の対象となる外国人の範囲は,在留資格が「外交」,「公用」以外の者が届出の対象となる[262]。届出の方法および記載すべき事項については,雇用保険の被保険者となる場合は,雇用保険被保険者資格取得時または,資格喪失時にそれぞれの届出書に在留資格,在留期間,国籍または地域を記載し,雇用保険の被保険者とならない場合は,外国人雇用状況届出書に,氏名,在留資格,在留期間,生年月日,性別,国籍・地域を記載し届け出る。

届出の期限は,雇用保険被保険者資格を有する外国人労働者の場合,雇入れに係る届出にあっては雇い入れた日の属する月の翌月10日までに雇用保険被保険者資格取得届と併せて,必要事項を届け出ることとし,離職に係る届出にあっては離職した日の翌日から起算して10日以内に雇用保険被保険者資格喪失届と併せて,必要事項を届け出ることとなる。なお,雇用保険被保険者資格を有さない外国人労働者の場合,雇入れに係る届出,離職に係る届出とともに,雇入れまたは離職した日の属する月の翌月の末日までに,雇用対策法施行規則

262　特別永住者は,外国人雇用状況届制度の対象外とされている。

様式第３号に必要事項を記載の上，届け出なければならない。

⑧　外国人労働者の雇用労務責任者の選任（外国人指針第６）

　事業主は，外国人労働者を常時10人以上雇用するときは，指針に定める事項等を管理させるため，人事課長等を雇用労務責任者（外国人労働者の雇用管理に関する責任者をいう）として選任することを適当としている。ターゲット会社が外国人労働者を常時10人以上雇用している場合には，雇用労務責任者および管理方法について確認しておくべきであろう。

第3章

任意的調査項目

　人事労務管理は，経営理念・経営計画を具現化するためにある。「このサービスを提供することで社会に貢献したい」「規模を追わず，収益性を重視する」などの経営目標が設定されると，それに沿って経営戦略や業績目標が立てられ，組織が設計され，個々の部門の事業内容が決まり，それが細分化されて個人の役割期待が設定される。個人は役割期待に基づき仕事を遂行することになる。会社のリクエストに対して，働くサイドでは，「このように働きたい」というニーズがあり，これらに配慮して人材を採用し，ワーク・モチベーションを維持・向上させ，働いた結果を評価するシステムを構築し，運営する一連の流れが人事労務管理である。

　企業は，人事労務管理の細部を設計する前に，正規社員と非正規社員では，そもそも役割期待は異なるので区分けし（社員区分制度），正規社員に対しては，その重要度によって高い地位と賃金を与える尺度を決めて，正規社員を格付けしてきた（社員格付け制度）。この尺度に基づいて社員を評価し，格付けにより賃金や昇進を決めるので，人事評価，賃金，昇進の管理の仕組みは社員格付け制度を基盤に作られる。

　組織再編時には，経営戦略の変更に伴い，重視する対象，また尺度の見直し等が行われ，人事上の課題が噴出することがある。人事上の課題が噴出した場合，その都度の対応では，事前の対応以上の時間とエネルギーが求められる。そして，これらが当初の策定した計画を遅らせるだけでなく，その対応に追わ

れることにより計画を大きく変更せざるを得ない状況に陥り，当該M&Aが当初描かれたシナリオ通りには達成できなくなってしまう。さらにその影響が大きいのは計画が時間的に遅れれば遅れるほど，結果として企業価値が毀損してしまうことである。したがって，これらの問題が発生しないようにするためには，ディール成立前後の段階で，現状や課題を理解した上で，それに対する対策が検討され，かつ準備されていることが重要となる。そのために任意的調査項目が非常に重要な役割を演じることになる。

　ところで，ターゲット会社の人事制度等を調査するにあたり次に３つの点について，意識しておくことが重要である。

　第一に，人事労務管理の役割とは，経営理念・経営計画を具現化するために「従業員にはこのように働いてほしい」というリクエストと，従業員が「このように働きたい」というリクエストを上手く結びつけることである。そのためには，人事制度のみならず，経営理念・経営計画，および人事制度の延長線上にある取締役の位置づけ等も調査対象になる。

　第二に，「何のために調査を行い，この調査が最終的にどのような恩恵を買収会社にもたらすのか」という観点を持つことである。この観点がなければ，DD自体が目的化され，ただ，表やグラフを意味なく貼り付けるレポートになりがちである。したがって，ターゲット会社の特徴について，事前に企業プロファイルを入手し，現状について人事労務管理上の問題の「仮説」を構築し，検証していくことで意義のある調査結果を手にすることができる。

　そして第三に，自社との比較である。統計データと比較することも参考にはなるが，むしろ，買い手側企業のデータと比較することが現実的であり，PMIを考慮する上で極めて効果的である。また，人事DDは，最終的な取引が成立しなければ，まさに「骨折り損のくたびれ儲け」である。したがって，「骨折り損のくたびれ儲け」にしないためにも，人事DDを通じて，ターゲット会社と自社を比較することで買い手側企業の人事労務管理上の「特徴」も浮き彫りになり，副産物として，今後の人事労務管理の貴重な情報となれば，「くたびれ」以外のものを得ることになろう。

本章では，第1章で提示した任意的調査項目のうち，著者の事務所で実際に行った事例の調査ポイントを解説し，また，アセスメントツールのCUBICを活用した「人」および「組織」の調査についても紹介する。

1　基本事項の調査

事例を紹介する前に，まずは人事制度の本丸である等級制度および評価制度の調査・分析のポイントについて概説する。

(1)　等級制度

本来であれば，従業員1人ひとり観察し，1人ひとり値付けするのが理想の方法ではある。しかし，従業員の人数が多くなるとそういうわけにはいかず，一定の基準が同等である者を区分けして処遇を決定することが合理的である。そこで，等級制度により，社員を期待する能力・職務・役割等により区分けすることにしている[1]。

ターゲット会社で等級制度を採用していた場合，等級制度を調査・分析するため，まずは，以下の資料をリクエストする。

- 組織図
- 職務権限規程
- 等級体系図
- 等級定義
- 昇格基準
- 等級別在籍人員表（入社年次，等級，所属組織等の基本情報）
- 昇格者データ

ターゲット会社から提供された資料と担当者へのインタビューをもとに，ターゲット会社の等級制度について調査・分析を行うが，調査・分析の視点は

1　堀田達也『等級制度の教科書』14頁（労務行政，2010）。

下記のとおりである（**図表３－１**）。

図表３－１ 等級制度の調査・分析の視点

調査項目	調査・分析の視点
職種・職掌等の区切り方（横軸）	☐ 仕事の質が大きく違うグループは切り分けて管理されているか ☐ 区切り方が細かすぎて，運用が複雑になっていないか
等級の段階数（縦軸）	☐ 役割分担として適切な段階数になっているか ☐ キャリアステップとして適切な段階数となっているか
等級定義	☐ 不必要に長文なため把握することが困難になっていないか ☐ 上下の等級レベルの区分けが明確になっているか ☐ 定義内容に重複はないか
昇格のルール	☐ 昇格の決定基準・プロセスは明文化されているか ☐ 上司が部下に説明することが容易にできるか ☐ 管理職への昇格のハードルが低くないか
キャリアパス	☐ 採用から退社までのモデルはあるか ☐ キャリアの各段階で，どのような成果，働き方，能力等が必要になるかが明確になっているか ☐ 昇格せずに滞留させる仕組みはあるか ☐ 人生設計や多様な働き方を考慮している仕組みか

　等級制度の調査・分析の結果，等級制度が年次によって昇給をさせるためだけの道具になっており，等級定義と実際に格付けられている人材のレベルが適切でない場合，本人の能力不足のため，組織の意図通りの働きを期待できず，結果として，給与が過払いになっているおそれがある。

　また，各等級において求められていることが不明確であると，現場において仕事に対して求める内容の軸が不明確であることから，評価・処遇等の納得感が得られず，昇格の決定基準が不明確になり，人事制度が機能していないことが予想される。

　キャリアパスにおいても，明確な入社から退社までの海図がなければ，社員がキャリアに関して不安に思い，退職者数が増えたり，人材育成の軸が定まらずに，人材育成の効率が下がっていたりすることが考えられよう。

(2) 評価制度

　人事評価とは，「社員のいまの状態（能力，働きぶり）を評価し，その結果を人事管理に反映させるための管理活動」[2]と定義できる。「能力の評価」とは，仕事経験や教育訓練をとおして「ストック」された職務遂行能力であり，「働きぶりの評価」とは，一定期間にどの程度企業に貢献したかという「フロー」の顕在的貢献度が評価の対象となる[3]。

　人事評価には，能力や働きぶりを評価し，それを被評価者にフィードバックすることによって従業員の能力開発を促進するという「人材育成のための役割」と，評価によって昇給・昇格に差をつけ，従業員にインセンティブを与え，「人件費を効率的に配布するための役割」がある。

　ターゲット会社の評価制度を調査・分析するにあたり，まずは，以下の資料をリクエストすることから始まる。

- 評価規程（評価決定方法に関する内規を含む）
- 評価シート（記入済みのもの）
- 評価実施マニュアル（評価者用，被評価者用）
- 評価者トレーニングのテキスト
- 個人別の過去３年分の評価結果

　ターゲット会社から提供された資料と担当者へのインタビューをもとに，ターゲット会社の評価制度の調査・分析を行うが，主な視点は下記のとおりである（**図表３－２**）。

2　今野浩一郎・佐藤博樹『人事管理入門』138頁（日本経済新聞出版社，第２版，2009）。
3　佐藤博樹・藤村博之・八代充史『新しい人事労務管理』80頁（有斐閣アルマ，第５版，2015）。

図表3-2	評価制度の調査・分析の視点
評価項目	調査・分析の視点
評価の対象	□ 能力，業務遂行，成果等の中で，何を重視して評価しようとしているかが明確か □ 従業員に発揮してほしい能力，成果等が評価対象として設定されているか
評価方法・評価項目・評価基準	□ 評価対象を適切に測定するための方法（基準・項目・指標）が設定されているか □ 評価基準は簡潔でわかりやすく，運用可能なものになっているか
評価の決定	□ 各評価ランク（S, A, B, C, D等）の定義が，わかりやすく，かつ，適切な段階数か □ 絶対評価か，相対評価か □ 相対評価の場合，各評価ランクの人員分布にバラつきが出るように工夫されているか □ 考課者訓練は行われているか
総合評価決定	□ 全体的に見て各項目のウエイトは適切か[4] □ 最終的に，絶対評価にするか相対評価にするかの判断は適切か □ 評価に対する苦情処理制度はあるか
処遇への反映（昇給，昇格，賞与）	□ 評価の処遇への反映は何にどのようになされているか
評価プロセス	□ 適切な評価者が設定されているか □ 評価サイクル（評価期間・時期）は，ビジネス上のニーズとオペレーションの負荷の点から考えて適切か
評価分布	□ 評価分布がルール通りの分布となっているか □ 必要に応じて，一次評価等で，どのような評価が行われているか
従業員の理解度	□ 評価制度の理解度・運用実態に関する簡単なアンケート等の工夫を実施しているか（図表3-3）

---

4 人事の世界では「絶対評価信仰」のようなものができあがってしまっているが，必ずしも相対評価が悪いというわけではない。相対評価のように，人と人とを比べて，どちらが優れているかを判断するほうが，格段に苦労が少なく，評価も正確になる。（髙橋潔『評価の急所 パラダイムシフトを迎える人事評価』33頁（日本生産性本部，2013））。

第3章　任意的調査項目　**209**

図表3－3 評価制度のアンケート（例）

評価制度についてのアンケート

1．期初に目標設定面談を行いましたか
2．今期の評価期間について，重視する項目についてアドバイスを受けましたか
3．中間の面談は行われましたか
4．期末の評価面談は行われましたか
5．評価結果に対するフィードバックは行われましたか
6．時期について，アドバイスはもらいましたか

　評価制度を調査・分析した結果，典型的に抽出される問題は次のとおりである。

【評価制度の問題点】
1．社員の仕事と関連性が低い評価項目が設定されている
2．評価制度が複雑すぎて評価者も被評価者も理解・納得していない
3．大量のKPI[5]で評価しており社員の行動の力点が見えない
4．評価項目が多すぎて，1つの項目のウエイトが低すぎる
5．評価の定義が曖昧で，評価者ごとに評価が異なる
6．能力評価まで，評価者が見切れていない
7．評価運用に時間がかかり過ぎて，業務に影響がある
8．常に評価の運用スケジュールが遅れる
9．目標設定が部下任せだったり，フィードバックがなされなかったり，コミュニケーションが全くなされていない
10．ほとんどの者が高い評価を受けているのに，会社業績が伴わない

　まず，評価制度の調査・分析の結果，評価基準が曖昧な場合，社員が何に注力すればよいのかわからなくなっており，成果が出なくてもいいわけができてしまう状態を認めてしまうことになる。また，評価の決定方法が不明確である

5　KPIとはKey Performance Indicatorの略称で，重要業績評価指標と訳され，目標を達成するプロセスについての業績評価指標である。

場合，会社を信頼できないため，組織へのロイヤリティが低下してしまうことになりかねない。さらに，評価の面談やフィードバックが適正に行われていない場合，人材育成には無関心と判断され，現場における信頼関係が毀損し，モチベーション向上や，人材の育成機会が機能していないおそれがある。ターゲット会社がこのような状況であるならば，人事制度の大幅な見直しを検討しなければならない。

事例
12

給料水準，組織力測定等

　若者向けアパレルメーカーであるＡ社は，企画を商社やOEM（相手先ブランドによる生産）メーカーに丸投げせずに，自社でモノ作りをしてきたことが強みでもあり，ユーザーに迎合せず，ファッション業界を引っ張り，結果としてマーケットを動かすという特徴があった。しかし，3期連続で売上が減少し，営業損失も2期連続で発生していた。後継者が不在であり，今年70歳になったＡ社のオーナー社長は，廃業も検討したが，従業員100人の雇用を守るために，同業のＢ社にＡ社の株式をすべて買い，従業員の雇用を維持してほしいと懇願した。

　Ｂ社では，以前からＡ社のブランドには魅力を感じており，ワンマン体制や人事制度を改善することで黒字化できるのではないかと判断し，最終的にすべての株式を買い取ることを目指し，Ａ社と基本合意を締結後，人事DDを行うことになった。

＜仮説を立て，それを表やグラフを用いて検証し，レポートする＞
① 　仮説を立てる
　売上が落ち込んでいる人事上の要因として，以下の仮説を立てることができる。
- 若者の気持ちを理解する若手従業員の人数が少ないのではないか。
- 若者の離職率が高いということであれば，待遇に不満があるのではないか。
- 若手社員の意見が通り難く，組織が硬直化しているのではないか。

- 社員数が不足しており，顧客のリクエストに対応できていないのではないか。
- ハラスメントにより職場が荒廃しているのではないか。

営業損失が生じている人事上の要因として，以下の仮説を立てることができる。

- 売上に対して，コスト（給料）が高いのではないか。
- 給料の高い中高齢者が多いのではないか。
- 非正規社員の割合が低く，軽微な業務も正規社員が行っているのではないか。

② 基本データの収集

　A社の従業員数，年齢，性別，賃金台帳，組織力測定から，現状の状況を視覚化して，全体的に問題点を大まかに把握する。

③ アンケート調査の実施

　アンケート調査を実施して組織としての問題点の所在を探る。

④ インタビューの実施

　基本データの結果および組織力測定の結果を踏まえ，売上減少の原因に結び付くような人事上の問題について，従業員からのインタビューで確認する。

⑤ データから予測されること

　調査結果から，仮説を検証し，レポートする。

解　説

　調査の目的は，ターゲット会社の状況や特徴を把握し，傾向を分析し，問題の要因を探り，解決策のヒントを見つけ，将来を予測することである。ただし，DDの場面では，調査期間の制約があるため，これらのすべてを網羅的に把握することは難しいが，「何のために行い，最終的にどのような恩恵を買収会社にもたらすのか」という観点を持たないと，DD自体が目的化され，ただ，表やグラフを意味なく貼り付ける報告になりがちである。

　したがって，ターゲット会社が営業利益を生み出す組織であるならば，その要因として，人事労務管理上，どのような工夫がなされているかを考え，「仮説」を構築し，検証していくことが効率的に調査を進めるために重要である。逆に，営業損失の傾向が続いているのであれば，その原因に人事労務管理上の問題があるのかを考え，「仮説」を構築し，検証することになる。仮説を構築

すると，客観性に欠け，主観的な調査に陥るとの懸念を抱くかもしれないが，調査作業中に，当初設定した仮説と矛盾する事実が確認されれば，その時点で仮説を再構築すればよい。

仮説を検証するための手法として，①構造を分析する方法，②変動を分析する方法，③複数のデータから関係性を分析する手法が一般的である。

構造を分析する方法では，売上高に対する人件費率や間接部門と直接部門との比率等，ターゲット会社の状況や組織の構造を数値化することで，状況や組織の特徴等を明確にし，さらに，自社や官公庁で公表しているデータと比較することにより，問題点を抽出することができる。

変動を分析する方法では，従業員数や離職率の推移を時系列で捉え，傾向を把握することで，将来問題化する事項を予測することができる。

複数のデータから関係性を分析する手法では，例えば，年齢と給与の関連性の強度を調べることにより，ターゲット会社の人事システムの状況を把握することができる。

これらの手法を駆使して，ターゲット会社の特徴を掴むことになるのだが，従業員や組織力測定については，アセスメントツールを用いて調査すると効果的である。

(3)　給与・賞与・年収水準

ターゲット会社の給与，賞与，年収がどのように分布しているかを，金額を縦軸，個人データの年齢を横軸にし，賃金センサス[6]（賃金構造基本統計調査）や買い手企業のデータと比較して，全体像を大まかに把握する。

6　センサス（census）とは，特定の社会事象について，特定時点で一斉に行われる官庁の行う大規模調査のことである。賃金センサスは，主要産業に雇用される常用労働者について，その賃金の実態を労働者の種類，職種，性別，年齢，学歴，勤続年数，経験年数別等に明らかにし，わが国の賃金構造の実態を詳細に把握することを目的として，昭和23年から毎年実施されている賃金構造基本統計調査の結果をとりまとめたものである。調査の対象は，常用労働者10人以上の民営事業所および一部公営事務所ならびに常用労働者5人以上9人以下の民営事業所から一定の方法によって抽出された事業所（約7万事業所）がサンプルとなっている。

第3章　任意的調査項目　**213**

①　給与の分布図

　まず，毎月の給与について，プロット図を作成し，給与のバラつきや年代ごとの格差等を確認する。次に，プロット図に世間水準である賃金センサスのデータを加え，ターゲット会社と比較することで，給与に対する社員の満足度を推測することができる。ここで，極端に給与が高い年齢層や個人，および極端に給与が低い年齢層や個人が抽出された場合，インタビュー等でその理由について説明を求める。なお，極端に給与の高い者については，成績優秀でキーパーソンである場合が多く，給与の低い者については，問題社員である可能性があるので，ここで目星をつけておく。

　事例のＡ社のプロット図では，世間水準を大幅に上回る者も散見されるが，同規模の企業の平均値と比較すると，すべての年齢層で給与水準が低く，社員の給与に対する満足度は低いと推測することができる（**図表３－４**）。また，男女給与のプロット図からは，年齢と比例して給与は上昇するが，女性では約20万円から約40万円の範囲内で滑らかに上昇するのに対して，男性では，約20万円から約60万円の範囲で上昇しているおり，給与から判断すると，男性は総

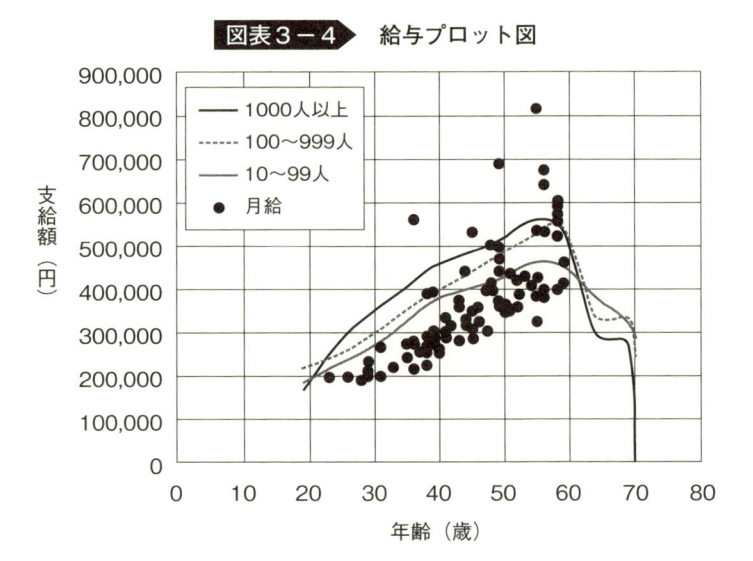

図表３－４　給与プロット図

合職，女性は事務職のような性別による職種の偏りが疑われる（**図表３－５**）。

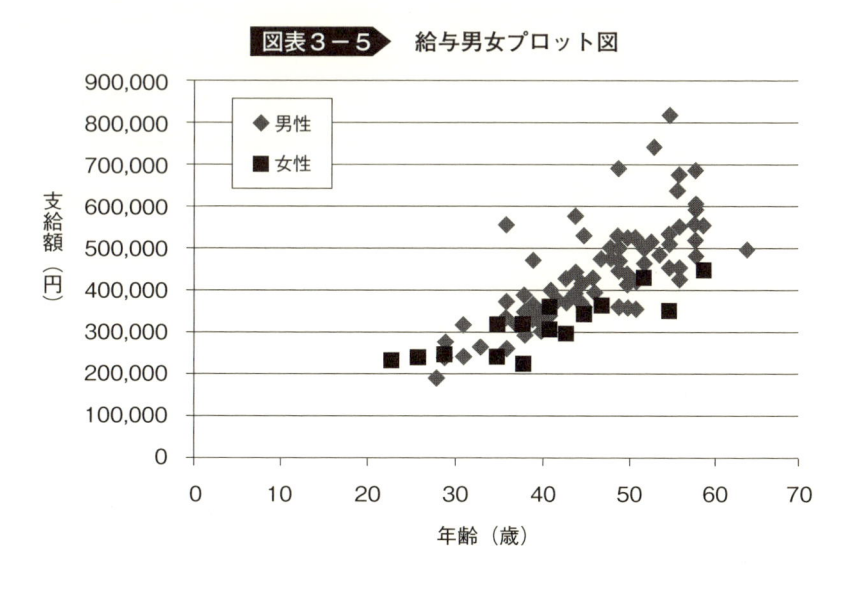

図表３－５ 給与男女プロット図

② 賞与の分布図

　賞与についても，給与と同様に，ターゲット会社の社員１人ひとりの年間賞与のプロット図を作成する。そして，プロット図に世間水準である賃金センサスのデータを加え，ターゲット会社と比較することで，賞与に対するターゲット会社の水準，社員の満足度を大まかに把握することができる。ここで，極端に賞与が高い年齢層や個人，および極端に賞与が低い年齢層や個人が抽出された場合，就業規則上の賞与支給額の計算式および，インタビュー等でそれ以外の賞与の算定式の有無等を確認しておく。なお，極端に賞与の高い者については，成績優秀でキーパーソンである場合が多く，賞与の低い者については，問題社員である可能性があるので，ここで目星をつけておく。

　事例のＡ社のプロット図では，20代の前半で世間水準を上回るが，それ以降は全体的に世間水準を下回り，社員の賞与に対する満足度は低いと推測することができる（**図表３－６**）。また，賞与男女プロット図からは，復職した者で

第3章　任意的調査項目　**215**

賞与の対象となっていない者や年俸制で賞与の支給が予定されていない者を除き，35歳以降，1回の賞与につき10万円，年間で約20万円の男女差が見受けられる。仮に女性であることを理由に賞与が低く査定されている場合には，労基

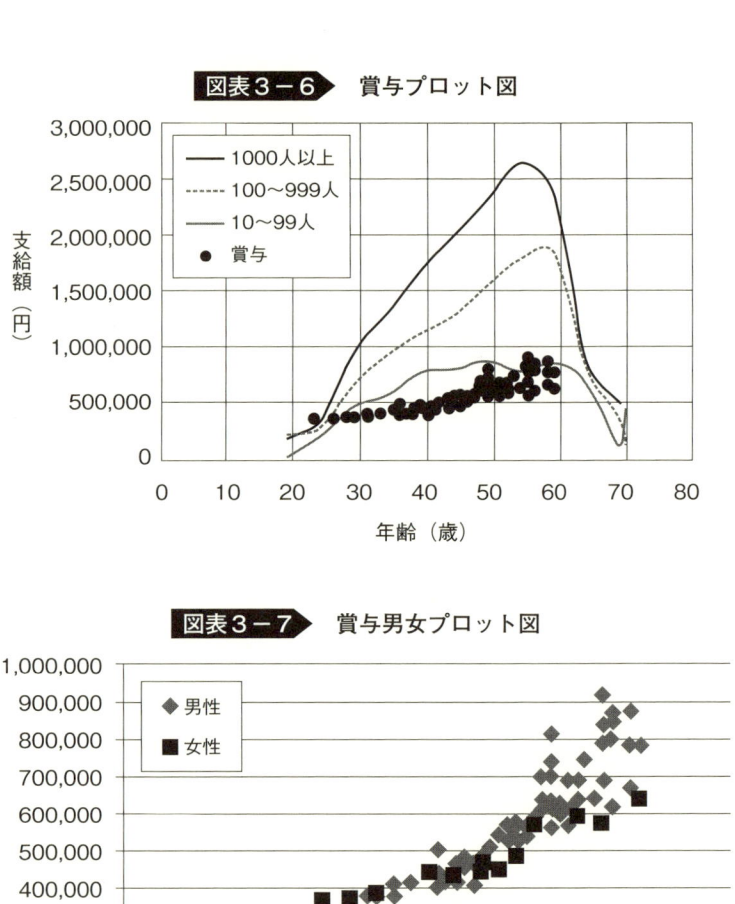

図表3－6　賞与プロット図

図表3－7　賞与男女プロット図

法4条違反に該当する可能性もあるので，男性が高い，または女性が低い合理的理由をDDで把握しておく必要がある（**図表3－7**）。

③　年収の分布図

　年収については，従業員の功績を給与よりも賞与でダイナミックに報いるよう設計する企業も，またその逆の企業もあることから，年収水準も把握しておく必要がある。まずは，ターゲット会社の社員1人ひとりの年収のプロット図を作成し，プロット図に世間水準である賃金センサスのデータを加え，ターゲット会社と比較することで，年収に対する社員の満足度を大まかに推認することができる。年収に対する社員の意識は，給与よりも低いかもしれないが，中途採用を行う場合では，応募者が年収ベースで就職先を選別することもあることから，人事担当者は，年収についても給与と同様に重要であることを認識しておかなければならない。

　なお，個人別データのグラフの色を役職別に色分けしておけば，労基法上の管理監督者と一般社員の逆転現象[7]を確認することができる。逆転現象が見られるのであれば，今後，人事制度の見直しを行う場合，「管理職手当の改定」が必要かもしれない。

　また，極端に年収が高い年齢層や個人，極端に年収が低い年齢層や個人が認められる場合，インタビュー等でその理由を把握しておく。

　事例A社のプロット図では，世間水準を大幅に上回る者も散見されるが，全体的に世間水準を大幅に下回り，社員の年収に対する満足度は低いと推測することができる（**図表3－8**）。

　年収男女プロット図からは，男女ともに年齢と比例して年収は上昇するが，女性では600万円を超える者はおらず，一方，男性では，800万円を超える者も散見される。年収から判断しても，男女格差は広く，男尊女卑の社風が疑われる（**図表3－9**）。

7　労基法上の管理監督者に昇進することで，時間外手当が支給されず，結果として，昇進前の給与が高くなってしまう現象のこと。

第3章　任意的調査項目　　**217**

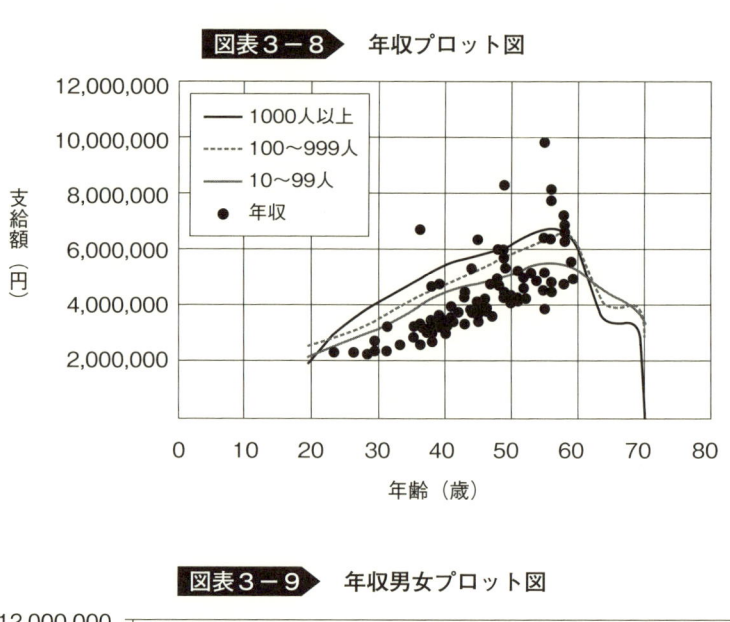

図表３－８　年収プロット図

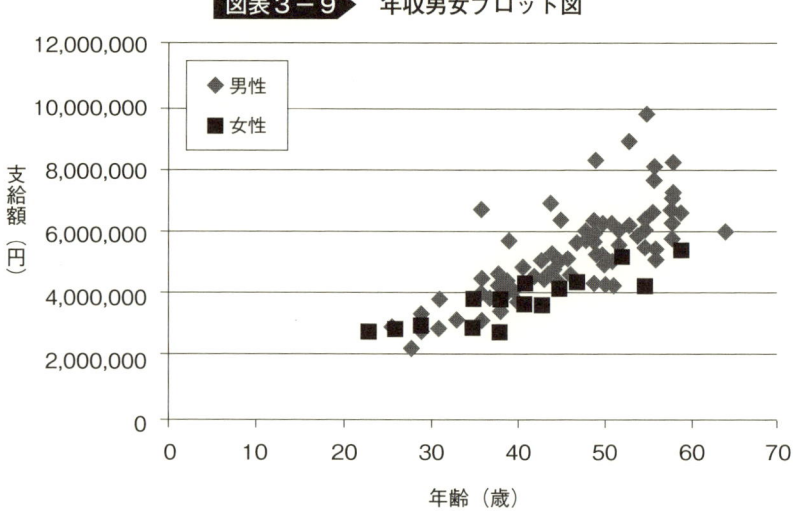

図表３－９　年収男女プロット図

(4)　従業員構成，管理職割合，離職率

①　従業員構成

　例えば，「平均年齢35歳」と言っても，20歳から60歳まで均等に従業員が在

籍しているとも読めるが，30歳から40歳までの間にしか従業員が在籍していないかもしれない。したがって，数値だけでなく，その散らばりを見るために，年齢別従業員分布図を作成することが重要である。

年齢別従業員分布図はおおむね次の4つのパターンに分類することができる[8]。

(a) ピラミッド型

若い従業員が多く，年齢が上がるに従って，従業員数が少なくなる状態である。人数の少ない中高齢者が管理職として，大人数の若年層を部下にして組織運営にあたり，給与水準の高い中高齢者が少なく，給与水準の低い若年層が多いという点で，上位下達や年功序列を基本としていた旧来の日本企業人事モデルであり，人事労務管理がしやすい従業員構成である。

(b) 寸胴型

年齢層が上から下まで同じように分布している状態である。ピラミッド型の人員構成だった会社において，従業員の高齢化が進み，若年層の採用数が減少すると，このような従業員構成になる。管理職になれない人が増え，昇進できない従業員に対する配慮が必要となり，中高齢の従業員が過剰になって，人件費負担が重くなる等の問題が生じやすい。

(c) 逆三角形型

ピラミッド型の逆で，若い従業員が少なく，年齢が上がるに従って従業員が多くなる状態である。寸胴型の発展形ともいえ，一般的に，このような従業員構成になると，社内の活気がなくなり，さらに過剰な人件費負担のために業績が低迷する状態に陥っていく。業績低迷状態から脱却を目指し，逆三角形の上方部に位置する中高齢者のリストラが行われることがある。

(d) くびれ型

中間の年齢層（30代や40代）が，その上下の年齢層に比べて極端に少ない状態である。くびれている年齢層が40代前半の場合はバブル経済崩壊後の平成4

8　深瀬勝範『Excelでできる！統計データ分析の仕方と人事・賃金・評価への活かし方』95頁以降参照（日本法令，2014）。

年頃に，30代の場合は就職氷河期の平成11年頃に，新卒採用数を減らした会社と考えられる。中間管理職が不足気味で組織運営に支障が出てきたり，高齢者と若年者のつなぎ役がいないために職場のコミュニケーションが悪くなったりする問題が生じることがある。

　事例のA社の年齢・男女別従業員分布図は，逆三角形型であり，35歳から49歳の中間層が多い反面，25歳未満の男性社員がいないことがわかる。5年後には，逆三角形がより鮮明になり，若年層の採用とその定着に注力しなければならないことがわかる（**図表3-10**）。

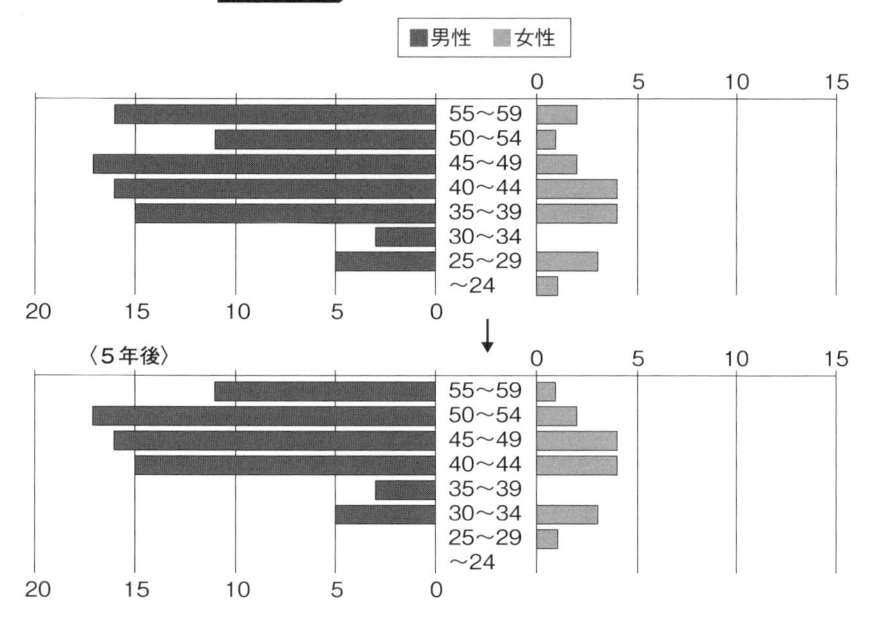

図表3-10　年齢・男女別従業員分布図

② 管理職割合

　従業員は，管理職と一般職に分けることができ，従業員のうち管理職が占める割合を管理職比率という。管理職とは，労基法41条2号に該当する管理監督者をさし，労基法上の労働時間および休日の適用がなく，時間外労働手当の支

給対象とはされないが，その重要な職責に対して高額な手当が支給されること
になる。すなわち，管理職割合が高すぎる場合，人件費負担が重く，利益を逼
迫させる要因にもなる。また，労基法上の管理監督者に当たらない管理職につ
いても，役職手当を支給するという意味では給与が高額になるので，合わせて
調査が必要となる。

そこで，世間水準である厚生労働省の賃金センサスのデータ（平成28年）か
ら割合を算出して，ターゲット会社の管理職割合と比較することになる。事例
A社の場合，同規模の世間水準と比較すると，部長職，課長職，係長職のすべ
ての管理職について，世間水準よりも高いことがわかり，人件費の負担を重く
させている可能性がある（**図表3−11**）。

図表3−11 管理職割合比較表

	一般的水準		A 社	
	労働者数（人）	割合	労働者数（人）	割合
部 長 級	62,350	5.9%	7	7.0%
課 長 級	141,300	13.4%	18	18.0%
係 長 級	98,180	9.3%	20	20.0%
非 役 職	749,920	71.3%	55	55.0%
合 計	1,051,750	100.0%	100	100.0%

③ 離 職 率

従業員の離職率は，その会社を評価する1つの指標である。一般的に，従業
員を大切にしている会社であれば，離職率は低くなり，逆に従業員に対する配
慮が足りない会社やブラック企業では，離職率は高くなるといえる。特定部署
で離職率が極端に高い場合などはパワハラが疑われ，優秀な従業員の離職率や
中堅どころの会社をけん引する人材の離職率が高い場合，待遇の問題など人事
労務管理上に問題がある可能性が高い。ただし，離職率が低ければ低いほどよ
いというわけではなく，離職率が極端に低い場合は，甘い人事労務管理が行わ
れていることも否定できない。

第3章　任意的調査項目　　221

　したがって，離職率の調査と合わせて，退職の理由やどの年齢層の従業員が辞めていくのかその内容も確認する必要がある。事例のA社では，過去3年の離職者数および退職理由は次のようなものであった（**図表3－12**）。

図表3－12　離職率および退職理由等一覧表

年齢	退職理由	n－2期	n－1期	n期
～24	自己都合	4	3	3
	会社都合	1	0	0
	合意退職	0	0	0
25～29	自己都合	2	3	0
	会社都合	0	0	0
	合意退職	0	0	1
30～34	自己都合	1	0	1
	会社都合	0	0	0
	合意退職	0	0	0
35～39	自己都合	0	0	0
	会社都合	0	0	0
	合意退職	0	0	0
40～44	自己都合	0	0	0
	会社都合	0	0	0
	合意退職	0	0	0
45～49	自己都合	1	0	0
	会社都合	0	0	0
	合意退職	0	0	0
50～54	自己都合	0	0	0
	会社都合	0	0	0
	合意退職	0	0	0
54～59	自己都合	0	0	0
	会社都合	0	0	0
	合意退職	0	0	0
退職者人数合計		9	6	5
離職率[9]		8.5%	5.7%	4.8%

9　年初の常用労働者数に対する年間の離職者数の割合（＝離職者÷年初の常用労働者数）。

雇用動向調査[10]（平成28年）の同業の離職率は14.0％（20〜24歳では男性27.6％，女性28.6％）であり，Ａ社の離職率と比較しても，とりわけＡ社の離職率が高いわけではない。しかし，退職した年齢層が24歳未満であることや，退職理由が自己都合退職であること，ベテラン従業員がほとんど退職していないことから，仕事の属人化・抱え込みが行われており，新人教育や業務の指導，そして適切な仕事配分がなされていない可能性は否定できない。ただ，これらの結果からも，Ａ社の従業員構成は，5年後には逆ピラミッド型に推移することが予想されることから，若年層の採用活動が急務であるといえよう。

(3) 組織力測定

通常，DDは，最終合意前に実施されるため，この時点では，従業員にもM&Aに関して何ら知らされておらず，アンケートやインタビューなどによる従業員へのアクセスが不可欠な人材アセスメントや組織風土分析を実施することは極めて困難である。しかし，売り手側企業の協力を得て，「従業員意識調査」という名目でコンサルタント会社に依頼したということであれば，最終合意前にアンケートの実施や従業員に対してインタビューを行うことも可能である。大きな買い物をするわけであるから，少なくともアンケート調査はこの段階で実施すべきである。

人材アセスメント[11]については，「組織全体の傾向分析」と「個人の潜在能力の測定」に大別できる。組織全体の傾向分析では，ターゲット会社の組織の強みや弱みは何か，適材適所に配置ができているか等を調査することになる。

組織風土の調査方法は，アンケートを実施することで組織力を測定し，測定されたターゲット会社の特徴について，インタビューを実施し組織風土を理解

---

10 離職率の世間水準については，厚生労働省からの「雇用動向調査のデータ」または，「毎月勤労統計調査のデータ」と比較することになるが，「雇用動向調査のデータ」では，入職・離職を年齢階層別，理由別等の集計がなされているので，細かく分析する場合には，「雇用動向調査のデータ」を見るとよい。

11 企業や組織において，人材を適切に配置するために，事前に対象の人物の能力や適性を客観的に評価することをいう。アンケート調査，グループ演習や討議，面接など様々な場面を通して評価がなされる。

し，今後どう変革していく必要があるのかを検討する材料とする。以下，個人の潜在能力も測定することができるアセスメントツール「CUBIC」の測定方法を紹介し，これを活用した事例A社の組織力測定結果の人事DDレポートとして紹介する。

① **CUBICによる組織力測定**

CUBICの組織活力測定[12]では，給与体系や福利厚生の施設の完備状況のほか，社員相互の意思疎通は円滑になされ，仕事を楽しく行われているか，自分の友人知人たちにも，一緒に仕事をやっていこうと勧誘，推薦できるような会社であるか，さらには，管理職クラスの忠誠心と職務行動とのリンケージはどのようなものか，および若者クラスの能力主義に応えられるような健全組織であるかなどの組織の現状と問題点を社員の潜在意識を通して，客観的データとして分析される。

設問項目は，企業組織を運営するために重要である広範囲な要素を因子分析によって大きく5つに分類され，30設問にまとめられ，調査の信頼性を維持しながら作成される。

```
1. 風土厚生面（6項目）
2. 職務遂行（6項目）
3. 人間関係（7項目）
4. 組織構造（5項目）
5. 会社への評価（6項目）
```

30の設問に対して「はい」「どちらともいえない」「いいえ」と回答する3等間隔尺度を採用している。

測定結果は，風土厚生面，人間関係（コミュニケーションや上司，部下との関係），職務遂行（職務への取り組み方），組織構造（社員のアイデンティティ，

12　以下，CUBICユーザーズガイド参照。

意思疎通），会社への評価の5分類において，項目ごとに集計を行う。

風土厚生面………人事考課と賃金システム整合性，福利厚生の満足度， 　　　　　　　　休日休暇問題，職務の雰囲気，慣行など	
人間関係…………チームワーク，職場の意欲と活気，コミュニケーション 　　　　　　　　管理者のマネジメント能力，採用と人員充足，定着性など	
職務遂行…………社員の能力発揮度，意欲充実度，目標達成力， 　　　　　　　　業務実行力と方法，仕事への姿勢など	
組織構造…………企業理念，仕事の能力発揮度合，仕事の流れ，任務の理解， 　　　　　　　　目標方針の明確さと浸透度，他部門との連係など	
会社への評価……会社への帰属感，組織改善への必要性など	

　出力結果は，次の4タイプがあり，各々部署別，役職，世代，勤続年数ごとの出力することができる。

1．TOTAL集計結果……・30設問を大きく5つに分け，全体像の結果を出力。
2．男女別分析……30設問を大きく5つに分け，男女別の結果を出力。
3．他社平均値比較……30設問を大きく5つに分け，他社平均値と自社のポイントを重ねて表示し比較できるもの。
4．設問別集計結果……30設問別の構成比とその設問をY軸に，関連性の深い項目をX軸に置き，配列位置などを座標で表示したもの。

　集計結果は，設問項目ごとに対する回答者の平均値を表す。数値は指数化し，たとえば企業の全員が「はい」と賛同すれば100点，全員が「いいえ」と否定すれば−100点，また，全員が「どちらともいえない」と中立的な回答をすれば0点になるようにしている。

②　組織力測定結果

　平成2年度からデータを収集してきた他社の平均値（約200社）とターゲット会社A社のデータを合わせて表示することによって，A社と他社の指数格差を見ることができる。他社平均値よりA社のポイントが下回っている項目にお

いて，格差の少ない項目よりも，格差の広がった項目に注目し改善する順位づけを行い，格差の少ない項目については，仮にマイナスであっても，特別に問題があるとは判定しない。なお，事前に買い手企業もCUBIC組織力測定による「意識調査」を実施しておき，買い手企業とのデータと比較するとより現実的な数値を把握することができる。次頁以降に，事例A社の組織力測定結果の調査報告を見本として紹介する。

【風土厚生面】

	休日・休暇	整理整頓	賃金	環境	作業改善	福利厚生
Ａ社	5	-28	-48	33	-65	2
200社平均	42	38	43	40	-19	43
	-37	-66	-91	-7	-46	-41

・休日・休暇…休日，長期休暇は十分か　　・環境…働く環境は良いか

・整理整頓…整理整頓，５Ｓが徹底され　　・作業改善…作業環境の改善に対して，
　ているか　　　　　　　　　　　　　　　　会社の対応は十分か

・賃金…自己の能力に適した賃金か　　　　・福利厚生…福利厚生の内容に満足か

風土厚生面

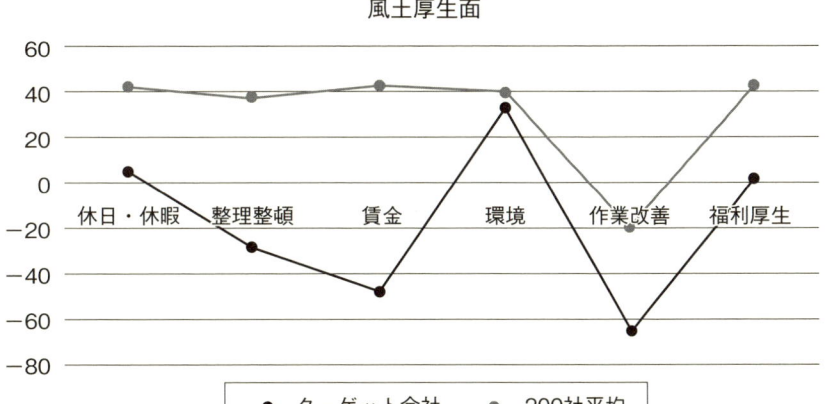

　　200社平均と比較して，全項目においてマイナスを表している。特に，賃金に対する従業員の評価が「－91」と格差が広く，また，休日・休暇も十分に与えられているとはいえない結果であり，従業員の不満が相当高まっていることが推測される。給与，賞与，年収調査において，いずれも世間水準を下回っていることについては，法定外福利費および退職金原資を減らしてでも成果配分の見直しを行うか，または，整理整頓の徹底と作業改善を行うことで労働時間を短縮し，休日・休暇を増やし，副業を認めることで個々の収入を増やす等の対策が急務であろう。

第3章　任意的調査項目　**227**

【人間関係面】

	上司の魅力	チームワーク	定着率	雰囲気	新卒採用	職場人数	業務命令
A社	-3	23	7	49	-97	-27	17
200社平均	45	55	44	69	3	42	50
	-48	-32	-37	-20	-100	-69	-33

- ・上司の魅力…直接の上司は魅力あるか
- ・チームワーク…チームワークは良好か
- ・定着率…社員の定着率はよいか
- ・雰囲気…職場は明るく活気があるか
- ・新卒採用…新卒者の採用は十分か
- ・職場人数…職場人員は十分か
- ・業務命令…上司の業務命令は的確か

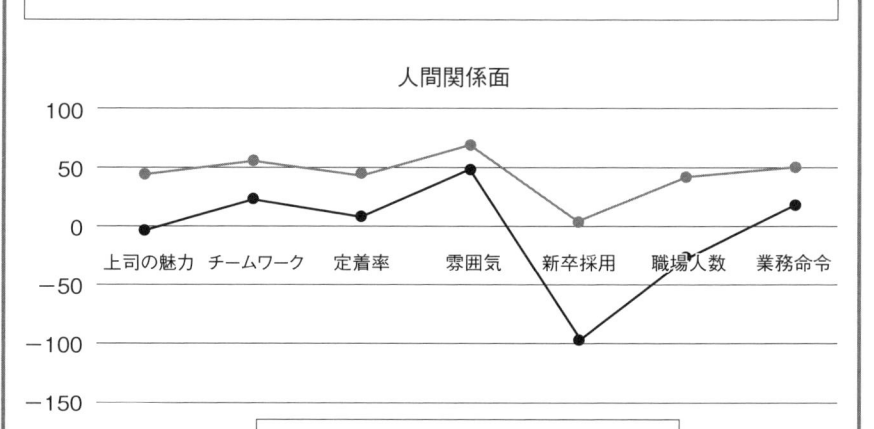

　全項目において，200社平均と比較し，すべてマイナスである。新卒採用は行っているが，上司に対して魅力を感じられず，従業員のキャリアップについても，入社時研修のみでそれ以降，階層別の研修や勉強会等が計画的に開催されず，若年層の従業員にとってはキャリア形成が望めないことも退職理由の一因となっていると思われる。若年層の退職を回避するため，ブラザー制度等の採用も検討する必要がある。なお，「雰囲気の指数」がマイナスとはいえ，唯一他社平均と大幅な乖離がないことが救いであり，雰囲気を保つような制度またはムードメーカーがいるのであれば，その制度を残し，あるいはムードメーカーが退職しないよう配慮が必要である。

【会社評価】

	業績の伸率	定着欲求度	社風	誇り	おすすめ度	将来性
A社	-55	30	-8	13	-5	-61
200社平均	55	-10	31	40	25	2
	-110	40	-39	-27	-30	-63

- ・業績の伸び率…組織の業績の伸びは順調か
- ・定着欲求度…今後もここで働きたいか
- ・社風…今の社風は好ましいか
- ・誇り…誇りと自信のある組織か
- ・おすすめ度…友人にも薦めたい組織か
- ・将来性…将来性，成長性はあるか

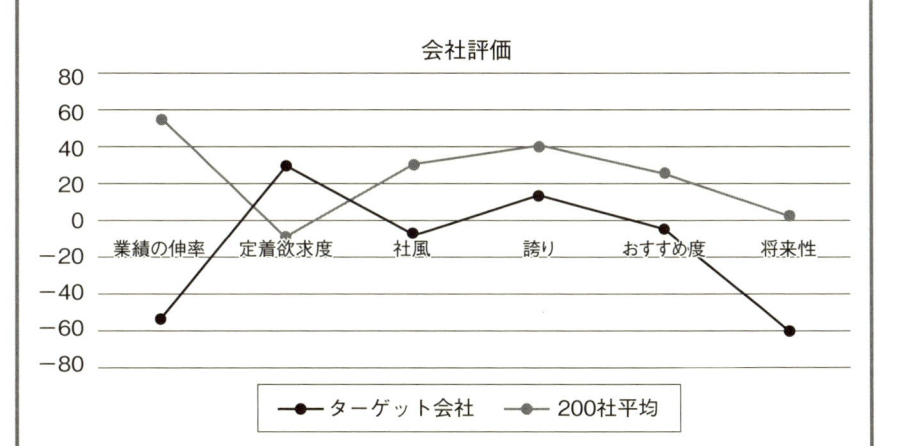

会社評価

　業績が厳しく，将来性，成長性に期待できないことは従業員も認識しているようだ。したがって，大幅な事業転換やリストラ等を行うことについては，理解される土壌であると推測できる。また，社風，誇り，おすすめ度がマイナスにもかかわらず，定着欲求度が200社平均よりも高い結果になったことについては，仕事に対する仕事の達成感，やりがいからの結果であるのか，または，「自分の実力では他社には就職できない」「とりあえず，給料さえもらえればいい」といった消極的な感情からの結果であるのか，判定することは難しい。ただし，前者であるのであれば，組織として飛躍する可能性は残されていると思われるので，さらなる調査が必要である。

【職務遂行面】

	工夫	目標達成度	確実性	勤務成績	顧客満足度	就業規則
A社	12	4	39	33	63	55
200社平均	10	39	-21	85	15	36
	2	-35	60	-52	48	19

- 工夫…仕事の進め方や質向上のため工夫しているか
- 目標達成度…目標計画は遅れずに達成しているか
- 確実性…業務は確実に処理しているか
- 勤務評価…自分の勤務成績に満足しているか
- 顧客満足度…顧客の満足度を考えているか
- 就業規則…就業規則は厳格か

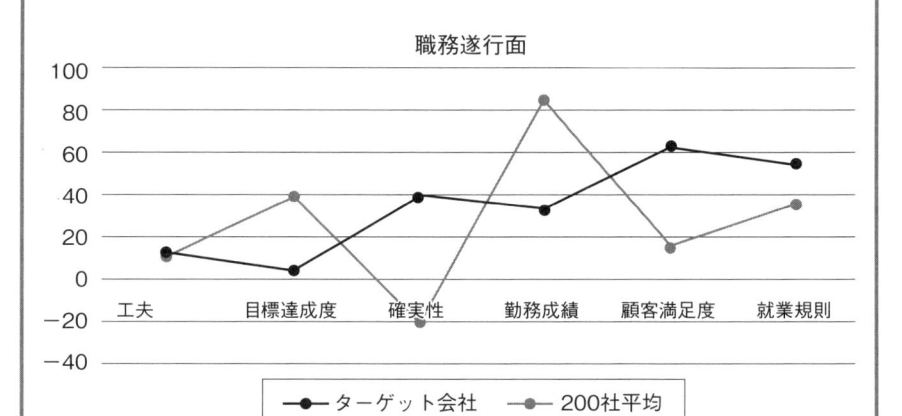

目標の達成度合いが高いのは，ノルマ未達の場合の社長からの厳しい叱責を回避するためであると思われる。とりあえず，スピードが第一であり，多少の確実性や顧客満足度を犠牲にしても，達成率が最優先される状況はパワー・ハラスメント等の人事面の問題以外にも様々なリスクを抱えている状態と推察する。就業規則については，入社時に１人ひとりに配布されてはいるが，労働法制の法改正がまったく反映されておらず，また，随所に違法性の高い文言があるので，就業規則の改正手続が必要である。

【組織構造】

	役割配分	適材適所	他部門の情報	今より他の仕事	経営理念
A社	52	81	-67	-42	4
200社平均	42	74	15	80	80
	10	7	-82	-122	-76

・役割配分…仕事の役割配分に満足して
　いるか
・適材適所…適材適所に配置が行われて
　いるか
・他部門の情報…他部門の情報は十分か

・今より他の仕事…今の仕事より他の仕
　事が良い
・経営理念…経営理念，目的は明確か

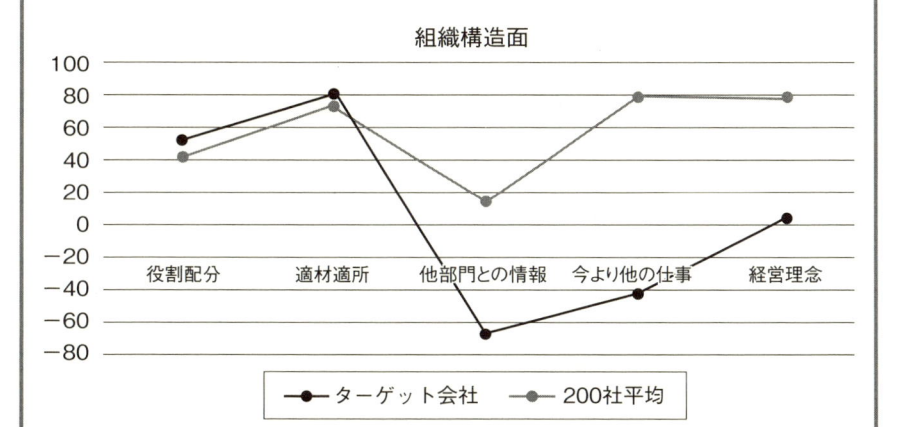

組織構造面

　現在従事する業務について，業務自体ではなく，何ら説明もなく，突然の拙速な人
事辞令を命じる会社に対する強い不満が認められる。ある程度の準備期間を設け，従
前の業務を整理し，後任に引き継ぐ時間を十分設けて，配転が行われるよう配転ルー
ルの構築が必要である。また，経営理念については，世界中のどこの会社にでもある
ような抽象的なものであり，経営者の情熱や会社が存在する社会的意義が感じられず，
社員は冷め切っている。

第3章　任意的調査項目　　231

　以上，CUBICを活用した組織力測定の人事DDレポートを紹介したわけだが，重要なことは，M&A取引が，「最終的にどのような恩恵を買収会社にもたらすのか」という視点を忘れないことである。事例のＡ社の場合，DDの目的は，「ワンマン体制や人事制度を改善して黒字化の可能性を探る」ことである。ビジネスDD，法務DD，財務DD等の結果から総合的に判断して最終的に取引の態様および有無を決定することになるが，人事DDの結果からのみ判断すると，Ａ社の組織は生物的欲求の強い組織であり，自己実現のために仕事を行う人材が多い高品位組織に転換するには相当のエネルギーが必要と思われる。

　すなわち，Ａ社は，先輩社員が，意欲的で新鮮な人材に対して，社内批判をしたり上司に嘲ったりすることによりモチベーションを低下させ退職に追い込み，残留者は他社でも困る能力的に問題のある人材だけとなっている組織である可能性が高い。カネやモノなどの基本的欲求が強く，自分から進んで仕事を見つける意欲に欠け，社長の逆鱗に触れないよう，言われたことしかせず，職務範囲から逸脱しなければよく，工夫してまでリスクテイキングしない組織であると思われる。

　このような組織を，利益を上げて存在が許される組織にするためには，まずは，明確な経営理念，計画的な教育そして，客観的な能力評価の仕組みづくりが必要であろう。

232

2　労働条件の把握

事例
13

就業規則・労使慣行

　Ａ社を存続会社，Ｂ社を消滅会社とする合併の基本合意が締結された。Ａ社の部長・太郎は，Ｂ社の人事DDを行う際にどこに力点を置くべきか。

＜労働条件の不利益変更＞

　合併の場合は包括承継することになるので，存続会社の就業規則と消滅会社の就業規則の２つのルールで人事労務管理を行うことになり，社内秩序が乱れるおそれがあるため両社の労働条件を統一することが必要である。労働条件を統一するにあたり，労働条件を不利益に変更することが予想されるので，まずは「労働条件変更の難易度のランク付け」という視点を持ちつつ，労使慣行を含めた労働条件の差異を把握することが重要である。そこで，両社のデータを調査項目ごとに比較して記載すると次のステップである統合作業において効果的である。また，自社でしか使用していない社内用語があれば，誤解を生じさせないためにも言葉の定義を共有化しておく必要がある。

解　説

　合併では，消滅会社の労働条件が存続会社の労働条件に統一されるわけではなく，消滅会社の就業規則も従前のまま存続会社に包括承継されることになるので，１つの会社に２つの異なる就業規則が併存することになる。１つの会社に２つの異なる就業規則が併存することは，業務を遂行する上で著しい支障が生じうるので，これらを含めすべての労働条件が記載された就業規則を統一す

第3章　任意的調査項目　　**233**

る作業が急務となる。

　労働条件の統一にあたり，合併した両社の労働条件を労働者にとってすべて有利に，つまり引き上げる（労働時間の場合は短くする）ことによって統一する方法は理想的ではあるが，総人件費をはじめ，あらゆるコストを増加させることになり，現実的ではない。実際には，吸収会社に統一する，消滅会社に統一する，両社を混在させた新しいものを作成して統一する等のいずれかを選択することになるが，労働条件を不利益変更せざるを得ない事項も多々あるので，労働条件変更の手続が必要となる。

　労働条件変更手続は，①労使の合意（労契法8条）で行うか，②就業規則の変更（労契法10条）によるか，または，③労働協約を締結（労組法16条）によるか，3つの中から選択することになる。

　実務では，すべての労働者から1つひとつの労働条件の変更事項について同意を取り付けることは困難なこと，また，必ずしも労働組合が存在するとは限らないこと等から，就業規則を変更することによって労働条件を統一することが一般的である。以下，合併を前提としたケースにおいて，就業規則の変更により労働条件を変更する方法を整理し，項目ごとに労働条件変更の難易度のランクづけという視点を持ちつつ，データを収集し，PMI（買収後の統合）に向けて両社の比較表を作成するポイントについて解説する。

(1)　就業規則変更による労働条件の変更

　労契法では，労働条件の内容の変更は労働者から個別の同意を得ることを原則とし（同法8条），労働者と合意することなく就業規則の変更により労働者の労働条件を変更することは許されないとしている（同法9条）。ただし，例外として同法10条には「使用者が……，変更後の就業規則を労働者に周知させ，かつ，就業規則変更が，労働者の受ける不利益の程度，労働条件の変更の必要性，変更後の就業規則の内容の相当性，労働組合等との交渉の状況その他の就業規則の変更に係る事情に照らして合理的なものであるときは，労働契約の内容である労働条件は，当該変更後の就業規則に定めるところによるものとす

る。」との定めがあり，労働者への「周知」と「合理性を担保する」の2要件を充足することで，就業規則変更による労働条件の変更を認めている。

① 周　　知

　周知は労働条件変更要件の1つであり，変更に合理性が認められても，周知要件を欠けば労働条件の変更は無効になる。当該周知については，前述したとおり，労基法106条1項の「周知」と労契法7条および10条における「周知」とは異なる概念である。「実質的周知」と呼ばれている労契法上の周知では，実質的周知が認められるためには，周知方法のみならず，周知される情報が適切・的確に伝えられることも要請される。

　実質的周知を認めず，新しい就業規則（退職金規程）の変更の効力を否定し，旧就業規則（旧退職金規程）によって算出された退職金を支払うよう命じた中部カラー事件[13]では，周知方法には瑕疵がなかったとしても，新就業規則（新退職金規程）には，単に「退職金は，中小企業退職金共済と第一生命保険相互会社の養老保険への加入を行い，その支払い金額とする。」と定められていただけであった。これでは，退職金の金額や計算方法がまったくわからず，周知される情報が適切にまた的確に伝えられたと認めることはできない。したがって，ターゲット会社において，就業規則の変更により労働条件を変更した場合，合理性を検討するのは当然のこと，実質的周知がなされたかという観点を持って調査にあたることを忘れてはならない。

② 合 理 性

　労働条件変更要件の1つである労契法10条の「変更の合理性」については，変更後の労働条件がそれ自体として合理的かどうかではなく，あくまでも従前の労働条件から新たな労働条件への「変更」が合理的かどうか見るものである。労契法7条の「労働者及び使用者が労働契約を締結する場合において，使用者

13　東京高判平19・10・30労判964号72頁。

が合理的な労働条件が定められている就業規則を労働者に周知させていた場合には，労働契約の内容は，その就業規則で定める労働条件によるものとする」の「合理的」とは明らかに異なる[14]。

　合理的であれば，労働者から同意を取り付けなくても，一方的に変更することができるのは，変更に反対する労働者が少しでもいる限り，労働契約の内容を集団的に変更することが困難な状況が生じるからである。合意がなければ変更できないようなこう着状態が長く続くと，継続的な性格をもつ労働契約関係が硬直化し，外部環境の変化に対応できない事態に陥るおそれがあるので，日本の労働法制では，一定の要件の下で労働契約関係の展開に柔軟性を認めようとしたのが，就業規則の合理的変更法理であるといえよう[15]。

　合併の場面では，必要性を基礎づける他の事情と合わせて「高度の必要性」を判断することにはなるが，労働条件の統一的・画一的処理の要請から，従業員相互間の格差を是正して単一の就業規則を作成しなければならないという事情を必要性の要素として挙げることができる[16]。すなわち，「時期」が重要となる。合併する前と合併した後では，労契法10条の「変更の合理性」は大きく異なり，合併する前では当該「変更の合理性」が認められるが，合併した後では「変更の合理性」は合併前と比較すると希薄になる点に注意が必要である（**図表３－13**）。

図表３－13 合併時の労契法10条の変更の合理性

前	合　併	後
←── 変更の合理性が高い ──→		←── 変更の合理性が希薄化 ──→

　したがって，合併において，就業規則の変更で労働条件を変更することにつ

14　石嵜信憲編著『労働条件変更の基本と実務』12頁（中央経済社，2016）。
15　水町勇一郎『労働法』100頁（有斐閣，第６版，2016）。
16　「大曲市農業協同組合事件」最三小判昭63・2・16民集42巻２号60頁。

いては，合併前であれば，労働条件を統一するという合理性を担保することができるが，合併後では，２つの就業規則で人事労務管理を行う覚悟をしているわけであるから，「労働条件を統一するため」という理由は使えにくくなる。

　なお，「変更の合理性」は，労契法10条の①労働者の受ける不利益の程度，②労働条件の変更の必要性，③変更後の就業規則の内容の相当性，④労働組合等との交渉の状況，⑤その他の就業規則の変更に係る事情で構成されるが，②の「労働条件の変更の必要性」については変更する労働条件のランク付けという視点が重要である[17]。すなわち，変更する労働条件が，賃金や退職金等の重要な権利であれば，高度の必要性が求められ，重要度の低い労働条件であれば，求められる必要性の程度は低くなる。

③　労働条件のランクづけ

　労働条件を変更するにあたり，当該ターゲット会社において，労働条件ごとに「変更の必要性度合」をランクづけし，高度の必要性が求められる労働条件については「変更の合理性」を担保するため合併前に就業規則を変更することで対応することが肝要である。

　まず，労働条件の１つである「賃金」については，判例[18]で，賃金の不利益変更には「高度の重要性」があると判示されているので，最上位にランクされる。この賃金については，労基法11条で「賃金，給料，手当，賞与その他名称の如何を問わず，労働の対償として使用者が労働者に支払うすべてのものをいう。」と定義される。労働の対償として，社会保険料の算定基礎となる「報酬」には，「社宅の提供」や「財形奨励金」等も，「報酬」に含まれるから，労基法上の「賃金」に含まれるのではとの疑義が生じるかもしれない。しかし，労基法上の賃金は「使用者が労働者に支払うすべてのもの」（労基法11条，徴収法２条２項）と制限していることから，「社宅の提供」や「財形奨励金」等は使用者が労働者に支払うものではないので，労基法上の「賃金」には該当せず，

17　石嵜編著・前掲注（14）12頁。
18　「第四銀行事件」最二小判平９・２・28民集51巻２号705頁。

福利厚生として取り扱うことになる。

　次に，労働時間や休日については，所定労働時間の延長や休日数の削減は時間外手当の算出にあたり，月給を時給に換算する上で単価を下げることになるので，間接的に賃金を下げることになる。したがって，賃金の次にランクづけされる。

　第三に，労働条件の内容の重要度を労基法15条に求めることもできる。労基法15条では「使用者は，労働契約の締結に際し，労働者に対して賃金，労働時間その他の労働条件を明示しなければならない。この場合において，賃金及び労働時間に関する事項その他の厚生労働省令で定める事項については，厚生労働省令で定める方法により明示しなければならない。」とある。この「その他の厚生労働省令で定める事項」とは，労基則5条1項に具体的に定めてあり，労働契約の期間に関する事項（有期労働契約の更新基準を含む），就業の場所および従事すべき業務に関する事項，所定労働時間を超える労働の有無に関する事項，労基法89条に掲げる就業規則の必要記載事項のうち，同条第1号から第9号までに掲げる事項ならびに休職に関する事項を明示すべき事項としている。

　当該施行規則は，昭和29年の施行規則改正の際に改正され，従前，明示すべき労働条件として規定されていたもののうち就業規則の必要記載事項中に掲げられていた「前各号の外，当該事業場の労働者のすべてに適用される定をする場合においては，これに関する事項」と事業附属寄宿舎に労働者を寄宿させる場合における寄宿舎規則に定める事項を削り，休職に関する事項を追加した。この改正により，具体的には福利厚生に関する事項や寄宿舎規則に関する事項等が除外されたのであるが，これらは，狭義の労働条件に含まれないという考えから，明示すべき労働条件中には含める必要がないという理由によるものである[19]。したがって，福利厚生が除外された経緯を考慮すると，福利厚生はそもそも使用者による任意的，恩恵的給付であり，労基法15条の明示義務のある

19　厚生労働省労働基準局編『平成22年版　労働基準法（上）』231頁（労務行政，2011）。

労働条件に比して，保護法益としての位置づけは低いと解せる。以上のことから，労働条件の内容の重要度合をランクづけすると次のように整理することができる（**図表3−14**）。

図表3−14 労働条件重要度ランク表

順位	内　　　　容
1	賃金，賞与，退職金
2	労働時間，休日，休暇
3	労基法15条で明示義務とされた労働条件（1位，2位を除く）
4	福利厚生

出所：石嵜信憲編著『労働条件変更の基本と実務』127頁（中央経済社，2016）を参考に著者が一部修正

(2) 就業規則等から主要な労働条件を調べ，比較表を作成する

　就業規則を変更することにより，労働条件を変更するには「周知」と「合理性」の2要件を充たす必要がある。合併の場合，「合併するために労働条件を統一する」という変更合理性が認められるので，「高度の必要性」が求められる重度の高い項目については，合併前に就業規則を変更しておくべきである。DDの結果を踏まえ，最終合意の締結も確定していない段階で，就業規則を変更することはリスクが高いかもしれないが，M&A取引の可能性が高い場合には，調査のみならず，変更まで実施しておくべきである。

① 合併前に労働条件の統一に向けて調査・変更しておく事項

【賃　金】

調　査　・　変　更　項　目	消滅会社	吸収会社
□賃金の決定要素の確認（年齢，勤続年数，生計費，扶養家族数，能力，職務，成果・業績）		
□賃金締切日・賃金支払日・支払日が休日の場合の例外		
□昇給月日，回数		
□昇給ルール（卒業・入学方式，昇格必要年数，昇格人数枠，昇格要件の明確化）		

第3章　任意的調査項目　**239**

調査・変更項目	消滅会社	吸収会社
□採用している等級制度[20]（職能資格制度，職務等級制度，役割等級制度，その他）		
□等級の数，役職との関連性，職能要件		
□評価の反映先（昇格・昇給・賞与・退職金）		
□評価の期間（会計年度と同一，その他）		
□複線型人事制度[21]の採用の有無，その内容		
□コース別管理（総合職・一般職，地域限定社員，職種限定社員）の採用の有無，その内容		
□降格・降給ルール（降格の要件，降格の限度，事前協議の有無，降格の公開，最終判断者）		
□賃金構成（基本給，手当の定義），ルールと運用の一致		
□年俸制の有無，時間外手当との関係，対象者と決定方法		
□割増率（所定超・法定超），時間外労働，休日労働，深夜労働		
□賃金水準の比較（両社，世間）		
□プロット分析（年齢，等級，役職，男女）		

【賞　与】

調　査　・　変　更　項　目	消滅会社	吸収会社
□賞与支給月日・算定期間・支給回数		
□支給額が予め確定している（基本給×○カ月等）		
□支給の有無および金額がその都度決定される（業績に応じて支給する。ただし，業績の著しい低下等により支給しないことがある。支給額は，会社の業績に応じ，勤務成績等の人事考課により評価し，その結果を考慮してその都度決める）		
□支給の有無が不明（会社の業績により支給する場合がある）		
□基本給連動型賞与制度[22]		
□マトリックス式賞与配分型賞与制度[23]		
□ポイント型賞与制度[24]		

20　等級制度の基軸を「能力」とするのを職能資格制度，「職務」とするのを職務等級制度，「役割」とするのを役割等級制度である。

21　専門的な業務を専門職として処遇するなど，ライン管理職以外のキャリアパスを提示し，それに応じて処遇する制度。

22　基本給に評価別支給係数を乗じて算出する方法。

23　等級ごとに基礎賞与額と業績評価別加算金額を加える形で予め賞与テーブルを作成しておく方法。

24　マトリックス表をポイント指数で表示したもの。賞与は，ポイント単価に個人の持ちポイントを乗じて算出する方法。

□バジェット型賞与制度[25]		

【退職金】

調　査　・　変　更　項　目	消滅会社	吸収会社
□制度の有無，支給対象者，懲戒解雇時の支給の有無		
□支払方法（一時金，退職年金，前払い制度），支給率		
□最終給与連動方式		
□全期間平均給与方式		
□別テーブル（第二基本給）方式[26]		
□勤続年数別定額方式[27]		
□ポイント制方式		
□外部機関を利用する場合（内枠，外枠）		
□中小企業退職金共済		
□厚生年金基金		
□確定給付企業年金（DB）		
□確定拠出企業年金（DC）		
□キャッシュバランスプラン[28]		

【労働時間，休日，休暇】

調　査　・　変　更　項　目	消滅会社	吸収会社
□始業時刻，終業時刻，休憩時間		
□変形労働時間制		
□裁量労働時間制（専門型，企画型）		
□事業場外労働制		
□フレックスタイム制（コアタイム，フレキシブルタイム）		
□会社が指定した休日（指定実績とその理由）		
□年次有給休暇の付与日数		
□法定休暇の日数（生理休暇，育児・介護休暇等）と賃金支給の有無		
□特別休暇（忌引休暇，妻の出産休暇，リフレッシュ休暇等）と賃金支給の有無		

25　部門別に賞与原資を決定し，それを評価結果に基づいて，各メンバーに予算（バジェット）配分を行うように支給する方法である。

26　退職金を支給するためだけに使用する賃金テーブル（第二基本給）を設定し，これを基に退職金を支払う方法。

27　役職等にかかわらず，毎年定額を積み立て，勤続年数に応じて退職金額を決定する方法。

28　確定給付企業年金の一形態であり，確定拠出年金の特性も一部併せ持った制度である。

② できるだけ合併前に労働条件の統一に向けて変更しておく事項

【労基法15条で明示義務とされた労働条件（賃金，休日等を除く）】

調 査 ・ 変 更 項 目	消滅会社	吸収会社
□労働契約の期間		
□期間の定めのある労働契約を更新する場合の基準		
□就業の場所		
□従事すべき業務		
□退職に関する事項（解雇の事由を含む）		
□労働者に負担させるべき食費，作業用品その他に関する事項		
□安全および衛生		
□教育訓練と実績		
□災害補償		
□業務外の傷病扶助		
□表彰		
□制裁		
□休職		

③ 合併後でも変更が可能である事項

【福利厚生】

調 査 ・ 変 更 項 目	消滅会社	吸収会社
□保養所		
□社員食堂		
□運動施設		
□社宅・独身寮		
□財形貯蓄制度		
□ストックオプション[29]		
□従業員持ち株会		
□住宅貸付金		
□クラブ活動		
□誕生日プレゼント		
□慶弔金		

---

29 一定期間内に予め決めた価格で自社株式を購入できる権利であるため，賃金ではない（平9・6・1基発412号）。

□法定外の健康診断		
□健康保険組合（保険料率，付加給付）		
□その他		

　なお，福利厚生そのものは「労働条件」とは呼べず，変更の合理性のハードルも高くはないと解するが，食事補助手当のように一見すると福利厚生とも解せるものであっても，就業規則に明確な支給基準が定められている場合には，労基法11条の「賃金」に該当し，その廃止には「高度の必要性」が求められることになる。

(3)　健康保険の問題

　合併することで，1つの会社で2つの健康保険組合に加入することになったり，また，加入していた健康保険組合から脱退したりすることもある。この場合，健康保険組合ごとに，保険料率（**図表3－15**）や付加給付が異なるので，事前に調査が必要となる（**図表3－16**）。

図表3－15　健康保険料率の比較表の例（介護保険料含む）　平成29年8月現在

協会けんぽ （東京都支部）	東京都情報サービス 産業健康保険組合	観光産業 健康保険組合	関東ITソフトウェア 健康保険組合
11.56%（5.78%）	10.27%（5.135%）	10.32%（5.16%）	9.70%（4.85%）

※括弧内は従業員負担分

第3章　任意的調査項目　　243

図表3－16　健康保険組合の付加給付比較表

平成29年8月現在

	東京都情報サービス産業健康保険組合	観光産業健康保険組合	関東ITソフトウェア健康保険組合
療養の給付訪問看護療養費（家族も含む）	自己負担金から20,000円を控除した額	－	自己負担金から20,000円を控除した額。
出産育児一時金家族出産育児一時金	1児につき100,000円	1児につき100,000円	1児につき90,000円
埋葬料付加金	死亡時の標準報酬月額を支給（上限360,000円）	一律50,000円	一律150,000円
家族埋葬料付加金	一律50,000円	一律50,000円	一律150,000円
埋葬費付加金	埋葬料付加金の範囲内で埋葬に要した実費から法定給付（50,000円）を控除した額	埋葬料と埋葬料付加金（50,000円）の額の範囲内で，埋葬にかかった実費	150,000円と埋葬費50,000円の合算額の範囲内で実費
出産手当金	－	標準報酬月額を平均した額の30分の1に相当する額の3分の2に相当する額の1割または，標準報酬月額が定められている月が12月に満たない場合にあっては，次の①と②のうちいずれか少ない額の3分の2に相当する額の1割 ① 出産手当金の支給を始める日の属する月以前の直近の継続した各月の	－

		標準報酬月額を平均した額の30分の1に相当する額 ② 340,000円（傷病手当金の支給を始める日の属する年度の前年度の9月30日における全被保険者の同月の標準報酬	
傷病手当金	－	－	－

　M&Aを実施することで，支給される可能性がある付加給付を受ける機会を失うことは，健保組合との「付加給付支給契約が成立している」と解せるので「労働条件の不利益変更」に当たるのではないかとの見方もできる[30]。しかし，これについては，厚生年金基金の裁判例ではあるが，りそな企業年金基金事件[31]において，裁判所は，「厚生年金基金が行う裁定は，行政処分の性格を有するもので，これについて契約の申し込み・承諾を観念することはできず，よって年金支給契約の成立は認められない」と判示した。

　したがって，健保組合も同様に，健保組合の付加給付は，行政処分の性格を有するものであり，これについて契約の申し込み・承諾と観念することはできず，よって健保組合の付加給付支給契約の成立は認められず，労働条件の不利益変更には当たらないといえよう。

　しかし，法的には問題がないからとはいえ，これらの変更に対して何ら配慮しないことは，従業員の不満を醸成しかねない。したがって，次のように，存続会社の慶弔見舞金規程を変更するなど激変緩和措置として一定期間，M&Aによって従業員の労働条件が不利益に変更されたと感じないように該当事項を改定することが肝要である。

30　野中健次『M&Aの人事労務管理』335頁以下（中央経済社，2013）。
31　東京地判平20・3・26労判965号51頁。

慶弔見舞金規程の変更事例（出産育児一時金の付加給付の場合の見本）

> 第○条　従業員またはその配偶者が子を出産したときは，次により祝金を支給する。
>
> 1児につき10,000円
>
> 2　前項にかかわらず，合併により○○健保組合から脱退したことにより，○○健保組合の付加給付が受給できなくなった従業員については，平成○年○月○日までに出産した場合に限り，出産祝金に付加給付相当額（1児につき90,000円）を加算して支給する。

　健康保険料についても健康保険組合ごとに保険料率が異なり，健保組合から協会けんぽへ移行する場合には，従業員の負担する保険料が増加することが多いので，一定の配慮が必要となる[32]。

　たとえば，関東ITソフトウェア健康保険組合から協会けんぽ（東京都支部）へ移行する場合，月額報酬380,000円の40歳以上の従業員負担額は，月額保険料が18,430円から21,964円と3,534円増加し，年額では42,408円も負担が多くなる。

　この健康保険料の負担の増加分に対しては，毎月の給料にその分を上乗せして支給する方法と賞与に上乗せして支給する方法が考えられる。しかし，毎月の給料に上乗せして支給する方法では社会保険の算定時に上乗せ分を加算して標準報酬月額を決定することになり，賞与に上乗せして支給する方法と比べ，社会保険料を増加させてしまうおそれがあるため，賞与または退職金に上乗せして支給する方法を選択すべきであろう。

　なお，消滅会社も存続会社も健康保険組合に加入していた場合には，当該健保組合を合併することも可能である。例えば，新日鐵住金健保組合（新日本製鐵健保組合と住友金属健保組合が合併），サッポロビール健保組合（サッポロビール健保組合とポッカ健保組合が合併），みずほ健保組合（みずほ健保組合とみずほインベスターズ証券健保組合が合併）など母体事業主の合併等に伴い

32　平成29年9月1日現在の保険料率。

単一組合と単一組合とが合併している。

健康保険組合の合併については，健康保険法23条で「組合会において組合会議員の定数の4分の3以上の多数により議決し，厚生労働大臣の認可を受けること」で認められている[33]。

健保組合の合併により，存続する健保組合は，合併により消滅した健康保険組合の権利義務を承継することになる。具体的には，①組合会で合併設立委員を選出後，委員会を発足し，②合併設立委員で議論を重ね，③管轄の厚生局との事前協議を行い，④組合会議員の定数の4分の3以上の多数により合併を決議し，存続組合を決定，⑤厚生局へ認可申請する[34]という流れで行われる。

ただし，このような流れの中では，統合後の健保組合の財政状況を意識することが重要である。例えば，企業グループXでは合併によりグループの中に3つの単一組合を持つ構造になり，これら3つの単一組合を1つのX健保組合に統合し，保険料率を最も高い料率に合わせ，付加給付・保険事業メニューについて見直した結果，財政状況を改善させた。逆に，E社の場合では，グループ再編の際に何も考慮せず，統合の対象となった従業員をすべて既存のE社の単一組合に加入させた結果，収入と支出のバランスが悪化し，統合した年度から同健保組合の財政は赤字に転じてしまった[35]。

健保組合によっては保険料率や付加給付等が異なり，また，どちらの健保組合を存続させるか等の実務上の課題は多いが，健保組合の合併により，規模の拡大による財政基盤の強化，健保運営の効率化，利用施設の拡大等の副産物も期待できるため総じて人事労務管理上ではプラスの作用を及ぼす。

ただし，健保組合の合併で従業員が負担する保険料が上昇したり，また付加給付が減額されたりする場合には前述のように慶弔見舞金規程等を変更し，減額した分を加算して支給したり，自己が負担する保険料の負担が多くなった部分については賞与または退職金に上乗せして支給したりするなどの緩和措置が

33　野中・前掲注（30）339頁以下。

34　認可申請には健康保険組合の名称や被保険者数のみならず，事業計画書，財産目録を添付しなければならない（健保則7条）。

35　岡本晋「企業健保組合健全化に向けた再編アプローチ」労政時報3846号95頁（2013）。

必要となろう。

(4) その他の調査事項
① 不変更合意の特約の確認
　労契法10条のただし書きに「労働契約において，労働者及び使用者が就業規則の変更によっては変更されない労働条件として合意していた部分については，第12条に該当する場合を除き，この限りでない。」とある。すなわち，就業規則の変更によっても変更されない労働条件として，予め労働契約で合意していた部分については，労契法10条の就業規則変更が周知され，かつ合理的であったとしても当該労働契約については拘束力は及ばないことを意味する。

　この不変更の合意の内容は多様であり，職種や勤務地を限定する特約，契約形態に関する特約（例えば，無期契約を有期契約に変更しないこと，特殊な契約形態を他の形態に変更しないこと），賃金に関する特約（例えば，年俸額を年の途中で変更しないこと），労働時間に関する特約（例えば，勤務時間限定の特約），定年制不適用の特約などがその例としてあげられる[36]。

　これら特約を変更または，廃止する場合には，当該労働者からの同意を取り付ける必要があるので，担当者へインタビューを行い，DDの段階で把握しておく必要がある。

② 労使慣行
　労使慣行とは，労働契約や就業規則などの成文の規範がないにもかかわらず，職場において長期間にわたって繰り返し行われている取扱いをいう。例えば，21時まで残業した日の翌日は1時間以内の遅刻を認められていたり，事務職員が16時以降に郵便局へ郵便物を出す場合はそのまま直帰することが認められていたりとその態様は様々である。これらの労使慣行については，書面化されていないことが多く，担当者へのインタビューで把握することになる。

36　水町・前掲第2章注（11）106頁。

また，労使慣行について裁判[37]では，①同意の行為または事実が長期間反復・継続して行われ，②労使双方が明示的にその慣行に従うことを排除・排斥しておらず，③その慣行が労使双方の規範意識に支えられている場合には，法的効力を認めているとの立場をとっている。

法的効力のある労使慣行の場合，是正・破棄する場合についても，労働条件の不利益変更と同様の手続が必要となる。実務的には，取扱いを明確にするため就業規則に条項を新設あるいは改定することになる。

一方，法的効力があるとは認められない労使慣行の場合，使用者は将来に向けて是正・破棄することが可能となる。ただし，是正・破棄する権利行使を一定の予告期間や従業員の周知徹底を経ず，何ら配慮もしないで行った場合，使用者の是正・破棄する権利を濫用的に行使したものとして無効となる[38]ことも考えられるので，猶予期間を設けたり，説明会を開催したりする等の一定の配慮が必要となる。

3　従業員に関する調査

キーパーソン，問題社員等の把握，個人特性分析

　ターゲット会社のＡ社は，営業部門が２課あり，第１課の稼ぎ頭は太郎で第２課は花子が営業成績トップであった。M&Aの取引成立後，人事制度の見直しと合わせて，営業１課と２課を統合したところ，花子から退職届が出された。また，

37　「三菱重工長崎造船所事件」長崎地判平元・2・10労判534号10頁，「国鉄蒲田電車区等事件」東京地判昭63・2・24判タ676号97頁。

38　石嵜・前掲注（14）110頁（中央経済社，2016）。

経理から営業部署へ配転を命じた次郎は，配属２日目から出社せず，連絡が取れない状態になった。

＜キーパーソンおよび問題社員の情報収集に漏れがあった＞

太郎と花子との間には過去に恋愛感情の縺れからトラブルになり，そのために営業を二分し，社内で２人が接触しないよう配慮がなされていた。その情報は人事DDでは把握できなかったため，営業課を統合したことでキーパーソンの花子を失う結果になってしまった。また，次郎については，人と接触する業務は苦手であったため，経理に配属されていたが，その情報が人事DDの調査項目から漏れていたため，配慮に欠ける人事異動が発令されてしまった。

解　説

書類上では確認できず，また，インタビューにおいても具体的に質問しなければ積極的に回答されない「人」に関する調査は，個人情報に係る極めて機微な事項であり，人事DDの段階ですべて把握することは難しい。しかし，キーパーソンについては，ターゲット会社の強みに直結していることもあり，事前に効果的なリテンション（引き止め策）を検討しておくためにも，厚遇されている従業員をヒントにできるだけ早い時期に把握する必要がある。

一方，トラブルメーカーである問題社員についても，M&A取引後の混乱となる要素を避けるため，過去のトラブルの有無とその対応について，インタビュー等を通じて把握しておくことが望ましい。

また，著者の事務所ではM&A取引後の配置転換等の参考資料にするため，ターゲット会社の全従業員に対して，アンケート調査（適性検査のCUBIC）を実施し，個人特性分析を行うことを提案している。以下，キーパーソンおよび，問題社員の調査方法を解説し，CUBICを活用した個人特性分析について紹介する。

(1) キーパーソン

買い手側が対象企業に魅力を感じるのは何らかの特徴があるためであり，そ

の特徴が属人的要素に支えられていることがある。特に中小企業の場合には，その傾向が強く，主力顧客がキーパーソンに接着している場合もあり，企業価値を大きく左右する要素である。したがって，M&A後にも一定期間，当該キーパーソンの在籍を取引要件とする「キーマン条項」を定めることさえある。

　具体的な調査方法については，まず，対象会社の組織図で指揮命令体系を確認後，労働者名簿で履歴を確認し，賃金台帳から月額賃金のみならず，賞与の支給額が特段高額な従業員をチェックし，ある程度の目星をつけておいてから，人事担当者からのインタビューで確認しておくと効果的であろう。また，キーパーソンの状況については，次のように情報を整理しておくと正確性を担保できる（**図表３−17**）。

図表３−17　キーパーソンの状況

氏名	部署・役職	年齢・勤続年数	職務履歴	賃金水準	強み（スキル・機能・役割・資格等）	備考

出所：西川幸孝『中小企業のM&Aを成功させる人事労務の実践的手法』55頁（日本法令，2012）

　企業が引き留めるべき人材を把握するのが早ければ早いほど，効果的な引き留め対策（リテンション）を策定することができる。キーパーソンには，M&A取引成立直後に接触し，人間関係の構築に努めたり，期待していることを告げたりすることが重要である。

　また，中小企業では血縁・婚姻関係のある従業員がいることが多く，派閥を作っていることもあるので，こちらにも一定の配慮を払う必要がある。

(2)　問題社員

　本書では，労働者の権利を濫用したり，また，その非常識な言動で会社の信用を失墜させたりする社員を問題社員と呼ぶ。その態様は多様であるが（**図表**

第3章　任意的調査項目　　251

3－18)，労働者名簿や任意の人事記録簿に過去のトラブルなどが記載されていることがあるので，担当者からインタビューと合わせて問題社員の有無，その程度，および対応策について把握しておく必要がある。また，PMIの課題の1つとして，就業規則の周知の徹底，懲戒規程の見直し，再発防止策の策定，研修の実施，退職勧奨等を事前に検討しておくべきであろう。

図表3－18　問題社員の態様

調査項目	内　　　容
服務規程違反	□遅刻，早退，欠勤を繰り返す者
	□会社の商品・備品を持ち帰る者
	□横領をした者
	□秘密情報を漏えいした者
	□経歴詐称で入社した者
	□私用でメールを使った者
	□STSで会社を誹謗中傷した者
ハラスメント	□セクシャル・ハラスメントを行った者
	□パワー・ハラスメントを行った者
	□マタニティー・ハラスメントを行った者
私生活犯罪	□痴漢を行った者
	□窃盗を行った者
	□禁止薬物の使用を行った者
その他	□メンタルヘルス不調で休職を何度も繰り返す者
	□会社に借金の取り立てが来た者
	□意欲・能力に欠け仕事をしない者
	□協調性がなく，挨拶もできない者
	□生理休暇を利用し，旅行に行く者

(3)　適性検査「CUBIC」による個人特性分析

　人的資源管理が対象とするのは「人間」であるが，具体的には，「人間の能力」であり，その捉え方には，次のような見解がある[39]。

　① 能力（ability）とは，投資が積み重ねられた結果である。設備やシステ

ムに対する投資を行うのと同様に，企業は人間に対しても資金を投資し，有能な人を確保したり，能力を高めるよう努力したりすることが必要である。

② 能力とは，「才能」（talent）である。人的資源の基礎となるのは1人ひとりが，努力を積み重ねてきた個人の財産である。ここでいう才能とは，それぞれ生を受けた人生の中で培われてきたその人なりのエネルギーのことをいう。

③ 能力（competence）とは，現実に個人が所属している組織・集団から期待されている役割を正しく認識し，期待されている目標を達成し，高い業績，成果をあげ，貢献できることである。

④ 能力とは，総合判断能力，あるいは問題解決力（conceptual skill）である。すなわち，現在自分が所属する集団，組織，社会のなかで複雑でかつ曖昧な諸条件を受け止めながら長期的，大局的な見地から将来に向けて総合的に予見し適切な意思決定・判断ができることである。

⑤ 能力とは，「パワー」（power），または「器」（capacity）である。すなわち，物理的な影響力の大きさを表現する言葉として用いられている力，実力，または潜在的な能力も含めたその人なりの保有能力を表現している。

⑥ 能力とは，能力（faculty）である。すなわち，知的で高度な能力として特別に限定して用いる芸術的，専門的な知識力のことである。

以上のように，人間の資源としての能力，力，エネルギーのとらえ方には諸説ある。いずれにしても，多面的な人間を資源としてとらえ，特定の企業組織・集団・社会において，その構成員としての人間をそれぞれの所属集団の目的に供するようマネジメントしていかなければならない。

個人特性分析は，ターゲット会社の従業員の特性を客観的かつ多面的に把握するために実施するものである[40]。成績考課や能力考課は，本人が現在担当し

---

39 村上良三『人事マネジメントの理論と実践』62〜63頁（学文社，2005）。

ている仕事について，その出来栄えや職務遂行能力の高さを評価するのに対して，適性検査のCUBICは，職場における現実の行動面から，本人の能力構造の特徴，持ち味や適性を客観的にとらえるために活用される考課手法であり，193の設問アンケートが用意されている。評価結果は，採用での面接資料，社員把握と能力開発から組織分析の基盤データの１つとして活用されるが，とりわけ，将来にわたって各人の力が最も生かされる分野を発見（配置）し，方向づける（職掌転換）際に重視されている。

　個人特性分析は，複合体である人間を多面的に観察する科学的な方法である。即ち次の４つの領域から測定し，本人の可能性，特性を多面的に評価しており，個人の特性や個性の全体像が具体的なイメージとして把握できるようにビジュアル的に表現する。

個人特性分析の測定領域
① どういう性格，パーソナリティーか（性格・個性面）
　気質，態度，性格など比較的固定的なもの
② どういう関心事・趣味領域を持っているか（趣味・価値観）
　生活の態度，人生的な思考方向
③ 基礎的な職場場面での社会性（社会性）
　職場での行動，特性
④ どういうことに意欲・ヤル気をだすか（意欲・ヤル気）
　基本的欲求，社会的欲求

　CUBICという名のとおり「人間を立体的に見る」ことを基本としているので，数値や無秩序なデータの羅列による表現方法ではなく，専門家レベルの出力を維持しながら，容易に判定できるように結果が構成されている（**図表３-19**）。

40　以下，CUBICユーザーズガイド参照。

CUBIC個人特性分析

Page1　　17/09/14　　東京　人事課　部長　中央　太郎

信頼係数：低～高
回答に多少のかたよりはあるが、およその部分が信頼できる診断結果である。

見本

1 どういう性格・パーソナリティか

型	性格の側面	弱	普通	強	指数
思考型	内向性：社交意識が低い				49
	客観性：思考的・思慮深い				37
活動型	身体性：機敏な・気まぐれな				55
	気分性：感情的・気まぐれな				36
努力型	持続性：几帳面・忍耐力				69
	規則性：常識的・規範力				35
積極型	競争性：勝ち・積極的				52
	自己主張性：勝ち気				45
自制型	慎重性：気をつける				58
	自責性：見返しをせず・誠実				52

■この人の中心特性は「努力・持続性」および「自制・傾向性」である。「活動・身体性」や「積極・競争性」という側面の人は最高い。

「努力・持続性」及び「自制・傾向性」のパーソナリティスケッチ
組織の作業のどの人間とも、常識的に頼強性があるため、努力を持ってコツコツと持続的に仕事に取り組んでいる傾向がある。一般に没頭する集中性が強化されることから、人のよくできないことに目的性をもってガンコで厳実な仕事処理との調和に欠くことも多い。ゆえに面倒を見ることになるが、当面する傾向もない傾向となり、時にには堅苦しく対人関係も乱れとなったりする。また、状況に順応しいながら、さまざまなアクションをおこしてそうという社会的に対応する意欲もない。他のようなものを持たない。その様子も傾向もない。ガンコになってしまうようなら、考え方や行動の仕方を変えたりと、柔軟に考え方の部屋にも問題がかない。他の人のような考え方はしてもなく、それが悪気でもなくつまり気に気になることが気になって、気になっていない言動になってしまう。

もう一方の性格特性
規則や常識に気にしなく、自由気ままな行動をとる、革新的な発想でがない、大胆に考え方が少ない。ルーチンにもしばりられてゴチャゴチャしたくなく、気ままな生活を好みしない。ただ、社会科学のそうした問題にもけそうとする見解が必要かを知れない。

2 どういう関心事・興味領域を持っているか

興味の方向性	弱	普通	強	指数
日常周辺事象				51
客観・科学型				52
社会・経済型				31
心理・情報型				57
審美・芸術型				54

芸術的関心が高く、世の中を美的観点から見つめようとする。
世の中の動きなどに興味関心がなく、世の中にうとく直な配慮をしない。
相手の心の機を読みとり、ごまかされない関係をしようとする。

3 基礎的な職場場面での社会性

診断項目	弱	普通	強	指数
積極性				53
協調性				48
責任感				68
自己信頼感				47
共感性				59
情緒安定性				44
従順性				41
指導性				23
モラトリアム傾向				72
				47

任された事や役割を理解し、責任感を持って仕事に取り組む。
人に頼られると、皆をまとめるリーダー的な役割を持つ。

4 どういうことに意欲・ヤル気をだすか

意欲の側面	弱	普通	強	指数
達成欲求				54
親和欲求				48
求知欲求				54
顕示欲求				61
持許欲求				47
物質欲求				57
危機回避				62
自律欲求				65
支配欲求				71
勤労意欲				53

重要なことを目標を持って果敢に挑戦し、達成に向けて努力する。
困難な目標を自らに課し、その達成に向けて努力する。
新しい事に挑戦したり、周囲の環境を変えていきたい。
組織の中の実力を発揮し、それを皆に認知してもらいたい。
モノを豊富に持ちたい、富を増やすための欲求が強い。
モノを豊富に持ちたいと、資産を持ちたいとの欲求が高い。
全面的な自己依存的になり、危険を回避したい。
人に頼らないよりも、精神的に独立し自力で生きていたい。
上下の関係をハッキリさせ、影響力のある関係を形成したい。
仕事にハキハキと、意欲的な反応で生きている。

■この人は1人より集団の立ちたい、求知の欲求が一番強く、次いで「対人関係が気になる」求知の欲求が高く、逆に「1番少ない」求知の欲求は消極的な反応である。

図3-19　CUBIC個人特性分析（見本「中央太郎」）の結果

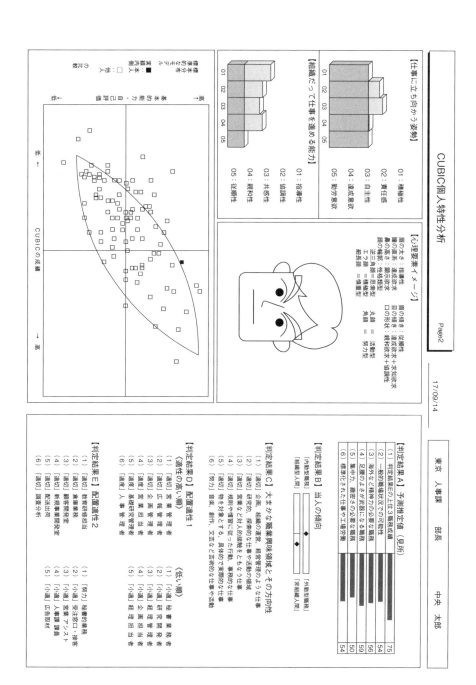

① どういう性格，パーソナリティーか（性格・個性面）

性格をいう時に○○タイプといった類型論があり，△△的行動をどのくらいとるかという特性論がある。ここでは，以下の3気質5分類によって，中心性格の2タイプと，その他に本人が意識している2側面の性格傾向を類型論[41]と特性論[42]の良さを組み合わせた方法によって記述している。

（1）思索型（分裂性格）　　　（4）積極型（ヒステリー性格）
（2）活動型（躁鬱性格）　　　（5）慎重型（神経症性格）
（3）努力型（粘着性格）

ただし，各々の性格タイプとも「明」「暗」の二面性をもち，○○型がベストとはいいきれないので，5タイプとも良いところと，逆に注意を要する部分との二面性を測定している。

また，自分自身の内面的な気持ちではなく，行動として現れる実際的特徴を分析している。行動面に根をおろした性格特性から個人を測定し，自分独自の「思い込み」や「こういう傾向もあるかと思う」ではなく，「○○するかしないか」で見ていく。すべての性格特性についてポイントを示して終わりとせず，具体的像を表現している。

② どういう関心事・興味領域を持っているか（興味・価値観）

ある刺激語に対して，受検者がどのような反応を示すかを測定し，価値観・興味領域を分析している。性格気質は親から遺伝されるものが多いが，価値観や興味領域は，育った生活環境の中で形成されていくものといえる。受検者のその行為への「経験量」（つまりどのくらい馴染んでいるか），「教育」「学歴」

41　性格をタイプによって分類する方法であり，分かりやすいものだといえる。しかし，多様な性格が存在するなかで，それをおおまかに分類するだけで，個人を具体的に表現するにはやや問題がある。

42　誰もが持っている個々の基本的特性を組み合わせることによって，個人の行動パターン，性格を表そうとする考え方。様々な性格や行動のデータを集めれば，因子分析など統計学的手法において，性格特性をこまかくとらえることができるが，大量のデータ収集ができるかどうかというところに現実的な問題がある。

「知識」などが大いに関与し，各個人のレスポンスには個性が感じられる。

　すなわち，常時，世の中の社会情勢や経済的なことを考えていれば，政治や経済に関する話題に興味が湧き，芸術的なことを考えていれば美的な方向へ関心が向かう。ここでは，その人はどういう方向に興味をもち，各方面に対してどのくらい馴染んでいるのかなど思考回路を診断し，次の5タイプに分類して表している。

【日常周辺事型】
（生活情報や知識の豊富さ，俗世間的な事への関心度をみています。）
強：雑多な一般的生活知識がある。物事の表面的現象を見る。
弱：俗世間的な事に興味がない。しきたりなどは気にしない。

【客観・科学型】
（分析的に処理する観察力，物事を追究する考察力をみています。）
強：物事を分析的に考える，またはそのまま事実のみとらえる。
弱：雑知識が妨害し，一面的な角度から物事を見ようとする。

【社会・経済型】
（社会経済動向の知識と興味度，その情報に対する認識度をみています。）
強：社会情勢，世の中の出来事に関心あり，世事に明るい。
弱：世の中の動きなどに興味がなく，世間知らずな面もある。

【心理・情緒型】
（物事や人間への心情的感性の豊かさと，感情表現度をみています。）
強：相手の心情を読みとり，こまやかな配慮をしようとする。
弱：人の心理動向や情緒的な事に対して，あまり関心がない。

【審美・芸術型】
（世の中に対しての美的着眼点，芸術センスの有無を測っています。）
強：芸術的関心が高く，世界を美的観点でとらえようとする。
弱：芸術的な美意識センスが希薄で，通俗的な選択が多い。

---

③　基礎的な職場場面での社会性（社会性）

　人事の現場や学会で話題にされる項目を単一に計量化している。パーソナリ

ティーやモチベーションのように類型化して表現せず，各々1つずつが職場での人間性をあらわす項目であり，同僚・上司など，組織の中での協同力を中心に検討される11特性で分析している。これらの特徴は固定的なものではなく，努力次第で強みの点を伸ばし，弱い点は補強できる部分であり，バランスのとれた職場場面での社会行動がとれるための指針として活用できる。

【積極性】（仕事や人間関係に対する，自発的行動力と活発度を表しています。）

強：自らの意見や提案を出し，率先して実行に移そうとする。
　　率先して業務に取り組み，意見や考えを進んで提案する。

弱：指示されたことは処理するが，つねに遠慮がちで消極的。
　　今，自分が担当している職務以外は，あまり関心がない。

【協調性】（話し合いや協同作業を，円滑に進行させるための努力度を表しています。）

強：仲間と一緒に考え，協力して目標に向かうことができる。
　　仲間に協力的であり，共通の目標に向かうことができる。

弱：意見が衝突して，対人関係で問題を起こす可能性もある。
　　相違点などは，歩み寄ったり譲り合ったりすることはせず独断的。

【責任感】（自分の分担として引き受けた任務に対する認識度を表しています。）

強：自分の発言や引き受けたことに対し，責任を持とうとする。
　　任された仕事や役割を理解し，意見に責任を持っている。

弱：何でも気軽に引き受けるが，途中で投げ出すことがある。
　　仕事を途中で投げ出したり，完遂できなかったりすることが多い。

【自己信頼】（自分を把握しているか，自信ある行動かの自覚度を表しています。）

強：自分の意思や行動に自信があり，周囲からも信頼される。
　　自信があるため，大きな目的をクリアーすることもある。

弱：周りの状況によって，自分の意見や態度を変えてしまう。
　　自己意識や態度などは，周りの状況に左右されてしまう。

【指導性】（職場での指示方法，仕事のやり方などに対する理解度を表しています。）

強：皆から頼りにされ，意見や行動をまとめていこうとする。
　　人に頼りにされ，皆をまとめるリーダー的な役割をする。

弱：自分の考えなどを主張するより，相手の意見に合わせる。

　　人を指導したり，中心となって仲間をまとめたりするのは苦手。

【共感性】（さまざまな環境に対しての適応度，社交性の発揮度合を表しています。）

強：環境内の仲間と同じ立場になり，物事を考えようとする。

　　皆の意見や考えを大切にし，協同作業などは熱心である。

弱：仲間と協同で何かをするより，独自でできることを好む。

　　独自の思考が強く，仲間と意思の疎通を欠くことがある。

【感情安定性】（物事の処理や，時間配分に対処する場合の精神状態を表しています。）

強：多少の事で動揺したりせず，気持ちにムラが少なく安定している。

　　比較的気持ちが安定していて，多少の事では動揺しない。

弱：多少の事でも理性を忘れて，気持ちの変化を行動に現す。

　　少しの事でも理性を忘れて，それが意見や行動に現れる。

【従順性】（業務命令や，常識的行動に対しての素直さ，順応度を表しています。）

強：反抗的なところは少なく，人の意見や指導に素直である。

　　人の意見や指導などは，素直に聞き入れることができる。

弱：強く命令されたり注意されたりすると，その相手に対して反感をもつ。

【自主性】（自分のなすべき事を指図されずに実行する力，判断の度量を表している。）

強：自分で決断をすることができ，自発的に物事を実行する。

　　自己の決断において，自発的に仕事をすることができる。

弱：指示を待って動くほうだが，大任であるとおろおろする。

　　自発的に行動するより，指示を待って動くことが多い。

【モラトリアム】（現実や環境に対する自己の精神的位置，社会的満足度を表しています。）

この数値が高い人は，自分の生き方に自信がなく，どこかで不安な面をいつも抱えています。「はたして，いまの考え方や生き方の方向性は正しいのだろうか」「今の自分の仕事は本当に合っているだろうか」「できれば周囲の環境を変えてみたいが，方法がわからない」などと感じています。

強：今の考えや生き方について，確信がつかめず悩んでいる。

仕事を含め，人生や現在の境遇に対して何か悩みがある。

弱：今の生き方の方向性について，自信をもち安定している。

今の環境や生活，生き方などに自信をもち安定している。

④　どういう事に意欲・ヤル気をだすか（意欲・ヤル気）

性格的側面とは別に，意欲的側面は性格診断にとって欠かすことのできないもう1つの重要な柱である。職場の士気高揚，課題達成に向けての原動力や生産性の面ばかりではなく，自己実現に向けてのエネルギーに相当する欲求の側面を測定している。ここではマズローの欲求階層説[43]を応用して，欲求を5段階10項目で分類し，受検者の欲求段階がどこにあり，「ヤル気を出すのはどのようなときか」など，欲求水準を明確にすることによって，個人の成長動機やフラストレーション・トレランス（欲求不満の耐性）を把握することができる。組織や職場で必要とされる欲求基準と個人水準とを比較することによって，課題達成のために必要とされる「目標の統合化」をねらいとしている。

【自己実現】（仕事を通して自分を高めていきたい）

○勤労意欲：仕事を通して自己を実現させたい。仕事を通して生きがいをみつけていきたい。

強：仕事への意欲があり，生きがいの部分として考えている。

仕事をしていくことで，自己実現を図ろうとしている。

弱：とりあえずの生活手段と考えて，勤務する可能性もある。

仕事は仕方ないからしている，あまり働きたくはない。

○達成欲求：高い目標に向けて頑張って努力したい。

43　人間の欲求には，自己実現への喜びを感じるための成長機能を働かせ，低次の欲求から，しだいに高次の欲求へと向かう一定の階層があることを明らかにした。まずは，生理的欲求や承認的欲求などの基本的欲求の充足から満たしていき，その段階を経て，最終的には自分の能力を発揮して，主体的に自分らしい生き方を追求していくようになるという考え方。欲求階層説は階層性の証明や欲求の不明確さなどの点で，理論的な問題点を指摘されているが，この理論を修正したアルダーファーのERG理論にも疑問の点は残る。CUBICはこのあたりも考慮に入れて開発をしている。

強：困難な目標にも努力し，常に自分を向上させようとする。
困難な目標や難しいことに挑戦し，達成に向けて努力する。
弱：苦労をして目標を達成するよりも，安定した環境が一番。
苦労がともなうのなら，目標を獲得しようとは思わない。

【内的欲求】（自尊，承認）

○自律欲求：他人に頼らず独立したい。
強：他人に依存したり頼り切ったりする生活より，自力で生きたい。
人に頼ったりするより，精神的に独立し自力で生きたい。
弱：自分らしい生き方を追求するより，人の力を頼りにする。
困ったことが起こったときは，だれかの助けを求めたい。

○危機耐性：危機対応力がある。全面的な自我崩壊にならない。逆境に耐えて
自分を守ることができる。
強：逆境に耐え，苦しいときも我慢づよくやり抜こうとする。
全面的な自我崩壊にならない，危機対応力を備えている。
弱：危機に遭遇したりすることは，はじめから避けていきたい。
危機に遭遇すると，自己を見失って実力が発揮できない。

○支配欲求：仲間の世話をし，良い方向へと指導したい。上下関係が気になる。
強：人の上に立ち，他人を動かすような力関係を形成したい。
上下関係をハッキリさせ，影響力ある関係を形成したい。
弱：人の上に立ち，自分の管理下に置くようなことには消極的。
影響力のある関係の中で，人の上に立つことには消極的。

○顕示欲求：実力を認めてほしい。実力を発揮したい。
強：自分が輪の中心となり，人を楽しませたり興奮させたりしたい。
環境の中で実力を発揮し，それを皆に認めてもらいたい。
弱：輪の中心となるより，あまり目立たず静かにしていたい。
自分で目立つ行動をするより，後方で静かにしていたい。

【社会的欲求】（愛情・所属）

○親和欲求：仲間とうまくやっていきたい，また援助したい。
強：仲間と競い合っていくより，穏やかな環境の中にいたい。
仲間とは競争関係にならず，協力し合い穏やかでいたい。
弱：世の中は実力と努力が大切で，友は能力のある人を選ぶ。
競争関係の中で発揮される，個々の実力を重視している。

○求知欲求：知的好奇心が強く，新奇なことにも進んで挑戦

　　　　強：知的好奇心が旺盛で，新しい事や珍しい事を追い求める。
　　　　　　新奇なことに挑戦したり，周囲の環境を変えていったりしたい。
　　　　弱：周りの環境の変化は好まず，安定した状況の中にいたい。
　　　　　　珍しい事や新しい事よりも，安定した生活環境にいたい。

【基本外的欲求】（生理・安全。生きるために妥協する点のあることを意識している）

○秩序欲求：キチンと物事を整理，処理したい

　　　　強：自己範囲内の環境や物事は，キチンと整理しておきたい。
　　　　　　支配関係や価値観など，周囲の状況を整理しておきたい。
　　　　弱：多様な価値観や人間関係，状態を受けることができる。
　　　　　　多様な価値観や人間関係，状態を認め理解しようとする。

○物質的欲求：モノやカネを貯めたい。資産などに強い関心。

　　　　強：モノを獲得し保持したい，失いたくないなど物欲がある。
　　　　　　モノを獲得し保持したいなど，資産的な事に関心がある。
　　　　弱：モノやお金，資産などに未練を持たずあっさりしている。

⑤　「仕事に立ち向かう姿勢」と「組織だって仕事を進める能力」

　人間の能力は，その仕事を進める上において最低限欠かすことのできない基本的能力（知識・技能・体力）や社会的・精神的熟練度，思考的能力（理解力・判断力・計画力・企画力・指導力・均衡力などさまざまな要因から成り立っている。従来，その能力の評価方法は，これら各要因のトータル得点や平均値で表していた。しかし，多くの研究の結果，人間の能力は累計値ではなく，ネックポイントをその人の能力値として考える方向になってきている。

　例えば，「木桶」の板が1枚でも壊れていると，周りの他の板がしっかりしていても，水は壊れた部分までしか汲むことができないと同様に，人間の能力もトータルポイント値（木桶の壊れていない板の部分）が高くても，どこかが欠けていれば，そこまでの能力しか発揮できないということになってしまう。すなわち，この理論を応用し，各要因を棒グラフでビジュアル的に表示するこ

とで，「仕事への姿勢」や「組織だって仕事を進める能力」のネックポイント（棒グラフの低い位置）がわかりやすくなり，改善部分や教育の優先順位が一目で理解できるようになっている。

⑥　標準的モデルと標本分布の比較

　ここでは，縦軸を「基本的能力として自己評価の指数」，横軸を「個人特性分析（CUBIC）の成績」として，■が自分の位置，□が標準値を設定した同一ファイル内の他人（先頭から100名まで表示）として，集団内における当人の相対的位置をプロットしている（255頁参照）。

　グラフの見方については，まず，右上は，「自己評価＝高，CUBIC成績＝高」であり，個人特性分析の成績と自己評価が一致していることがわかる。自己をよく理解していて，実際的な職務遂行の実現性が高いといえる。ターゲット会社の従業員がここに表記される人数が多い場合，企業価値を上げる要因の１つとなる。

　次に，グラフの右下は，「自己評価＝低，CUBIC成績＝高」であり，特性的・潜在的な能力はあるが，自己を正しく理解していないため，実際的な職務遂行場面では，能力以下のものになってしまっている。本来，能力のある人が実力を発揮できないでいる場合，その原因が企業側にあることも否定できない。

　第３に，グラフの左上は，「自己評価＝高，CUBIC成績＝低」であり，特性的・潜在的な能力が見当たらないわりに，自分に自信をもっている。自尊心の傾向が高いときにはうぬぼれた判断といえる。人の意見を聞かない，扱いづらいなどの問題はないか，自尊心，従順性，協調性などをチェックする。問題社員がここに表示される場合もあるが，実際の業務成績が高いときは，この限りではなく，経験や知識力で本来もちえている能力以上の実力を発揮しているといえ，努力の結果として見ることもできる。

　そして，グラフの左下は，「自己評価＝低，CUBIC成績＝低」であり，仕事への熱意に欠け，帰属意識がうすれている可能性がある。実際の業務成績が低いときは，人件費，教育研修費，他の仲間への悪影響，士気の低下など，企業

の被るコストは多大なものになる。モラトリアム傾向や勤労意欲，達成欲求などのチェックが必要であり，ターゲット会社の従業員がここに集中している場合，人事の側面からは企業価値を下げる要因の1つとなる。

⑦ 心理要素イメージ

顔と人間の性格について，「鼻の高い人はうぬぼれ屋」「やる気があり，目が輝いている」などの言い回しによって，人の性格を表現することがある。この心理要素イメージでは，顔の輪郭・眉毛・目の輝き・瞳の大きさ・鼻の高さ・口の形から，受検者の外形的な顔ではない心の顔を映し出そうとしている。

⑧ 適　　性

判定結果をAからEまで表示し，Eに向かうほどより具体的な業務の適正を示している。判定結果Aでは，その人が能力を最大限に発揮する職務・仕事のタイプ，可能性を予測している。一面的な角度や総得点で人間を判定するのではなく，優れているところがあれば，それを積極的に発見しようとする考えである。

判定結果Bでは，当人の傾向として，事務などの内勤型職務なのか，営業などの外勤型職務なのか，または組織型人間なのか，非組織型人間なのか，どちらの方向性が強いかを表している。

判定結果Cでは，職業興味の方向を調べ，何がやりたいかを計量化している。適性配置と同様の考え方だが，ここでは細分化した適性ではなく，また，自分に適性と感じる職務が見当たらない人のために大体の方向性を示唆している。判定結果Cの大まかな職業興味領域とその方向性は次の6項目であり，方向性の高い順に表示し，それぞれ「最適」「適切」「適度」「小適」「努力」の5段階で評価している。

〈大まかな職業興味領域とその方向性〉
① 企画，組織の運営，経営管理のような仕事

第3章 任意的調査項目　　265

> ② 営業など対人接触をともなう仕事
> ③ 物を対象とする，具体的で実際的な仕事
> ④ 規則や慣習に従った行動，実務的な仕事
> ⑤ 研究的，探索的な仕事や活動の領域
> ⑥ 音楽，創作，文芸など芸術的な仕事や活動

　判定結果Dでは，できる限りの配置適性モデルをスコアー化し，その人の職場内における基本的能力，興味領域，性格，意欲の側面など検査の情報から各人の適性配置を出力している。配置に関して，個人と会社側のズレを多少でも修正する判断材料の1つとして活用することができる。適性配置として，16項目（人事管理者，人事担当者，経理管理者，経理担当者，広報管理者，広報担当者，営業管理者，営業担当者，企画管理者，企画担当者，研究管理者，研究担当者，基礎研究管理者，基礎研究者，秘書業務者，営繕担当者）が設定されており，この中から適性の高い順に6位まで，逆にあまり適さない配置として低い順に5位まで表示している。それぞれの評価は「最適」「適切」「適度」「小適」「努力」の5段階で表している。

　判定結果Eでは，初期設定の30項目（営業管理，営業活動型，営業持続型，営業積極型，営業慎重型，営業アシスト，受注窓口・接客，総務課管理，総務課課員，総務課庶務係，経理課管理，経理課課員，人事課管理，人事課課員，新規事業開発室，顧客開発室，企画開発室，企画広報室，秘書的業務，教育研修担当，経営企画室，研究開発，基礎研究，広告取材，編集構成，商品管理，調査分析，検査係，配送出荷，倉庫業務）の中から適性の高い順に6位まで，逆にあまり適さない配置として低い順に5位まで表示している。それぞれの評価は「最適」「適切」「適度」「小適」「努力」の5段階で表している。

⑨　信頼計数

　CUBICの適性検査では，信頼計数を高めるため，他の思考が働き本人の意思に反した場合のために1つの質問に対していくつかの対称問題をあわせるこ

とにより信頼計数（回答の確かさ）を担保しており，以下の４区分で表示している。

- 回答に矛盾したところが多く，信頼性に欠ける診断結果が出力された可能性がある。
- 回答の正確さにやや欠けているが，全く信頼できないというほどの診断結果ではない。
- 回答に多少あいまいなところもあるが，おおよその部分が信頼できる診断結果である。
- 回答の信頼性は高く，矛盾したところがほとんどなく，信頼のできる診断結果である。

また，信頼計数が低下するときは，以下の理由が考えられる。

- 回答者が意図的に分析結果の出力を予測したとき。
- 精神が病的傾向を表していたり，個人が現状を悩んでいたりするとき（受験生や会社の環境が合わない，退職を意識している人などモラトリアム傾向値が高い場合）
- 社会的適応力に欠けているとき。
- パーソナリティーが発達段階中のとき。

⑩　順位一覧表

　CUBICの適性検査では，判定結果Ａの能力適性予測推定の５項目（一般的職務，精神力，足腰，集中力，標準化作業）の順位を平均し，受検者の順位一覧表を出力することができる。ここで，ターゲット会社の従業員データに買収会社の優秀者のデータ（ここでは，「中央太郎」とする）を加え，メルクマールとすることで，ターゲット会社において，中央太郎よりも高いパフォーマンスが期待できる社員の有無を把握することができる（**図表３−20**）。

第3章 任意的調査項目　**267**

図表3−20 CUBIC個人特性分析　順位一覧

氏名	一般的	精神力	足腰	集中力	標準化	所属部署
106	3	1	1	6	6	大阪　営業1課
111	5	3	3	1	1	大阪　営業2課
80	7	6	8	2	7	大阪　総務課
105	12	8	11	11	3	大阪　営業1課
114	44	2	2	21	13	大阪　営業2課
58	1	23	21	4	7	東京　営業1課
112	29	7	4	26	13	大阪　営業2課
1	15	15	21	11	13	（株）CUBIC
86	48	5	10	19	34	大阪　総務課
7	16	21	18	17	31	東京　総務課
62	31	15	30	17	34	東京　営業1課
79	33	21	41	19	20	大阪　総務部
115	48	12	6	50	27	大阪　営業2課
38	3	46	59	42	9	東京　人事課
中央　太郎	36	27	21	36	34	東京　人事課
56	9	52	63	29	13	東京　人材開発課
120	16	68	92	11	25	大阪　営業2課
17	29	56	54	43	21	東京　経理部
41	53	34	21	69	48	東京　人事課
71	70	25	15	96	34	東京　営業2課
90	36	59	41	94	12	大阪　経理課
94	36	34	29	81	48	大阪　経理課
76	31	53	30	50	60	東京　営業2課
118	23	56	43	47	55	大阪　営業2課
78	106	24	18	78	75	大阪支店
82	48	59	68	26	60	大阪　総務課
77	78	38	43	69	48	東京　営業2課
87	70	44	27	103	54	大阪　総務課
33	53	80	68	33	55	東京　庶務課
43	78	50	43	61	58	東京　人事課
55	23	86	88	50	34	東京　人材開発課
46	78	46	43	50	87	東京　人事課

4 高齢社員の処遇

事例
15

高齢者の処遇

　ターゲット会社のＡ社では，60歳で定年退職後，60歳の到達時賃金の６割の給与で嘱託社員として65歳まで１年ごとの有期契約を更新することが慣習化していた。従事する業務は，定年前のものと比べ，難易度の低い単純な業務であったが，定年前に優秀な社員であっても，一律に給与が60歳到達時の給与の６割に引き下げられ，人事考課もなく，賞与の支給もされていなかった。

＜ワーク・モチベーションの低い高齢者集団層を生むおそれがある＞

　高齢者に雇用機会を提供するという社会的責任を果たすためだけの「福祉的雇用」は，意欲と能力のある高年齢者のやる気を削ぎ，労働契約の更新毎にワーク・モチベーションが低下するおそれがある。また，年々，ワーク・モチベーションの低下した高齢者集団層が重層化され増加することで，新入社員の採用が抑制され，企業の新陳代謝が進みにくくなるなど若年層を含めた人事制度全般に悪影響を及ぼすおそれがあるので，見直しが必要である旨レポートした。

解　説

　経験したことのない少子高齢社会に突入し，年金の開始支給年齢が原則として60歳から65歳へ段階的に引き上げられた。政府は，無年金・無収入の期間の発生を防ぐため，高年齢者等の雇用の安定等に関する法律（以下，「高年齢者雇用安定法」という）を改正し，「希望者全員65歳までの雇用」を企業に義務づけた。

これに対して，定年後の賃金について，雇用保険から支給される「高年齢雇用継続基本給付金」と厚生年金から支給される「在職老齢年金」を組み合わせ，これらが最大支給されるよう賃金を減額して嘱託契約交渉において提示する企業も散見される。

賃金は能力と仕事の成果に基づいて決まるはずであるが，このような賃金決定方法の歪みは，定年後に再雇用された多くの高齢社員（以下，単に「高齢社員」という）から「定年前と仕事が変わらないのに賃金だけが減額されるのはおかしい」「成果をあげようと残業すると高年齢雇用継続給付金の支給が減るので，働くことにブレーキをかけてしまう」等の不満を生み，ワーク・モチベーションの低い高齢者集団を形成することに繋がるおそれがあり，人事制度の全体を歪めることになりかねない。

政府の高齢者雇用対策に協力するため，あるいは，高齢者に雇用機会を提供するという社会的責任を果たすために企業が「福祉的な雇用」を行うのであれば，本来の「経営計画を実現するための雇用」から大きく乖離し，人事制度を歪めることになる。人を大切にする会社とは，福祉的に雇用を守ったり，福利厚生が充実していたりするのではなく，高齢社員1人ひとりの潜在能力を最大限活かして，社会に必要とされる人に育てる会社だと思うが，「福祉的な雇用」は，新しいことを貪欲に学ぼうという意欲を削いでしまうことになりかねない。

今後，企業では，「社員の5人に1人は高齢社員」[44]や将来の「70歳定年制」（私見）を見据え，役職定年である55歳から70歳までの15年間の人材のさらなる有効活用を検討し，高齢社員が生き生きと働けるよう新たな人事システムの策定が必要である。したがって，ターゲット会社の人事システムでは「高齢社員」をどのように位置づけ，いかに処遇しているか等を丁寧に調査する必要がある。

---

44 今野浩一郎『高齢社員の人事管理―戦力化のための仕事・評価・賃金』66頁（中央経済社，2014）。

(1) 高年齢者雇用確保措置
① 高年齢者雇用安定法の平成25年4月1日改正

　定年とは，労働者が予め定められた年齢に達したことを理由として，自動的にまたは解雇の意思表示によって，その地位を失わせる制度であり，就業規則や労働契約書に定められたものをいう。長い間，大企業・中堅企業での支配的定年年齢は55歳であったが，昭和55年頃から，人口の高齢化の見通しのなかで，政府は60歳定年制の社会的必要性について一大キャンペーンを開始し，これに応じる企業へ雇用保険の3事業（当時）から助成金を支給した。企業も賃金処遇制度について，55歳以降の従業員を役職定年制によって管理職から外し，責任の軽いスタッフ職へ変更させ，給与も2～3割低くなるといった処遇変更を行い，賃金コストの肥大化と管理職ポストの不足を回避しようとした[45]。

　さらに，少子高齢化による労働人口の減少と厚生年金（報酬比例部分）の支給開始年齢の段階的引き上げ等を背景に，現状のままでは，無年金・無収入になる者が生じる可能性があることから，平成25年4月1日の改正高年齢者雇用安定法9条により，65歳未満の定年の定めをしている事業主は，その雇用する高齢者の65歳までの安定した雇用を確保するため，①定年制の引き上げ，②継続雇用制度の導入（再雇用制度または勤務延長制度），③定年制の定めの廃止，のいずれかの措置（高年齢者雇用確保措置）を講じるよう義務づけた。これ以降，定年年齢を60歳未満に定めていた場合，高年齢者雇用安定法8条により，その規定は民事上無効となり，その年齢に達したことを理由に労働者を退職させることはできないことになった。企業では，3つの高年齢者雇用確保措置のうち，いずれかを選択することになるが，それぞれ制度の長所と短所は次のようになる（**図表3−21**）。

45　菅野和夫『労働法』101頁（弘文堂，第11版補正版，2017）。

第3章　任意的調査項目　271

図表3-21　高年齢者雇用確保措置の長所・短所

	長　所	短　所
定年の引き上げ	①高年齢者の雇用が安定し，定年までの間は雇用不安を与えずに仕事に集中させることができるため，高年齢者についても勤務先企業に対する帰属意識や忠誠心を維持する効果が期待できる ②必ずしも直ちに65歳以上まで定年を引き上げる必要はなく，継続雇用制度と組み合わせた柔軟な運用も可能である。例えば，公的年金の報酬比例部分の支給開始年齢が段階的に65歳へと引き上げられることに対応して段階的に定年を引き上げ，定年後65歳までは継続雇用制度を採用することもできる。当面は，定年を61歳までとし，61歳から65歳までは継続雇用制度の対象とすることもできる ③定年になれば，ほぼ確実に退職させることができる	①高齢法上，定年を引き上げた正社員を選別する基準を定めることが認められていない ②従来の定年から新しい定年までの期間の労働条件の設定には，綿密な検討が必要となる。賃金額等の労働条件が引き下げられなければ，通常は人件費の増大を招く。他方，労働条件が引き下げられる場合には，高年齢者のモチベーションを維持するための方策の検討，労働条件の不利益変更と評価されたり不合理な労働条件であると評価されたりしないようにするための配慮が必要となる ③雇用の安定の程度やその波及効果は，定年の定めを廃止した場合ほどではない ④定年後も勤務してもらいたい場合はどのような形態で勤務してもらうのか，別途検討する必要がある
継続雇用制度の導入	①正社員としてはいったん退職させて退職金を支給した上で再雇用する形を取ることができるため，労働条件の変更に対する高年齢者の納得を得ることが比較的容易である ②平成25年4月1日の改正法の施行の際，すでに労使協定により継続雇用制度の対象者基準を定めている事業主は，公的年金の報酬比例部分の支給開始年齢以後の期間について，継続雇用制度の対象者基準により，継続雇用するかどうかを個別に決めることができる	①高年齢者のモチベーションの維持が課題 ②本来であればもっと会社に貢献する意欲と能力を持つ人材であるにもかかわらず，嘱託社員等として再雇用された場合には，正社員との雇用管理を明確に分ける観点から，比較的難易度の低い単純な業務に従事させざるを得ない事態も想定される。意欲と能力のある高年齢者については，別枠の雇用形態での採用や役員登用で対応する必要が生じるケースがある。

	③定年の引き上げと組み合わせて柔軟に運用することもできる。例えば，当面は定年を61歳までとし，61歳から65歳までは継続雇用制度の対象とすることもできる	
定年の定めの廃止	①高年齢者の雇用が最も安定し，雇用不安を与えずに仕事に集中させることができることもあり，社員の自社に対する帰属意識や忠誠心を最大限に高める効果が期待できる	①年齢を理由として退職させることはできない。体力の衰えに伴って業務遂行能力が低下するなどの事態が生じた場合，退職について高年齢者の同意が得られない場合には，普通解雇を検討せざるを得ない。普通解雇に対する規制が厳格な我が国においては，普通解雇で退職させるのは難易度が高い ②新入社員の採用が抑制され，企業の新陳代謝が進みにくくなる傾向にある ③特に65歳を超えて勤務を継続した場合，高年齢者の健康に対する十分な配慮が必要となり，企業の安全配慮義務履行の負担が重くなる ④賃金額等の労働条件が引き下げられなければ，通常は人件費の増大を招く ⑤労働条件が引き下げられる場合には，高年齢者のモチベーションを維持するための方策の検討，労働条件の不利益変更と評価されたり，不合理な労働条件であると評価されたりしないようにするための配慮が必要となる

出所：藤田進太郎「改正高年齢者雇用安定法の実務上の留意点」労政時報3844号44頁（2013）

　多くの企業では，継続雇用制度[46]を選択しており，この制度は，①定年でいったん退職した後，嘱託等に雇用形態を変更し，65歳までの「再雇用制度」と，②定年年齢を設定したまま，その後の雇用を継続する「勤務延長制度」の

第3章　任意的調査項目　**273**

　2つに大別でき，どちらか一方を採用することになるが，ほとんどが前者の
「再雇用制度」を採用している。

②　継続雇用制度の対象者を限定できる労使協定の確認

　平成25年4月1日の改正法施行前は，労働者の過半数で組織する労働組合が
ある場合においてはその労働組合，労働者の過半数で組織する労働組合がない
場合においては労働者の過半数を代表する者との書面による協定により，継続
雇用制度の対象となる高年齢者に係る基準を定めることができた。改正後では，
改正法附則第3項に基づきなお効力を有することとされる改正前の高年齢者雇
用安定法9条2項に基づく労使協定の定めるところにより，老齢厚生年金の報
酬比例部分の支給開始年齢の引き上げに合わせる形で，当該基準の対象者の年
齢を平成37年3月31日まで段階的に引き上げながら，当該基準を定めてこれを
用いることができる（**図表3−22**）。したがって，ターゲット会社において，
平成25年3月31日までに，継続雇用制度の対象となる高年齢者に係る基準を定

図表3−22　継続雇用制度の対象者基準に関する経過措置のイメージ

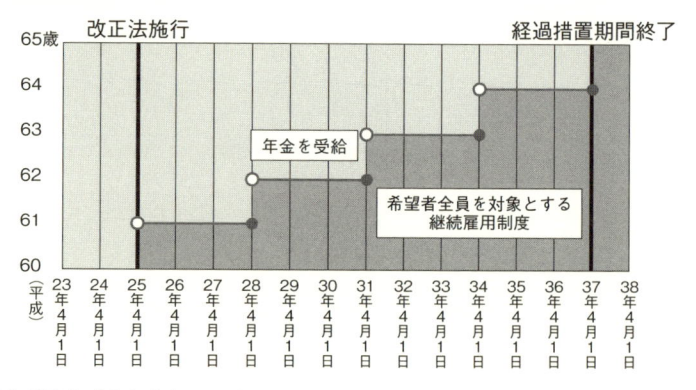

出所：厚生労働省「高年齢者雇用安定法Q＆A」を一部修正したもの

46　平成24年10月に発表された「高年齢者の雇用状況」（厚生労働省）では，従業員31人以
　上の企業のうち高年齢者雇用確保措置を実施している企業の割合は97.3％であり，そのう
　ち82.5％が「継続雇用制度」を採用している。

274

めた労使協定を締結しているか否かの確認と就業規則とを突合する必要がある。

③　継続雇用制度の対象者を雇用する企業の範囲拡大

　平成25年4月1日の改正では，継続雇用制度の対象となる高年齢者が雇用される企業の範囲が，自社のみからグループ企業（特殊関係事業主）にまで拡大されることとなった（**図表3－23**）。したがって，ターゲット会社において，高齢社員数が過剰であり，これにより人事全体に悪影響を及ぼしている場合には，グループ企業で当該高齢社員の雇用の受け皿になることも可能であるし，また，グループ企業の高齢社員をターゲット会社に集めて雇用することも可能であり，高齢社員が中心となる会社を作ることも検討する価値はあろう。

図表3－23　**継続雇用制度の対象者を雇用する企業の範囲拡大**

継続雇用制度の対象となる高年齢者が雇用される企業の範囲をグループ企業まで拡大する仕組みを設ける。

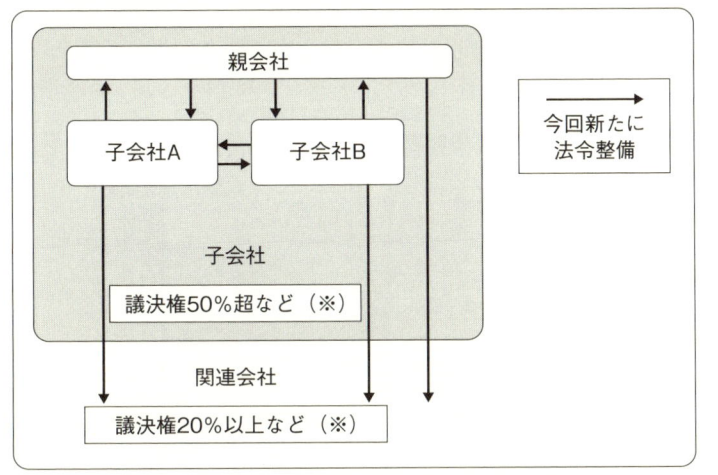

※子会社，関連会社の範囲は，会社法等の定義を参考に高年齢者雇用安定法施行規則4条の3で定められている。

出所：労務行政研究所編『65歳雇用時代の中・高年齢層処遇の実務』51頁（労務行政，2013）

第3章　任意的調査項目　　**275**

　なお，特殊関係事業主とは，元の事業主の経営を実質的に支配することが可能となる関係にある事業主その他の元の事業主と特殊の関係のある事業主であり，次のグループ会社の事業主を指す。

- ●元の事業主の子法人等
- ●元の事業主の親法人等
- ●元の事業主の親法人等の子法人等
- ●元の事業主の関連法人等
- ●元の事業主の親法人等の関連法人等

---

(2)　賃金決定の確認

　本書では，人事労務管理を「経営戦略の実現のため人財について，労働法を遵守し，かつ，モチベーションの維持に配慮してマネジメントすること」[47]と呼ぶ。人事労務管理の役割は，経営計画を具現化するために「従業員にはこのように働いてほしい」というリクエストと，従業員が「このように働きたい」というリクエストを上手く結びつけることである。しかし，企業が選択する人事労務管理は，経営戦略だけでなく，企業が置かれた内外の環境条件によって制約される（**図表3-24**）[48]ので，市場環境の変化のみならず，従業員からのリクエストの変化にも対応することが必要となる。

図表3-24　　人事管理制度の規定要因

| 経営目的 | → | 経営戦略 | → | 人事戦略 | → | 人事管理制度 | ← | 内外の環境条件 |

出所：佐藤博樹編著『叢書・働くということ④　人事労務管理』6頁（ミネルヴァ書房，2009）

47　野中健次「M&Aを成功させる人事労務管理の設計」ビジネス法務2013年3月号84頁。
48　佐藤博樹編著『叢書・働くということ④　人事マネジメント』5頁（ミネルヴァ書房，2009）。

276

　言い換えるならば，企業が選択する人事労務管理は，普遍的なものではなく，市場環境や従業員のニーズの変化に応じて，それらに適応するための変革を求められることになる。

　わが国をとりまく市場環境は「作れば売れる」市場から，「作っても売れないかもしれない，変化が早く不確実性の大きい」市場へと変化してきており，企業はこれに対応するために，付加価値の高い製品・サービスを迅速に生産し販売する高付加価値型経営を強化する方向で経営戦略の再編を迫られている[49]。

　従業員からのリクエストも変化している。企業で働く社員の構成は，業務上の必要があれば全国あるいは世界のどこへでも転勤し，長時間労働もいとわず，与えられた仕事であれば何でもチャレンジするように，場所，時間，仕事について何ら制約のない「無制約社員」と，育児や親の介護，ワークライフバランスを重視し，場所や時間等について何らかの制約をもつ「制約社員」で構成されるが，制約社員が多数派になり，その傾向がますます強まりつつある[50]。

　高齢社員も，定年を境に，定年前と同様な勤務時間では働かず，出張もなく，転居を伴う配転がないことから，無制約社員から制約社員へ転換する。

　無制約社員の賃金は，長期雇用を前提として，「育てて活用して処遇する」長期決済型の賃金設計が適用されるのに対して，高齢者の制約社員に対する賃金は短期的な観点から「能力と仕事と成果に基づいて決める」短期決済型の賃金設計が適用されるはずである。

　しかし，高年齢雇用継続基本給付金や在職老齢年金との併給を考慮して，60歳の到達賃金から一律に減額して賃金を決定するのみならず，人事考課も賞与の支給もしないような企業も散見されるため，ターゲット会社においては，高齢者に対する処遇や人事がどのように行われているか調査が必要となる。

　労務行政研究所の調査[51]（以下，「労務行政調査」という）によると，再雇用者の賃金決定に当たって考慮する要素は（複数回答），「仕事内容（職務）」が

49　今野・前掲注（44）15頁。
50　今野浩一郎『正社員消滅時代の人事改革』108頁（日本経済新聞出版社，2012）。
51　2013年6月10日から7月26日までの調査で上場企業等215社の回答を集計したもの。

第3章　任意的調査項目　**277**

60.2％で最も多く，次いで「能力」44.4％，「業績・成果」37.2％などとなっている（**図表3-25**）。

図表3-25　再雇用者の賃金決定要素（複数回答）

(社, ％)

区　　分		全産業				製造業	非製造業
		規模計	1,000人以上	300～999人	300人未満		
合　　計		(196) 100.0	(83) 100.0	(64) 100.0	(49) 100.0	(105) 100.0	(91) 100.0
再雇用者	経験 （年齢・勤続を含む）	31.1	25.3	31.3	40.1	31.4	30.8
	仕事内容（職務）	①60.2	①62.7	①51.6	①68.1	①55.2	①65.9
	仕事の責任	26.0	26.5	20.3	34.0	21.0	31.9
	能力	②44.4	③39.8	②43.8	②51.1	②40.0	②49.5
	役割	36.7	31.3	③39.1	③42.6	35.2	③38.5
	業績・成果	③37.2	②41.0	34.4	36.2	③37.1	37.4
	その他	25.0	31.3	21.9	19.1	28.6	20.9
定年前の一般社員	経験 （年齢・勤続を含む）	54.1	55.4	53.1	53.1	59.0	48.4
	仕事内容（職務）	64.8	66.3	56.3	②73.5	57.1	②73.6
	仕事の責任	52.6	55.4	39.1	65.3	51.4	53.8
	能力	①76.0	①75.9	①68.8	①85.7	①75.2	①76.9
	役割	③68.4	②73.5	③57.8	②73.5	③69.5	67.0
	業績・成果	②70.9	②73.5	②67.2	71.4	②73.3	③68.1
	その他	6.6	7.2	6.3	6.1	5.7	7.7

【注】○番号は，上位3項目を表す。
出所：労務行政研究所編『65歳雇用時代の中・高年齢層処遇の実務』61頁（労務行政，2013）

　　また，人事考課については，労務行政調査によると，「人事考課を実施する」と回答した企業は65.7％と約3分の2に留まり，人事考課を実施する場合の反映項目は（複数回答），「賞与・一時金に反映」が58.2％，「昇給に反映」が23.9％，「契約更新の判断」が12.7％などとなっている（**図表3-26**）。規模別に見ると，1,000人以上は81.0％が実施しているのに対し，300人未満では54.9％と，大手ほど実施率が高い。なお，人事考課を実施する場合の反映項目は（複数回答），300人以上は「賞与・一時金に反映」が60％超に達しているのに対し，

300人未満の場合は，「昇給に反映」するケースが35.7％で最も高く，他の規模よりも15ポイント程度上回っている。ターゲット会社では，どのような人事考課がなされ，どのように反映しているかも重要な調査項目となる。

図表３−26 再雇用者に対する人事考課（評価）の事実状況

（単位は％，カッコ内は企業数）

区　　分		全産業				製造業	非製造業
		規模計	1,000人以上	300〜999人	300人未満		
合　　計		(204)100.0	(84)100.0	(69)100.0	(51)100.0	(111)100.0	(93)100.0
実施する		65.7	81.0	55.1	54.9	65.8	65.6
実施しない		32.4	17.9	43.5	41.2	32.4	32.3
その他		2.0	1.2	1.4	3.9	1.8	2.2
実施する場合の内容（複数回答）	合　　計	(134)100.0	(68)100.0	(38)100.0	(28)100.0	(73)100.0	(61)100.0
	昇給に反映	23.9	20.6	21.1	35.7	19.2	29.5
	賞与・一時金に反映	58.2	67.6	60.5	32.1	64.4	50.8
	担当職務の配分・決定に反映	9.0	7.4	10.5	10.7	2.7	16.4
	契約更新の判断	12.7	7.4	15.8	21.4	13.7	11.5
	処遇には反映させない	9.7	7.4	7.9	17.9	12.3	6.6
	その他	9.0	13.2	5.3	3.6	9.6	8.2

出所：労務行政研究所編『65歳雇用時代の中・高年齢層処遇の実務』65頁（労務行政，2013）

(3)　高齢者のワーク・モチベーション管理

　高齢者（再雇用者）に対するワーク・モチベーション管理について，労務行政調査によると，現在実施しているワーク・モチベーション策（複数回答）は，「再雇用後も人事評価を行い，処遇にメリハリを付ける」が54.1％で最も多い（**図表３−27**）。「後進の指導や技能・ノウハウ継承を中心とした職務付与」29.4％，「定年前後に定期的に面談・研修等を実施してモラールを維持」27.5％と，退職前と変わらず，意識面や仕事を通じた関係性を通じて会社との関わりを持つことができていると実感できるような施策が上位となっている。ターゲット会社におけるワーク・モチベーション対策の有無，また，どのような

ワーク・モチベーション対策がなされているかも重要な調査項目となる。

図表3－27 再雇用者のモチベーションアップ策（複数回答）

（単位は％，カッコ内は企業数）

区　分	全産業				製造業	非製造業
	規模計	1,000人以上	300〜999人	300人未満		
合　計	(109) 100.0	(54) 100.0	(34) 100.0	(21) 100.0	(58) 100.0	(51) 100.0
再雇用後も人事評価を行い，処理にメリハリを付ける	54.1	63.0	50.0	38.1	58.6	49.0
後進の指導や技能・ノウハウ継承を中心とした職務付与	29.4	25.9	23.5	47.6	32.8	25.5
定年前後に定期的に面談・研修等を実施してモラールを維持	27.5	29.6	23.5	28.6	22.4	33.3
職務内容，勤務形態，勤務地など，本人の希望を優先	26.6	25.9	20.6	38.1	19.0	35.3
再雇用期間に対する退職金を支給する	4.6	5.6	5.9		8.6	
その他	4.6	3.7	5.9	4.8	8.6	
再雇用後の賃金水準を定年前と同程度に保つ	1.8	3.7			1.7	2.0

出所：労務行政研究所編『65歳雇用時代の中・高年齢層処遇の実務』87頁（労務行政，2013）

5 取締役服務規程

事例
16

取締役の選任と退任

　ターゲット会社のA社では，取締役の任期を2年と定め，任期中の業績次第では，取締役を再任せずに，そのまま会社を去るか，労働者として労働契約を締結するかを社長の独断で決めていた。取締役の太郎は，40歳の若さで取締役に抜擢されたが，在任中の業績が予測を大幅に下回ったため，任期満了で退任した。そもそも太郎は，取締役就任の際，退職金が支払われておらず，管理職手当の10万円を少し引き上げただけの役員報酬15万円が基本給に加算されただけであった。就労についても，タイムカードで厳格に管理され，遅刻や欠勤した不就労の時間帯についてもそれに対応して，賃金から控除されていた。また，雇用保険被保険者の資格を喪失しておらず，賃金から雇用保険料も控除されていた。

＜労働者の身分は継続している可能性がある＞

　太郎の場合，労働者の身分を継続したまま取締役に就任したとみなされ，取締役としての任期が満了しても，労働契約まで解約することにはならないため，就業規則や就任時の約束について調査が必要である。

解　説

　取締役会で適切な決議がなされ，将来の事業計画等に関する記載内容を議事録に記載され保管されているかをチェックするのは，法務DDの守備範囲である。しかし，労働者の身分を清算しないまま，取締役へ就任することがあり，事例のように労働契約関係が継続していると見なされるケースが法務DDで見

落とされることがある。

　また，わが国では，取締役を従業員の年功功労報酬的地位に置く運用が広く行われており，労働者に対する人事制度との関連の中でも調べておくべきである。以下，そのポイントについて解説する。

(1)　取締役の選任と労働者の退職

　株式会社から委任を受け，株式会社の業務を遂行するのが取締役である。欠格事由（会社法331条）や親会社の監査役との兼任の禁止（会社法335条2項）に留意しつつ，株主総会の普通決議により取締役は選任され（会社法329条），取締役が次のような就任承諾書[52]を提出することで，委任契約関係が成立する。

就任承諾書

　私（または当法人）は，来る平成○年○月○日開催予定の○○○○株式会社の第○回定時株主総会において貴社の取締役（または会計参与，監査役，会計監査人）に選任された場合は，その就任を承諾します。

平成○年○月○日

○○　○○　㊞

（または○○法人）

　労働者が取締役に就任する場合も，当該手続を経ることが必要であるが，労働契約関係の解消については，就業規則の退職事由に「取締役に就任する場合」との定めがあるか否かが重要である。当該定めがあれば，労働契約関係は終了することになるが，当該定めがなければ，労働契約を解約する手続が別途必要になる。いずれにしても，取締役への就任については強制することができず，本人の承諾が必要となる。また，長年勤務している労働者が退職金の清算もなく，取締役に就任するようなケースでは，今までの職務の内容が同一で処

52　成毛文之『株主総会・取締役会・監査役会議事録作成マニュアル』73頁（商事法務，新訂第4版補訂版，2008）。

282

遇も変わらない場合，労働者性が疑われる。裁判[53]でも，「取締役に就任した際に，それまでの退職金の支給を受けているが，右退職金の支給は，それまでの債権者の労働の対価としてその清算を行ったものである。したがって，債権者は，従業員の地位を喪失することを前提に右退職金を受領したものである」とし，取締役就任時に退職金の受領を重視しており，従業員としての地位が清算されているか否かの労働者性の判断要素としている。

このような問題は，中小企業において散見されるが，労働契約関係が明確に解消されていない場合，労働者としての労働法の保護を受けることになり，労基法上の労働者としても認められる取締役が，時間外労働を行っていたならば，労基法上の管理監督者に該当しないかぎり，使用者には割増賃金の支払い義務が生じることになる。労働者性の有無の判断ポイントをまとめると次のようになる（**図表3−28**）。

図表3−28▶ 労働者性のチェック表（チェックが多いと労働者性が強い）

項　目	内　容
使用従属性の有無	□就労時間の拘束がある。 □欠勤控除がなされる。 □指揮命令を受ける。 □裁量権がない。
労働者としての身分の清算	□退職金の支払いが済んでいない。
取締役就任前後の業務の内容	□ほとんど変わらない。
取締役会への出席	□出席していない。 □議事録に発言が記録されていない。
報酬	□報酬と基本給に区別されている。 □雇用保険料が控除されている。
勤怠管理	□出勤簿，タイムカードで厳格に管理されている。

なお，法人の重役で代表権を持たない者が，工場長，部長の職にあって賃金を受ける場合，その限りにおいて労基法9条に規定する労働者[54]となる取締

53　「佐川ワールドエクスプレス事件」大阪地判平9・3・28労判717号37頁。
54　昭23・3・17基発461号。

役[55]であり，委任契約と労働契約が併存している場合もある。この場合は，使用従属関係が完全に排除されておらず，委任による対価が役員報酬として，また，労働に対する対価が基本給として峻別して支給されていることが多く[56]，取締役退任後も労働契約関係が継続することになり，就業規則も適用されることになる。

(2) 取締役に関する規程

取締役服務規程については，就業規則のように，規程を作成し，法務局に届出，役員に周知するような法的義務はないので，労働者を対象とする就業規則の一部を準用したり，あるいは，就業規則に「取締役」についても併記したりする事例が散見される。

一方，会社法や金融商品取引法で求められる内部統制システムの一環として，取締役の報酬，退職金をはじめ，各役員取締役の職務・服務に関して取締役服務規程を整備する会社は増加傾向にあり，人事DDでは，ターゲット会社において取締役服務規程についても次の項目については調査し，把握しておくことが望ましい（**図表３－29**）。

図表３－29 取締役服務規程のチェック

項目	内容	目的・ポイント
就任	□選任 □推薦	新任・再任の手続，候補者の年齢がある場合は年齢も確認する。就任承諾書の受理日を就任日とする場合は承認承諾書も確認しておく。役員のうち，労働者から役員または執行役員に就任した割合も調べ，従業員の年功功労報酬的地位に置かれているか否か確認しておく。

55　取締役工場長や取締役営業部長など呼ばれる使用人（従業員）兼務取締役をいう。
56　役員報酬よりも基本給が高い場合，雇用保険法上の被保険者に該当することになる。

退任	□辞任 □解任 □不適格事由 □退任 □定年	解任された際，従業員の地位も有していた者に対して，従業員の身分を失う旨の規定がある場合，解任事由につき検証が必要である。また，従業員の地位も有していた者に対する定年については，高年齢者雇用安定法の規定が適用されることに注意が必要である。
勤務	□勤務時間 □出退勤 □欠勤 □早退 □休日 □休暇 □出張 □振替・代休	訓示規定のため，置かなくても構わない。ただし，従業員の地位も有している者については，労基法等が適用されることに注意が必要である。
報酬	□報酬の決定 □諸手当の有無と内容 □退職慰労金の有無と実績 □賞与の有無と実績	報酬等については，会社法361条の規制により，定款または株主総会の決議による。法人税法上，報酬や退職金は過大でなければ必要経費として認められるが，賞与については一定の条件を満たさなければ経費として認められない。なお，従業員の地位も有している者については，最賃法や労基法等が適用されることに注意が必要である。
服務	□職責（権限と義務） □留意事項 □禁止事項	取締役が業務執行を行うとは限らないが，労基法上の管理監督者として取り扱っている者との整合性を判定する上で，根拠の1つとなるので，規定しておくべきである。
責任	□個人的利益の返還 □報告義務 □出席義務 □競業避止義務 □損害賠償	会社法356条にある競業および利益相反取引が制限されている。

　取締役服務規程については，これを作成し，法務局に届出，役員に周知するような法的義務はないので，労働者を対象とする就業規則の一部を準用したり，あるいは，就業規則に「役員」についても併記したりする事例が散見される。

第3章　任意的調査項目　**285**

これが役員と労働者の身分を混同させる一因になっていると思われる。そもそも，会社と労働者の労働契約関係を十分に把握しないまま，ある日を境に労働者を卒業し，委任契約や会社法上の責任についての知識のないまま役員になった場合，委任業務を執行する上で，就業規則を適用することは，役員としての自覚や責任を育むことは難しい。私見だが，就業規則の準用規定は特段の事情がない限り，おくべきではないであろう。

(3)　取締役の退任と労働契約の再契約

　取締役は，任期満了，辞任，解任，死亡および資格喪失等により退任する。

　取締役の任期は，原則として，選任後2年以内に終了する事業年度のうち最終のものに関する定時株主総会の終結の時までであるが，定款または株主総会の決議により短縮すること（会社法332条1項）も，または，公開会社でない場合には，選任後10年以内に終了する事業年度のうち最終のものに関する定時株主総会の終結の時まで伸長することも可能である（会社法332条2項）。なお，定款を変更し取締役の任期を伸長した場合には，在任取締役も反対の意見表示など特段の事情がない限り，伸長されることになり，逆に任期を短縮した場合や事業年度を変更し決算期が繰り上がることになった場合には，在任取締役の任期も短縮される。

　ただし，会社法もしくは定款で定めた取締役の員数が欠けた場合には，任期の満了または辞任により退任した役員は，新たに選任された役員が就任するまで，取締役としての権利義務を有し（会社法346条），辞任および退任の登記をすることはできない。

　解任については，いつでも，株主総会の決議によって解任することができるが（会社法339条），解任された者は，その解任について正当な理由がある場合を除き，株式会社に対し，解任によって生じた損害の賠償を請求することができる（会社法339条）。

　労働者の身分から取締役に就任し，任期満了，辞任，および解任等により会社を去る場合，当然に労働契約関係が復活するわけではなく，双方の合意によ

りその後の身分が決まる。労働者から取締役に就任する際に社長から「取締役退任後は，顧問や嘱託社員という形で会社に残ってもらう」と言われ，「承知しました」と回答していた場合，労働契約関係は当事者の合意だけで成立する諾成契約であるから，労働契約関係の成立を予約していたと解することができる。これら書面化されていない情報についてはインタビューで確認することになる。

(4) 取締役会の開催と議事録の確認

　法務DDの守備範囲であるが，取締役であることを基礎づけるものの1つとして取締役会の出席がある。取締役の出席の有無は取締役会の議事録で確認することができる。取締役会の議事録は，出席した取締役および監査役が署名または記名押印し（会社法369条3項），本店に10年間保管する必要がある（会社法371条1項）。この議事録には，実務上において，会社の歴史を正確に記録するという役割があり，法律上において，商業登記申請時の添付書類，証拠保存，ディスクロージャーの充実という役割がある。

　取締役会は，必要に応じて招集権者が個々の取締役・監査役に通知して，開催される。会社法上の法定回数が定められているわけではないが，業務執行状況報告が3カ月以内に1回必要なことから，少なくとも3カ月に1回は取締役会を開催する必要があると解せる。わが国は3月決算の会社が多いため，一般に，次のようなスケジュールで取締役会が開催されることが多い（**図表3－30**）。

図表3－30　取締役会年間スケジュール例（3月総会会社）

開催時期	決議事項・報告事項
4月下旬	通期決算の報告／承認 職務執行状況の報告
5月中旬	連結計算書類・計算書類・事業報告・附属明細書の承認 株主総会の招集 株主総会に提出する議案の内容決定

	職務執行状況の報告
6月下旬	代表取締役の選定 役付取締役の選定・取締役の職務分掌の決定, 株主総会の議長・招集者代行順序の決定 取締役会の議長・招集者代行順序の決定 利益相反取引・競業取引の包括的承認と事後報告 有価証券報告書提出の報告／承認
8月上旬	第1四半期決算の報告／承認 職務執行状況の報告
10月	職務執行状況の報告
11月上旬	第2四半期決算の報告／承認 中間配当額の決定 職務執行状況の報告
12月	職務執行状況の報告
2月	第3四半期決算の報告／承認 職務執行状況の報告

出所：澤口実『Q&A取締役会運営の実務』8頁（商事法務，2010）を一部修正

(5) 執行役と執行役員

　執行役と執行役員について，名称が紛らわしいため，誤った取扱いがなされるケースが散見されるので，ここで整理しておく。

　会社法上の役員とは，取締役，会計参与，監査役，執行役，会計監査人（423条1項等）であり，会社法上の役員である「執行役」は，任務懈怠により損害賠償責任を負う（会社法120条4項）等，会社法上の責任を追及される。

　会社の運営には，取締役会非設置会社と取締役会設置会社がある。取締役会非設置会社は，すべての株式に譲渡制限があり，取締役は1名でも可能であり，株主が直接会社経営にあたる中小企業に多い。取締役会設置会社は，株式に譲渡制限がなく，取締役は3名以上であり，3カ月に1回取締役会を開催（執行報告）する。

　取締役会設置会社には，取締役会が重要な業務執行を決定する「監査役会型」，取締役会内に監査等を置き社外取締役が監査を担う「監査等委員会型」，

業務執行は「執行役」が行い取締役は重要な経営事項を決定し監督に専念する「委員会型」があり，執行役はこの「委員会型」で登場する。

一方，「執行役員」は，会社法上では役員に当たらず，重要な使用人（労働者）にすぎない。したがって，執行役員に対しては，会社法上の規制の適用はなく，任期をはじめ，原則として，自由にルールを設定することができる。なお，「執行役員」は，委任型執行役員，雇用型執行役員，混合型執行役員の3つの契約態様に区別することができる。

まず，委任型執行役員とは，会社法上の役員ではないが，労働者でもない執行役員である。すなわち，労働者性は皆無で労働基準法，労災補償保険法，雇用保険法等の労働法制の適用を全く受けず，かつ，会社法上の責任も問われない役員である。会社によってその位置づけは様々であるが，労働者が委任型執行役員に就任する場合は，労働者の身分を清算することになる（退職金規程がある場合は退職金を支払う）。したがって，この就任については，それまでの会社との関係を雇用契約から委任契約に変更することになるものであって，かかる契約の変更を一方的になすことは許されないと考えられる[57]ため，労働者は当該命令に拘束されることはなく，就任には当該労働者の承諾が必要となる。

次に，雇用型執行役員とは，労働者性を失うことはなく，部長や課長と同じように単に肩書が「執行役員」と変更されただけの執行役員である。会社が人事権を行使して，「雇用型の執行役員」を命じた場合，労働者は正当な理由もなくこれを拒否することはできない。ただし，就任時に本人の処遇を下げる点については，労働条件の不利益変更に該当するため労働契約法上の労働条件変更手続が必要となる。

そして，混合型執行役員とは，前述の委任型執行役員と雇用型執行役員の両方の性格を有する執行役員である。つまり，委任契約と労働契約が併存しており，執行役員規程と就業規則の両方が適用されることになる。従業員が「混合型の執行役員」に就任するよう命令された場合については，委任契約と雇用契

57　浜辺陽一郎『執行役員制度』345頁（東洋経済新報社，第5版，2017）。

第3章　任意的調査項目　**289**

約の両面を含むものであって，「役員」の地位の重要性・責任の重さは，一部
にせよ委任的な内容を含むものへの変更を伴うものである点では同じであるか
ら，役員就任の許諾に関しては従業員側の意思を尊重すべきであって，強制す
ることはできないと解される[58]。

6　労働組合

M&A取引過程での団交要求と事前協議条項

　ターゲット会社のＡ社の調査中に，Ａ社の労働組合であるＸ組合がM&Aの可
能性を嗅ぎつけ，買収を予定していたＢ投資ファンドに対して，団体交渉を申し
込んできた。

　しかし，未だDDの段階であり，最終合意も締結していないことから，団体交
渉する義務はないものと判断し，Ｂ投資ファンドはこれを拒否した。

　また，ターゲット会社のＡ社では，当該労働組合との労働協約に「人員の削減，
工場移転及び休・廃止，合併，分離，系列化等の場合に組合と会社は事前に協議
し，同意決定の上実施する」との事前協議条項があった。

＜不当労働行為にあたる可能性がある。また，M&Aの実施については，事前協議
**　条項に基づき組合の同意が不可欠となる＞**

　将来においてＢファンドは，「基本的な労働条件等について，雇用主と部分的
とはいえ同視できる程度に現実的かつ具体的に支配，決定することができる地位
にある者」と労組法上の使用者に該当する可能性があり，Ｂファンドが労働組合
からの団交申入れを拒否した場合，労組法７条２号に抵触し，不当労働行為とな

58　浜辺・前掲注（57）345頁。

るおそれがある。

　また，事前協議条項があるため，M&A取引の最終合意前に労働組合と協議し，同意を取り付ける必要がある旨レポートに記載した。

解　説

　投資ファンドは，投資が中心であり，経営については，直接介入することはなく，労働条件に関して，現実的かつ具体的に支配・決定できる地位にある者がいるわけではないので，一義的には労組法上の使用者に当たらない。ただし，投資ファンドが，「基本的な労働条件等について，雇用主と部分的とはいえ同視できる程度に現実的かつ具体的に支配，決定することができる地位にある」場合には，労組法上の使用者に該当し，団体交渉に応じる義務が生じることがある。したがって，Bファンドが労組法上の使用者に該当するにもかかわらず，正当な理由もなくこれを拒否する場合には，労組法7条2号に抵触し，不当労働行為となる。

　また，労働協約とは労働組合と使用者の契約であり，主に労働条件について協約を締結する。ただし，当該労働協約において，組織の改編，事業の縮小・廃止等の実施について，組合と事前に協議して，同意することを実行の要件とする旨の定めがある場合については，この手続を経て同意を取り付ける必要があり，企業がこの定めを無視し，または十分な協議を行わずに実施した場合，組合からディールの無効を主張されることがある。

　したがって，当該事前協議条項の有無および内容を確認するとともに，過去の労働組合との紛争等についても人事DDで明らかにしておく必要がある。

(1)　労基法上の労働者と労組法上の労働者概念

　稚拙なDDが行われることにより，M&A取引の可能性を疑われ，事例のように未だ雇用関係のない相手先の従業員の加入する労働組合から，買収を検討している会社に対して団体交渉を求められることがありうる。人事DDを行う過程で労働組合の存在は極めて重要であるため，確認的にここで「労基法上の

労働者概念」および「労組法上の労働者概念」を整理しておく。

　まず，労基法上の労働者は，「職業の種類を問わず，事業又は事務所……に使用される者で，賃金を支払われる者」をいう（9条）。労基法上の労働者性について，過去の学説や裁判例を踏まえ，昭和60年の労働基準法研究会報告[59]で次のような判断基準を示し，これらを総合的に検討し，労基法上の労働者性を判断している（**図表3−31**）。

図表3−31 労基法上の労働者の判断基準

使用者性	①仕事の依頼等への諾否の自由の有無 ②業務遂行上の指揮監督の有無 ③勤務時間・勤務場所の拘束性の有無 ④他人による代替性の有無
賃金性	⑤報酬が時間単位で計算されるか否か
その他	⑥事業者性（機械・器具の負担等）の有無 ⑦専属性の程度 ⑧公租公課の負担

　一方，労組法上の労働者は，「職業の種類を問わず，賃金，給料その他これに準ずる収入によって生活する者」をいう（3条）。すなわち，労組法上の労働者では，労基法上の労働者概念の判断要素である「使用者性」が問われておらず，また，「賃金性」も「その他これに準ずる収入」であれば足りるとされ，労基法上の労働者性よりも広く労働者性を認めている。

　このような観点から，労組法上の労働者には，これから労働関係に入ろうとする者や過去に労働関係にあり，給料等で生活してきた者も含まれると解釈されている[60]。したがって，労組法上においては，B社の従業員はA社の従業員となる可能性があることから，労組法上の労働者として認識しておかなければならない。

59　労働省労働基準局編『労働基準法の問題点と対策の方向』52頁以下（日本労働協会，1986）。

60　昭和20年12月13日第89回帝国議会衆議院労働組合法委員会会議録3号20頁（芦田均国務大臣答弁）。

なお，この労組法上の労働者の判断基準として，判例[61]では，次のような判断基準を示し，これらを総合的に検討し，労組法上の労働者性を判断している（**図表3－32**）。

図表3－32 労組法上の労働者の判断基準

基本的判断要素	①労働者が事業組織に組み入れられているか
	②契約内容が使用者に一方的に決定されているか
	③報酬が賃金としての性格をもつか
補充的判断要素	④仕事の依頼等への諾否の自由の有無
	⑤業務遂行上の指揮監督の有無
消極的な判断要素	⑥事業者性の希薄さ

労組法上の労働者概念は広く，プロ野球選手までも労組法上では労働者に当たる。プロ野球選手が平成16年に労組法上の労働者として，プロ野球史上初めてストライキ権（選手が試合出場を拒否）を行使したが，プロ野球選手が労組法上の労働者に当たるため，試合に出場する債務を履行せず，球団に経済的な損害を与えても，労組法8条の「正当な争議行為の民事免責」の定めにより，民事上の債務不履行責任は問われなかった。ただし，プロ野球選手を労基法上の労働者の判断基準に当てはめた場合，労基法上の労働者性は認められないので，試合中怪我をしても，労災保険[62]の適用はないし，予告なしに解雇されても，また，時間外労働や深夜労働に対する賃金の支払いがなされていなくても，労基法上の保護の対象とはされない。

(2) 労組法上の使用者と労基法上の使用者

「労組法上の使用者概念」であるが，これも「労基法上の使用者概念」とは

---

61 「新国立劇場運営財団事件」最三小判平23・4・12民集65巻3号943頁，「INAXメンテナンス事件」最三小判平23・4・12労判1026号27頁。
62 労災保険法（労働者災害補償保険法）では，労働者の定義規定はないが，労基法から独立して制定された経緯から，判例（「横浜南労基署長事件」最一小判平8・11・28労判714号14頁）では労基法上の労働者と同一のものと解されている。

異なる。

　労組法上の使用者については法文上，具体的に定義規定を置いていないが，労組法7条2号の「使用者は，雇用する労働者の代表者からの団体交渉の要求を正当な理由なく拒んではならない」との定めから，「団体交渉の当事者に当たる者が使用者」といえる。

　判例でも「一般に使用者とは労働契約上の雇用主をいうものである」とするが，「労組法7条が団結権の侵害に当たる一定の行為を不当労働行為として排除，是正して正常な労使関係を回復することを目的としていることに鑑みると，雇用主以外の事業主であっても，当該労働者の基本的な労働条件等について雇用主と同視できる程度に現実的かつ具体的に支配・決定できる地位にある者がいる場合には，その限りにおいて，その者が労組法7条の不当労働行為の対象となる使用者に当たる」[63]としていることから，使用者の概念が広範にわたることがわかる。すなわち，「不当労働行為の対象となる使用者」という観点から，過去に使用者であった者[64]および，将来において使用者になる可能性がある者[65]も労組法上の使用者にあたると広く共通理解されている。

　一方，労基法上では使用者を「事業主又は事業の経営担当者その他その事業の労働者に関する事項について，事業主のために行為をするすべての者をいう。」（10条）と定義している。ここで留意したい点は労働契約の当事者である事業主のみならず，「事業主のために行為をする・す・べ・て・の・者」であることだ。同法121条でも「この法律の違反行為をした者が，当該事業の労働者に関する事項について，事業主のために行為した代理人，使用人その他の従業者である場合においては，事業主に対しても各本条の罰金刑を科する。」と定めがあることから違反行為した者と使用者が処罰の対象となる。

63　「朝日放送事件」最三小判平7・2・28民集49巻2号559頁。
64　「日本鋼管鶴見造船所事件」東京高判昭57・10・7労判406号69頁。
65　「クボタ事件」東京地判平23・3・17労経速2105号13頁。

(3) 投資ファンドの労組法上の使用者性[66]

投資ファンドは，法的には1つの組合であり，出資を募り，投資に長けたファンドマネージャーが中心となって，投資活動を行い，最大限のリターンを追求する集団である。あくまでも投資が中心であり，経営については，直接介入することはなく，まして，労働条件に関して，現実的かつ具体的に支配・決定できる地位にある者がいるわけではないので，一義的には労組法上の使用者に当たらない。

しかし，東急観光（現トップツアー）事件[67]では，投資ファンドの労組法上の使用者性が問題となった。この事例では，投資ファンドのアクティブ・インベストメント・パートナーズ社（以下，「AIP」という）は，取締役9人中の5名，監査役3名中の2名を東急観光へ送り込み，AIPの社長自身も取締役に名を連ね，2004年の買収当初から「カルチャーを成果主義に変えていきます」「賞与は原資を確保して恥ずかしくないものを払えるようになればと思います」等と発言していた。成果主義の導入により労働条件が引き下げられたことから，AIPに対し，労働組合が労働条件引き下げについて団体交渉の申入れをしたところ，AIPがこれを拒否したので，労働組合が東京都労働委員会に団交拒否の不当労働行為に対する救済を申し立てた。このような状況下でも，AIPは組合潰しのために「社員会」なるものを作らせ，組合脱退工作や賞与の差別的不支給を行った。これに対して，2005年3月に組合の代表30名を原告として，裁判所に賞与支払請求訴訟を提起したところ，同年6月に裁判所から賞与を支払うよう会社に対して強い勧告があり，同年11月に和解が成立した。

和解が成立したため，投資ファンドの使用者性について示されなかったが，この紛争を契機に厚生労働省は2005年5月，「投資ファンド等により買収された企業の労使関係に関する研究会」（座長 西村健一郎）をスタートさせ，2006年には報告書[68]を公表した。報告書の投資ファンド等の使用者性に関する概要

66　野中・前掲注（30）148頁以下参照。
67　日本労働弁護団編『現代労働裁判の実践と理論』311頁以下参照（旬報社，2008）。
68　平成18年5月。http://www.mhlw.go.jp/shingi/2006/05/s0526-2.html参照。

は次のとおりである。

投資ファンド等の使用者性について（概要）

投資ファンド等は，労働条件を含めた被買収企業の具体的な経営への関わり方について，直接に経営方針や労働条件等を決定するものではないものの，株主としての権利を背景に影響力を行使することもあると考えられる。しかし，その影響力の行使の仕方については，株式の保有割合等で一律に判断できない。また，投資ファンド等は「投資」のために株式を保有する点で，「事業」を目的として他社の株式を保有する純粋持株会社とは異なっていると考えられる。しかし，投資ファンド等の目的は一律ではなく，また，経営への関わりの度合いもその目的から当然に定まるものではない。

以上を踏まえると，投資ファンド等が被買収企業に対して株主としての権利を背景に経営にどのように影響力を行使するかは一律ではないといえる。したがって，投資ファンド等の「使用者性」については，投資ファンド等が被買収企業の労働条件を実質的に決定しているといえるか否かに着目して判断することが適当であり，この点を考慮すると，親子会社間の親会社や純粋持株会社に係るこれまでの「使用者性」に関する考え方が基本的に該当すると考えられる。すなわち，投資ファンド等の「使用者性」についても「基本的な労働条件等について，雇用主と部分的とはいえ同視できる程度に現実的かつ具体的に支配，決定することができる地位にある」（「朝日放送事件」最高裁第三小法廷　平成7年2月28日）かどうかにより判断すべきである。ただし，どのような場合に投資ファンド等に使用者性が認められるかを一律に決定することは困難であり，個々具体的に判断されることになる。

当該報告書では，最終的に労組法上の使用者の範囲について，明確な判断基準を示さなかったが，労働関係に対して，不当労働行為の労組法の適用を必要とするほどの実質的な支配力ないし影響力を及ぼしうる地位にある者[69]と広くみなすべきとする学説もあるので，ケースによっては投資ファンドも労組法上の使用者になりうる。

69　西谷敏『労働組合法』292頁（有斐閣，第3版，2012）。

(4) 持株会社(ホールディングカンパニー)の労組法上の使用者性[70]

　持株会社とは，その会社自体は具体的な事業活動を行わず，他の会社の株式を所有することによって，配当等を得つつ，他の会社の事業活動を自社の管理化に置き，他の会社を実質的に支配することを目的として設立された会社を指し，ホールディングカンパニーとも呼ばれている。

　持株会社には，自らは事業活動を行わず，他社を支配することだけを目的とする「純粋持株会社」，自らも事業活動を営み，かつ，他社を支配する「事業持株会社」，そして，銀行，証券会社などの金融機関を支配することを目的とする「金融持株会社」の3種類ある。

　持株会社は，支配された会社の労働者とは，使用関係も労働契約関係もないので，原則として労組法上の使用者には該当しない。

　しかし，親会社が子会社の細部の運営まで関与する場合，労働問題が生じることがあり，当該問題について「持株会社解禁に伴う労使関係専門家会議」（座長 花見忠）で議論され，1996年の報告書では，朝日放送事件の判例で示された「基本的な労働条件等について，雇用主と部分的とはいえ同視できる程度に現実的かつ具体的に支配，決定することができる地位にあるか否か」に事案ごとにあてはめて判断するものと結論づけた。

　また，1999年の「持株会社解禁に伴う労使関係懇談会」（座長 山口浩一郎）の中間とりまとめでは，「労働条件の決定につき，反復して純粋持株会社の同意を要することとされている場合」および，「純粋持株会社が実際に子会社との団体交渉に反復して参加してきた実績がある場合」を使用者性が推定される可能性が高い典型的な例として挙げている。

　中小企業における後継者不在問題の解決等のために，持株会社に株式を譲渡し，実質的に持株会社から役員が送り込まれ，間接的に支配されるケースが増えつつある今日，朝日放送事件で示された「基本的な労働条件等について，雇用主と部分的とはいえ同視できる程度に現実的かつ具体的に支配，決定するこ

70　野中・前掲注（30）151頁以下参照。

とができる地位」にあれば，労組法上の使用者として，解されることもあろう。

(5) 労働協約

労働協約は，労働組合と使用者との間で締結される契約である。使用者は個々の企業や事業場単位[71]で労働協約を締結することが主流であり，書面で作成し，両当事者が署名（または記名押印）することによって効力が発生する（労組法14条）。文書の表題が「了解事項」や「覚書」等であっても，上記の要件に該当する文書は労働協約となる[72]。

そもそも，労働条件は，労働者と使用者との間で労働契約を締結して決めるのが原則であるが，労使が対等の立場で労働条件を交渉することは難しく，労働者に不利な内容となる可能性が高いため，国は憲法で労働者に団結権等を与え，労働者が集団的に労働条件を交渉することを認めた。

また，労組法16条で「労働協約に定める労働条件その他の労働者の待遇に関する基準に違反する労働契約の部分は，無効とする。この場合において無効となつた部分は，基準の定めるところによる。労働契約に定がない部分についても，同様とする。」とあり，労働協約は労働契約よりも優先して適用される。すなわち，労働組合員である労働者については，有利な点も不利な点も含め，使用者との合意で締結した「労働契約」で定めた労働条件よりも「労働協約」で定めた労働条件に拘束されることになる。

労働組合が団体交渉等を通じて，当該組合員が個別で契約した労働契約を上回る労働条件で労働協約の締結を実現できたならば，非組合員に対して，労働組合の組合員でいる価値を知らしめることにもなるが，労働協約よりも厚遇の労働条件を定めた労働契約を締結していた場合では，逆に労働協約が優先的に適用されてしまうことになる。労働条件を不利益変更する場合，大企業ではすべての労働者から個別合意を取り付けることは極めて困難であるため，団体交

---

71 産業別組合のように企業横断的に組織される労働組合が相手の場合，加盟する上部の経営者団体との間で労働協約を締結することもある。

72 布施直春『労務トラブル解決法！Q&Aシリーズ7　会社は合同労組をあなどるな！〜団体交渉申入書の回答方法から和解合意文書の留意点まで〜』64頁（労働調査会，2014）。

渉で労働組合と労働協約を締結することにより，迅速に組合員の労働条件を不利益に変更することもできる。

労働協約は，組合員の労働条件について定めた「規範的部分」と，労使関係上のルール（組合員の範囲，ユニオン・ショップ協定[73]，団体交渉のルール等）について定めた「債務的部分」で構成される。この労働協約の規範的効力は労働協約を締結した組合員のみに適用されるのが原則であるが，例外として，ある事業場に常時使用される同種の労働者[74]の4分の3以上が加入する労働組合の労働協約は当該事業場に使用される他の同種の非組合員の労働者にも適用される[75]（労組法17条）。

(6)　事前協議条項

新技術導入，新分野進出，組織の改編，事業の縮小・廃止，事業の移転（国内・国外）等の実施について，組合と事前に協議して，同意することを実施の要件とする旨の定めを置く労働協約が散見される。このような事前協議条項が労働協約に定められているにもかかわらず，企業がこの定めを無視し，または十分な協議を行わずに実施した場合，組合から激しい抵抗が予想されるのみならず，その無効を主張されることがある。

大鵬産業事件[76]は，労使間において，事前協議条項の定めがある労働協約を締結していたにもかかわらず，会社は何の予告もなく全従業員に対して会社の解散および全員の解雇について発表し，会社の解散を理由とする解雇の意思表示の効力が当該労働協約に反し無効であることに関して争われた事例である。裁判では「本件契約に基づき，会社側は会社の解散，全員解雇の理由を通常人が納得のゆく程度に説明した上，組合の同意を得るために信義則に従って十分

73　労働組合の非加入員，脱退者，被除名者を使用者に解雇させることを約束する労働協約であり，使用者との団体交渉による有利な労働条件を獲得するための組織強制の典型的な手法の1つである。

74　職種ではなく，正規職員や非正規職員等の雇用形態をいう。

75　一般的拘束力という。

76　大阪地決昭55・3・26労判340号63頁。

協議を尽くさなければならないとした上，会社解散と全員解雇について年末一時金の団体交渉中に突然なされたこと，その後の団体交渉においても既に役員会で決定した事実であるとして経理資料の公開等の組合の要求を受け付けず，また会社解散の根拠に関する説明も抽象的であるか，裏付けとなるべき資料を伴わないもので極めて説得力が乏しいものであり，最終的には団体交渉拒否という強硬姿勢をとりつつ手続を進めたものであると認定し，本件協約に定められた信義則に基づく協議を十分に尽くしたとは到底認められない」として，解雇は労働協約に違反したもので無効であると判示した。

仮にM&A取引が成立しても，組合から当該労働協約の事前協議条項を根拠に取引の無効を主張され，取引自体ブレイクすることにもなりかねないので，この事前協議条項の有無とその内容については，DDの時点で必ず把握しておかなければならない。

(7) 労働協約の終了

労働協約の期間については，労組法15条で「３年をこえる有効期間の定をすることができない。」とし，「３年をこえる有効期間の定をした労働協約は，３年の有効期間の定をした労働協約とみなす。」（同条２項）としている。したがって，効力発生から３年を超えていて，自動更新規定がなければ，当事者の一方は，有効期間の満了[77]により，すでに労働協約の効果がないことを主張できる。

有効期間の定めがない労働協約は，当事者の一方が，署名し，または記名押印した文書によって相手方に少なくとも90日前に予告して，解約することができる（同条３項，４項）。ただし，一部解約については，労働協約自体の中に客観的に他と分別することのできる部分があり，かつ分別して扱うことを当事者が認容する趣旨であったと認められる場合[78]を除き，原則として認められな

77　確定期限でもよいし，不確定期限（工事完成まで，企業再建まで）でもよい。「東京12チャンネル事件」東京地判昭43・２・28労民集19巻１号233頁。
78　「日本アイ・ビー・エム事件」東京高判平17・２・24労判892号29頁。

いと解されている[79]。

なお，使用者が組合弱体化の意図をもって協約を解約し，協約の改廃に関する団体交渉も拒否しているといった場合には，支配介入の不当労働行為となり，解約は私法上も無効と解される[80]ため，注意が必要である。もちろん，協約当事者が合意すれば，有効期間中であっても労働協約はいつでも解約することができる（**図表3−33**）。

図表3−33 使用者の労働協約解約の手順

1．使用者から労働組合に対して労働協約の変更を申し入れる。 ↓ 2．複数回の団体交渉を行うが，労使間の合意形成ができない。 ↓ 3．使用者から労働組合に対して，労働協約解約通知書を渡す。 ↓ 4．労働組合が，上記3の解約通知書の受領を拒否した場合は，団体交渉の場で，上記通知書を読み上げて通知する。 ↓ 5．上記4の時点から90日経過後労働協約は解約となる。

出所：布施直春『労務トラブル解決法！ Q&Aシリーズ7　会社は合同労組をあなどるな！
　　　〜団体交渉申入書の回答方法から和解合意文書の留意点まで〜』66頁（労働調査会，2014）

79　西谷・前掲注（69）390頁。
80　「布施自動車教習所・長尾商事事件」大阪高判昭59・3・30労判438号53頁。

第4章
M&Aスキーム別
人事労務管理の要諦

　基本合意後に実施される人事をはじめとする財務や法務等のDDの結果を踏まえ，最終的にM&Aのスキームが確定してディール（取引）が成立する（不成立の場合も多々あるが）。M&Aには経営権取得や事業取得等の目的の違いにより，合併，会社分割，事業譲渡等，様々な手法があるが，スキームの違いで，次のように権利義務の移転や労働契約の承継などが異なる（図表4－1）。

図表4－1　合併，会社分割，事業譲渡の比較

	合　　併	会社分割	事業譲渡
権利義務の移転	包括承継（消滅会社の権利義務のすべてを包括的に承継）	部分的包括承継（移転する事業を限度とする包括承継）	特定承継（譲渡会社と譲受会社間の合意により譲渡会社の権利義務を個別に特定して譲受会社に承継）
債務の承継	債権者の個別の同意が不要（ただし，法定の債権者保護手続あり）	債権者の個別の同意が不要（ただし，法定の債権者保護手続きあり）	債権者の個別の同意が必要（法定の債権者保護手続なし）
労働契約の承継	労働者の個別の同意は不要（法定の労働者保護手続なし）	労働者の個別の同意は不要（ただし，法定の労働者保護手続あり）	労働者の個別の同意が必要（法定の労働者保護手続なし）

対価	株式が一般的（金銭など，株式以外の財産も可能）	株式が一般的（金銭など，株式以外の財産も可能）	金銭が一般的（その他の財産も可能）
株主総会の決議要件	特別決議	特別決議（ただし，簡単な手続き，略式の手続きあり）	事業の全部譲渡，重要な一部の譲渡，事業の全部の譲り受けでは特別決議（ただし，簡単な手続き，略式の手続きあり）
債務超過の場合	可能	可能	可能
効力の発生	・吸収合併では，吸収合併契約において定められた効力発生日 ・新設合併では，新設合併による設立登記	・吸収分割では，吸収分割契約において定められた効力発生日 ・新設分割では，新設分割による設立登記	事業譲渡契約において定められた効力発生日

出所：荒井太一「合併，会社分割，事業譲渡など会社再編に関する人事労務面での対応」労政時報3922号69頁（2016）

会社法上，労働者は，使用人に該当しうるが，使用人については支配人の権限の明確化を目的とした規定（10条〜15条）が置かれているだけであり，会社法の中には労働者概念はまったく規定されておらず，労働者保護については専ら労働法の守備範囲となる。本章では，M&Aのスキームごとに労働契約に及ぼす影響と対応について解説する。特に，平成28年9月1日に改正された「労働契約承継法施行規則・指針」，新設された「事業譲渡等指針」および最新の事例・判例等を交えながら，M&A前後の人事労務管理上の注力すべき事項を取り上げてみたい。

1 合 併

合併とは，会社法上の定義はないが，一般に2つ以上の会社が一方または両

方が解散し，解散会社の権利義務の全部が清算手続を経ることなく，存続会社または新設会社へ包括的に承継される効果を有するものと説明できる。実務上，新設合併は，登録免許税や許認可等から存続会社に承継される吸収合併と比べて不利な点が多いため，ほとんど吸収合併の形態をとる。合併に伴う労働契約関係について，民法625条1項に「使用者は，労働者の承諾を得なければ，その権利を第三者に譲り渡すことができない」とあるが，合併における法適用の優先関係では，民法の特別法である会社法が優先的に適用されるため，存続会社が消滅会社の権利義務関係の全部を承継することから（会社法2条27号・28号），労働者の個別の同意なしに労働契約が承継され，労働契約の内容である労働条件についてもそのまま承継されることになる。なお，合併を理由に存続会社が消滅会社の労働者を雇用しない行為は解雇とみなされ，解雇権を濫用したものとして，労働者は存続会社との間で労働契約上の地位が認められることになる。

　合併時の消滅会社のすべての権利義務は，存続会社に包括的に承継されるため，労働者に不利益が生じることはほとんど想定されておらず，労働法制上の規範も指針やガイドライン等も用意されていなかった。ところが，合併時のどさくさ紛れに余剰人員を解雇したり，労働条件の不利益変更が行われたりするケースが散見されることから，平成28年9月1日に「事業譲渡又は合併に当たって会社等が留意すべき事項に関する指針」が新設され，「合併は包括承継であり，労働契約の内容である労働条件についても，そのまま維持されること」（指針第3）が確認的に置かれるようになった。

　もっとも，実務上では，合併後に存続会社の就業規則と消滅会社の就業規則の2つのルールで人事マネジメントを行うことは社内秩序が乱れるため労働条件を統一する必要があるので，合併前後で労働条件等を統一する作業が行われることになる。

(1)　労働条件の統一の問題

　合併後において，消滅会社の労働条件が当然に存続会社の労働条件に統一さ

れるわけではなく，消滅会社の従業員の就業規則も従前のまま存続会社に承継されることになる。1つの会社に2つの異なる就業規則が併存することになるため，労働条件の統一的・画一的処理の要請から，従業員相互間の格差を是正して単一の就業規則を作成する作業が急務である。統一にあたり，合併した両社の労働条件を労働者にとってすべて有利に，つまり引き上げることによって統一する方法は理想的ではあるが，総人件費をはじめ，あらゆるコストを増加させることになり，現実的ではない。実際には労働条件を労働者にとって不利益に変更せざるを得ない事項もあるので，労働条件を変更する場合には，労働契約法に則った手続に基づき行われることが必要となる。

労働契約法8条では，労働条件の内容の変更は労働者から個別の同意を得ることを要請しているが，ある程度の規模を超える企業では，労働者から個別に合意を取り付けることは時間的，経済的にも困難であるため，例外規定である同法10条の労働者への周知と変更の合理性を担保して就業規則の変更により，労働条件を変更して統一することが多い。

合併のため労働条件を統一する必要性から，就業規則を変更することで労働条件を統一した結果，賃金を減額した判例[1]では，「従来58歳まで勤務して得られた賃金額が60歳近くまで勤務しないと得られなくなることは極めて大きな不利益であるが，定年延長とそれに伴う賃金水準の見直しの必要性は高度のものであり，変更後の賃金水準も他行や社会一般と比較してかなり高いものである」とし，また，「定年延長は不利益を緩和する処置ということができ，これらを含む就業規則の変更につき多数組合の同意を得ていることは労使間の利益調整がされた結果として合理的なものと推測することができる」として，変更の合理性を肯定した。このように，賃金，退職金等の労働者にとって重要な労働条件に実質的な不利益を及ぼす場合には，これを労働者に受忍・許容させることができるだけの「高度の必要性」が求められている。

実務では就業規則を変更することによって労働条件を統一することになるが，

1　「第四銀行事件」最二小判平9・2・28民集51巻2号705頁。

第4章　M&Aスキーム別人事労務管理の要諦　**305**

この「合理性」をいかに担保できるかが重要である。

(2)　損害保険ジャパン日本興亜株式会社の合併のケース

　ここでは，損害保険ジャパンと日本興亜損害保険が合併し，損害保険ジャパン日本興亜株式会社（以下，「損保ジャパン日本興亜」という）となった成功事例を取り上げ，合併後の人事を迷走させないため，どのようなシナリオで人事制度を統一していったのかを紹介し，合併前後の人事制度の参考となる要素を抽出する。

　損保ジャパン日本興亜のウェブサイトの会社沿革によると，そもそも同社は10社が合併したという歴史があり，2014年9月に損害保険ジャパンと日本興亜損害保険が合併し，現在に至っている（**図表4－2**）。

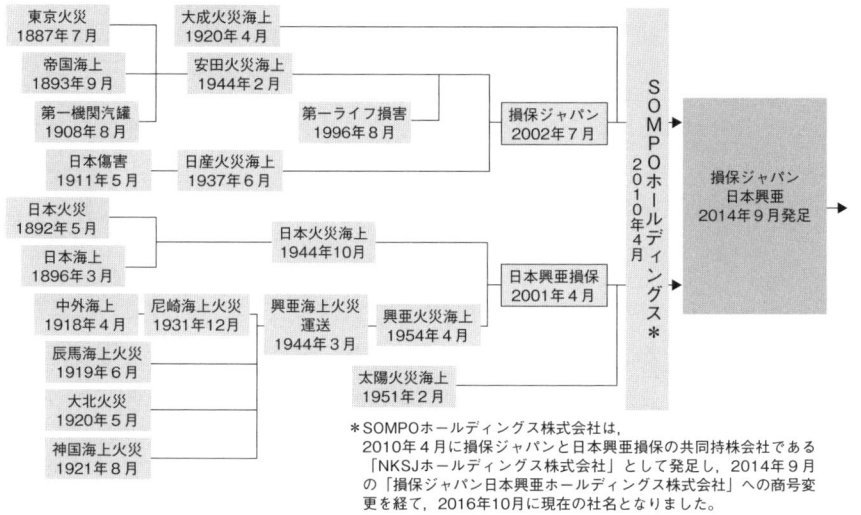

図表4－2　損害保険ジャパン日本興亜株式会社の会社沿革

＊SOMPOホールディングス株式会社は，
2010年4月に損保ジャパンと日本興亜損保の共同持株会社である
「NKSJホールディングス株式会社」として発足し，2014年9月
の「損保ジャパン日本興亜ホールディングス株式会社」への商号変
更を経て，2016年10月に現在の社名となりました。

出所：http://www.sjnk.co.jp/company/history/

　前回の合併では当時，金融業界の再編ブームであり，結婚相手を他社に奪われないため拙速に合併したため，両社（損害保険ジャパンは，安田火災海上保

険，日産火災海上保険および大成火災海上保険の3社が1つに，日本興亜損害
も，日本火災海上保険，興亜火災海上保険および太陽火災海上保険の3社が1
つになった）ともにシナジー効果が生じるまで予想を超える時間を要してし
まった。これは人事が迷走し現場が混乱したのが原因の1つであり，この失敗
を教訓として今回の合併では，事前に周到な準備をするため，まずは，2010年
4月にNKSJホールディングズを設立し，両社をグループ傘下に置くことから
始めた[2]。

　合併してから制度設計をして両社の考えをすり合わせるのでは遅いので，合
併と同時にスタートダッシュができるよう合併に先駆けて，2013年4月以降役
員および部・室長から順番に一本化し，同年10月以降は部店長を，2014年4月
には課支社長を一本化していった。本社も2012年4月に移転し同居を開始し，
支社も同時に移転・同居を始め，合併前には同じフロアーで間仕切りを挟んで
2社の受付が並ぶという珍しい光景が見られた（**図表4－3**）。

　当時の同社が人事において大切にしたことは，人事の透明性と公平性だとい
う。役員ポストを一本化するに当たり，社外の大学教授やコンサルタントに依
頼して，担当する役員をそれぞれ2時間ずつインタビューし，適任者を選んで
もらい，最終的にトップの2名で決めた。また，2人の支店長を1人に絞る場
合にも，出身会社に関係なく多面的な評価から人物本位で選ぶことを社内に明
言した。

　労働条件の統一については，各社員から個別に合意を取り付けたのではなく，
就業規則を変更することで労働条件を変更した。着目すべき点は変更の時期で
ある。すなわち，就業規則不利益変更6要素の1つである「必要性」について，
合併前と合併後では合併前の方が合併後よりも就業規則の変更の必要性が認め
られるため，当該事例においては，合併前から，就業規則の変更を行ったこと
が特徴である。

2　以下，日経ビジネス2013・11・4号56頁以下参考。

第4章　M&Aスキーム別人事労務管理の要諦　**307**

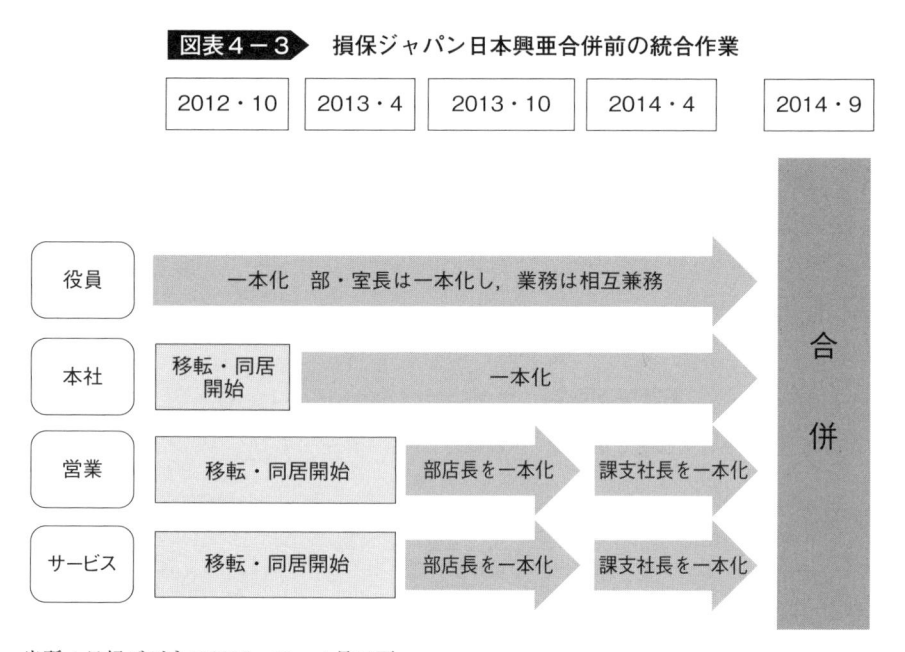

出所：日経ビジネス2013・11・4号56頁

　以上，損保ジャパン日本興亜の合併のケースから，合併と同時に社員の意識を1つにして動ける体制を構築し，合併の成果の早期獲得のために，①合併前に重要なポストから順に一本化した，②本社や支社等の働く場所についても合併前に移転・同居した，③合併が破談にならないよう事前にグループの傘下に置いた，④出身に関係なく人物本位で人事を行った，⑤オープンでフェアな人事を心掛けた，⑥多面的な評価からポストを固めた，⑦外部の声も活用した，⑧合併前にできるだけ労働条件を統一した等の要素を抽出することができた。スピード化が求められる現在では，当該合併に要した時間は過剰だったのかもしれないが，異文化の組織を1つにすることは容易ではなく，拙速な合併は，組織のまとまりを欠き，結果的に失敗するリスクをはらむので，むしろ「急がば回れ」であり，合併前にいかに準備できるかが成功のキーワードといえよう。

308

(3) 退職金一時金制度の統合[3]

　労働条件の1つである退職金制度の統合は賃金制度の統合と並んで人事制度改定のハイライトである。ここでは，両社が退職一時金制度を採用していた場合，退職員制度を統合する4つの方法を紹介する。

　第一に，消滅会社の従業員に対し，合併時に消滅会社での退職金を支給し，消滅会社における勤務期間を存続会社においては通算せず，存続会社で新規スタートする方法である（**図表4－4**）。

図表4－4　退職一時金の統合パターンa

ａ）消滅会社の退職金を清算し，存続会社で新規スタート

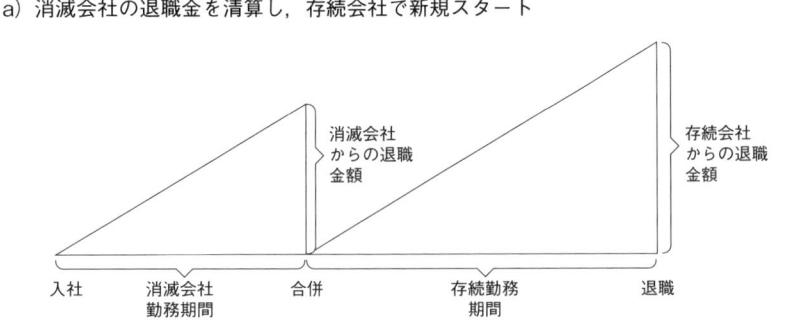

出所：萩原浩之「被取得企業の年金制度に注意　合併時の退職給付制度変更の留意点」旬刊
　　　経理情報1346号14頁（2013）を一部著者が修正したもの

　第二に，消滅会社Bの従業員に対し，合併時にB社での退職金を支給し，B社における勤務期間を存続会社Aにおいて通算し，A社の退職金から合併時に支給した退職金を控除する方法である（**図表4－5**）。

　第三に，合併時に消滅会社Bでの退職金を清算せず，存続会社Aが引き継いでA社の退職時に支給する。この場合，B社における勤務分の退職金を合併時に確定しておき，退職時に支給する方法である（**図表4－6**）。

　第四に，合併時に消滅会社Bでの退職金を清算せず，存続会社AでB社にお

3　萩原浩之「被取得企業の年金制度に注意　合併時の退職給付制度変更の留意点」旬刊
　経理情報1346号13頁（2013）以下を参照。

第4章　M&Aスキーム別人事労務管理の要諦　**309**

図表4−5　退職一時金の統合パターンb

b）消滅会社の退職金を清算し，存続会社で過去勤務期間を通算

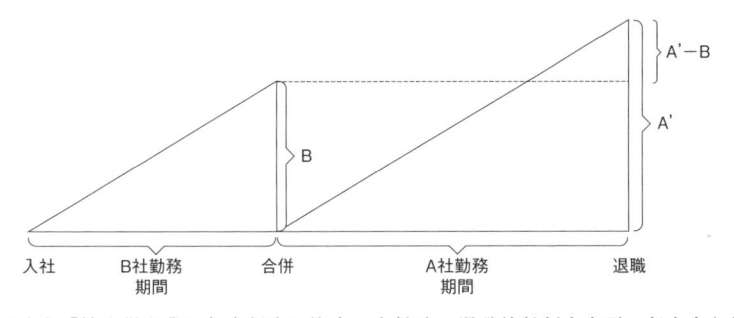

出所：萩原浩之「被取得企業の年金制度に注意　合併時の退職給付制度変更の留意点」旬刊
　　　経理情報1346号14頁（2013）を一部著者が修正したもの

図表4−6　退職一時金の統合パターンc

c）消滅会社の退職金を清算せず，存続会社では過去勤務期間を通算しない

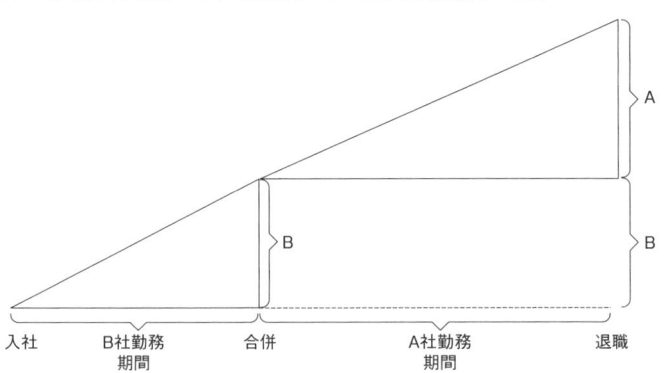

消滅会社の退職金を清算せず，存続会社の制度で消滅会社の過去勤務期間を通算
しない場合，存続会社の退職時に　B＋Aが支給される。

出所：萩原浩之「被取得企業の年金制度に注意　合併時の退職給付制度変更の留意点」旬刊
　　　経理情報1346号14頁（2013）を一部著者が修正したもの

310

ける勤務期間を通算して，Ａ社退職時にはＡ社の退職金制度で退職金を支給する方法である。ただし，Ｂ社の従業員が合併後に退職した場合で，合併時でのＢ社の退職金がＡ社の退職金を上回るようなケースでは，何らかの経過措置が必要となる（**図表４－７**）。

図表４－７ 退職一時金の統合パターンd

d）消滅会社の退職金を清算せず，存続会社で過去勤務期間を通算

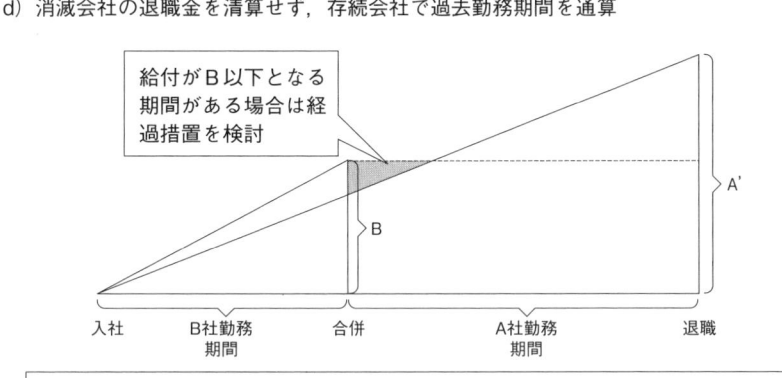

出所：萩原浩之「被取得企業の年金制度に注意　合併時の退職給付制度変更の留意点」旬刊経理情報1346号14頁（2013）を一部著者が修正したもの

　なお，合併や会社分割があった場合の所得税法上の勤続年数の取扱いについては，所得税基本通達（30－6）により，「退職所得控除額に係る勤続年数の計算の勤続年数は，当該退職手当等の支払者（その者が相続人である場合にはその被相続人を含み，その者が合併後存続する法人又は合併により設立された法人である場合には合併により消滅した法人を含み，その者が法人の分割により資産及び負債の移転を受けた法人である場合にはその分割により資産及び負債の移転を行った法人を含む）の下においてその退職手当等の支払の基因となった退職の日まで引き続き勤務した期間により計算するのであるから，退職手当等の支払金額の計算の基礎となった期間がその引き続き勤務した期間の一

部である場合又はその期間に一定の率を乗ずるなどにより換算をしたものである場合であっても，同号本文の勤続年数は，その引き続き勤務した実際の期間により計算することに留意する。」とあり，消滅会社での勤続年数も分断されず，存続会社の勤続年数に通算されることから，所得税法上の退職所得控除額については，労働者が不利益を被ることはない。

2　会社分割

　会社分割とは，ある会社が，その事業に関して有する権利義務の全部または一部を分割後，他の会社または分割により設立する会社が承継することをいう（会社法2条29号・30号）。

　会社分割は，企業の経営効率の向上を図るために一部の事業を分離独立させたり，不採算部門を切り離して他の企業へ譲渡したり，他社の同一の事業部門を統合して合弁会社[4]を作るようなケースに利用される[5]。

　また，会社分割には，ある会社の事業の全部または一部を他の会社が吸収する吸収分割（会社法2条29号）と，ある会社がその事業に関して有する権利義務の全部または一部を分割して他の会社を設立する新設分割（会社法2条30号）の2形態がある。吸収分割の場合には分割契約（同法758条）で，新設分割の場合には分割計画（同法763条）の定めに従い，承継事業に主として従事する対象労働者が決定される。承継対象となった労働者は合併と同様に民法625条1項の「労働者の承諾」は排除され，労働者の個別の同意は不要であり，労働契約を含む権利義務が包括承継される。

　ただし，会社の恣意的な選別により労働者が不利益を被るのを防止するため，平成12年の商法改正による会社分割制度の創設に併せ，労働者保護に係る立法措置として，会社分割に伴う労働契約の承継等に関する法律（以下，「承継法」という）が制定（平成12年法律第103号），施行（平成13年4月）された。

4　外国人と内国人とが共同して設立し経営する会社。
5　徳住賢治『労働法実務解説9　企業組織再編と労働契約』109頁（旬報社，2016）。

承継法では，労働者保護のため，①労働者の理解と協力を得るよう努めること（承継法7条。以下，「7条措置」という），②労働者と協議を行うこと（平成12年商法等改正法附則5条1項。以下，「5条協議」という），③労働者・労働組合へ通知すること（承継法2条），④労働者の異議の申出（承継法4条・5条）と，4段階における労働者・労働組合の関与手続を設けている（**図表4－8**）。

図表4－8 4段階の労働者・労働組合の関与手続

①労働者の理解と協力の努力義務（承継法7条） → ②労働者との協議（平成12年商法等改正法附則5条1項） → ③労働者・労働組合への通知（承継法2条） → ④労働者の異議権（承継法4条・5条）

労働者の異議権とは，労働者保護のため，承継される事業に主として従事する労働者が承継の対象となっていない場合には，一定の期間内に異議を申し出て承継の効果を発生させることができ（承継法4条），また，承継される事業に主として従事していない労働者が承継の対象となっている場合には，異議を申し出て承継の効果を免れることができる（承継法5条）ことである。すなわち，承継法は，承継事業と承継事業に従事する労働者との結び付きを保護し，「承継事業に主として従事する労働者が，承継事業とともに，新会社へ移ることができる」，「承継事業に主として従事するものではない労働者が，もとの会社に残留することができる」制度を設けたものといえる（**図表4－9**）。

その後，承継法施行後10年余りが経過し，この間に会社法や労契法等が整備され，企業組織の再編に伴う労働契約をめぐる裁判例も蓄積してきたことから，平成26年12月に学識経験者で構成する「組織の変動に伴う労働関係に関する研究会」が設置され，平成27年11月20日に報告書がまとめられた。この報告書を参考にしつつ，必要な対応方策について議論・検討してきたのが，厚生労働省の「組織の変動に伴う労働関係に関する対応方策検討会」（座長 鎌田耕一。以下，「対応方策検討会」という）である。平成28年4月13日の対応方策検討会の報告書では，会社分割については，8つの措置[6]を講じる必要があるとし，

第4章　M&Aスキーム別人事労務管理の要諦　　313

図表4-9 承継・非承継労働者の確認表

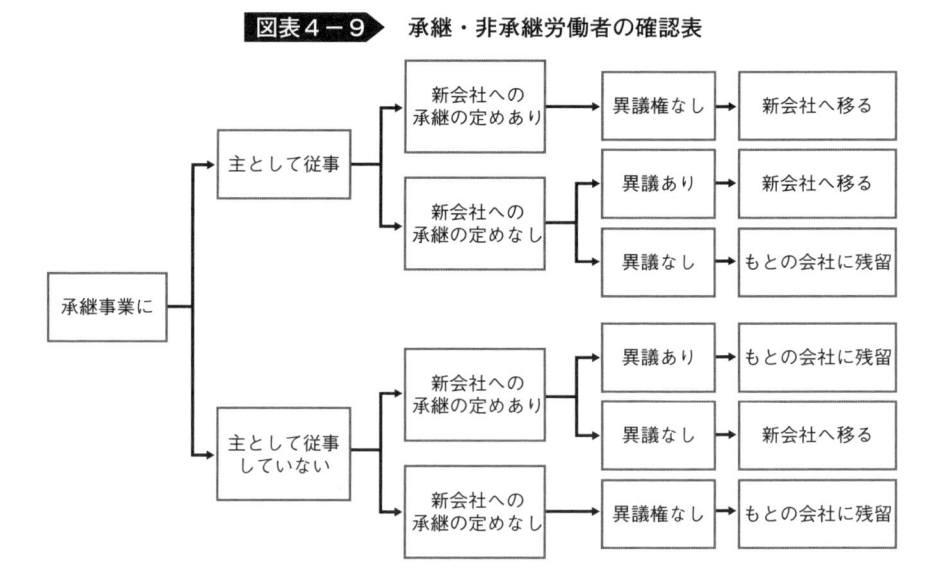

　この提言を受けて，平成28年9月1日に労働契約承継法施行規則および指針が改正施行された。

(1) 法制上の4段階の手続

　会社分割の場合，対象となる労働者の同意を必要としない。しかしながら，当該分割会社の全労働者に対しても少なからず影響を与えることを考慮し，労働者保護の観点から，商法等改正法附則第5条および承継法により，分割会社に対して，①労働者の理解と協力（承継法7条），②事前協議（商法等改正法附則5条），③労働者への通知（承継法2条1項），④労働者の異議権（承継法

6　①事業の考え方を明らかにすること，②5条協議の対象に承継される不従事労働者を加えること，③債務の履行の見込みも7条措置および5条協議で説明し，理解を得ること，④法人格否認の法理等の周知，紹介すること，⑤5条協議の法的意義を周知すること，⑥転籍合意しても承継法上の手続は省略できないことを周知すること，⑦5条協議および7条措置のさらなる周知と裁判例の紹介を行うこと，⑧労働協約の取扱いおよび異議申出に対する不利益取扱い禁止について周知すること。

４条・５条）の手続をとることを要請している。ただ，労働者との会話という点においては，承継法７条の労働者の理解と協力を得る努力（以下，「７条措置」という）と商法等改正法附則５条１項の労働者との協議（以下，「５条協議」という）は類似しているが，法的効果においては，協議事項の内容や手続等が異なるので留意が必要である（**図表４－10**）。

①　７条措置

　承継法７条で「会社分割にあたり，その雇用する労働者の理解と協力を得るよう努めるものとする」と定めがあり，同法施行規則４条に「労働者の理解と協力を得るため，そのすべての事業場において，当該事業場の労働者の過半数を代表する労働組合（過半数組合がない場合には過半数代表者）との協議その他これに準ずる方法[7]によって，労働者の理解と協力を得るように努めるものとする」とある。この協議は，事前協議の開始（分割計画等を承認する株主総会等の開催日の少なくとも２週間以上前）までには，着手する必要があるとされる[8]。

②　５条協議

　承継法２条に定める通知を必要とする分割会社は，分割計画書等を本店に備え置くべき日までに，商法等改正法附則５条により，分割に伴う労働契約の承継に関して労働者と個別協議を行わなければならない。平成12年12月27日労働省告示127号の「分割会社及び設立会社等が講ずべき当該分割会社が締結している労働契約及び労働協約の承継に関する措置の適切な実施を図るための指針」（以下，「指針」という）において，協議する事項について示されている。

　なお，協議の時期についても，「通知期限日までに十分な協議ができるよう，

7　「その他これに準ずる方法」としては，名称の如何を問わず，労働者の理解と協力を得るために，労使対等の立場に立ち誠意をもって協議が行われることが確保される場において協議することが含まれている。

8　厚生労働省労政担当参事官室編『改訂版　労働契約承継法の実務』40頁（日本労働研究機構，2002）。

第4章　M&Aスキーム別人事労務管理の要諦　**315**

図表4－10　**7条措置と5条協議の相違点**

	労働者の理解と協力を得る努力	労働者との協議
根拠規定	承継法7条	商法等改正法附則5条1項
実施時期	右記の協議開始までに開始	法2条1項の通知をすべき日まで
対象労働者	分割会社が雇用する労働者	・承継される事業に従事している労働者 ・承継される事業に従事していないが，分割契約等にその労働契約を承継する定めのある労働者
協議事項等	① 会社分割をする背景および理由 ② 分割会社および承継会社等の債務の履行の見込に関する事項 ③ 承継される事業に主として従事する労働者に該当するか否かの判断基準 ④ 労働協約の承継に関する事項 ⑤ 会社分割に当たり，労働者との間に生じた問題の解決手続等	○十分に説明すべき事項 ① 会社分割の効力発生以後，当該労働者が勤務することとなる会社の概要 ② 会社分割の効力発生以後，分割会社および承継会社等の債務の履行の見込に関する事項 ③ 承継される事業に主として従事する労働者に該当するか否かの考え方等 ○本人の希望を聴取した上で協議を行う事項 ④ 労働契約の承継の有無 ⑤ 承継するとした場合または承継しないとした場合に従事することを予定する業務の内容，就業場所その他の就業形態　等
協議手続	すべての事業場において， ・当該事業場の労働者の過半数で組織する労働組合と協議， ・労働者の過半数を代表する者との協議（労働者の過半数で組織する労働組合がない場合）を行う ※その他これに準ずる方法（名称の如何を問わず，労働者の理解と協力を得るために，労使対等の立場に立ち誠意を持って協議が行われることが確保される場において協議することが含まれる	当該労働者との協議による。ただし，当該労働者が労働組合を代理人に選定した場合，当該労働組合と誠実に交渉する義務あり

出所：厚生労働省「会社分割に伴う労働契約の承継等に関する法律（労働契約承継法）の概要」15頁の一部を著者が修正したもの

時間的余裕をみて協議を開始するもの」としており，通知期限日の前日に行うことなどは予定しない。

③ 労働者への通知

承継法2条では，次に該当する労働者に対して，通知期限日までに書面により通知しなければならないとされている。

> a）承継される事業に主として従事する労働者（承継事業主要従事労働者[9]という）
> b）a）以外の労働者で，承継会社等に承継される労働者（指定承継労働者という）

承継される「事業に主として従事する労働者」を判断する時点については，分割契約等を締結し，または作成する日，すなわち，分割会社が作成した分割契約等の記載事項が確定し，分割契約等の本店備え置きの時点である。

ただし，分割契約等締結時点では，当該事業に従事していないが，分割契約等締結後に当該事業に従事することが明らかな場合は，当該事業に主として従事する者に該当し，また，分割契約等締結時点では，当該事業に従事しているが，分割契約等締結後に当該事業に従事しないことが明らかな場合は，当該事業に主として従事する者に該当しないとする。

なお，会社分割を行う会社において，分割契約等締結時点の直前に，合理的な理由なく会社分割後に労働者を承継会社等または分割会社から排除することを目的として，当該分割前に配置転換等を意図的に行ったケースについては，当該労働者の過去の勤務実態に基づくべきものとされる。

また，間接部門については，当該労働者が複数の事業に従事している場合，それぞれの事業に従事する時間，それぞれの事業における当該労働者の果たしている役割等を総合的に判断して決定することになる。

---

9 承継事業主要従事労働者以外の分割会社が雇用する労働者を「承継事業非主要従事労働者」という。

第4章　M&Aスキーム別人事労務管理の要諦　**317**

この承継される事業に主として従事する労働者等については，正社員のみならず，パートや嘱託社員なども含め，本人の意思にかかわらず，承継されることになる。また，採用内定者についても，分割契約等に記載する労働契約は，必ずしも，分割の効力が生じたときに当該労働契約の効力が生じるものに限られるものではなく，分割契約等を締結し，または，作成する時点において，締結されていれば分割契約等に記載することができるので，採用内定者も分割対象の労働者となりうる。

通知期限日については，「分割契約等を承認する株主総会の日の2週間前の日の前日」までにする必要がある。例えば，株式会社である分割会社が，6月30日に分割契約等を承認する株主総会を開催する場合，通知期限日は分割契約等を承認する株主総会の日の2週間前の前日である6月15日となる。ただし，指針では「分割契約書等の本店備え置き日」または，「株主総会等を招集するための通知をする日」のいずれか早い日と同日に行われることが望ましいとしている。

なお，労働者に通知すべき事項[10]とは，次のとおりである。

---

a）当該労働者が承継会社等に承継されるという分割契約等の記載の有無
b）当該労働者が異議を申し出ることができる期限日
c）当該労働者が労働契約承継法第2条第1項各号のいずれに該当するかの別
d）承継される事業の概要
e）分割後の分割会社及び承継会社等の名称，所在地，事業内容及び雇用することを予定している労働者の数[11]
f）会社分割がその効力を生ずる日[12]
g）分割後の分割会社又は承継会社等において当該労働者について予定されている従事する業務の内容，就業場所その他の就業形態

10　a）とb）が承継法で通知が義務づけられている事項で，それ以外は承継法施行規則で通知が義務づけられている事項。
11　「雇用することを予定している労働者の数」には，正社員に限らず，短時間労働者，新規に雇用される労働者等，会社の分割により労働契約が承継される労働者が含まれる。
12　「会社分割がその効力を生ずる日」とは，吸収分割においては分割契約で「吸収分割がその効力を生ずる日」と定めた日，新設分割においては新設会社の設立登記の日を指す。

ｈ）分割後の分割会社及び承継会社等の債務の履行の見込みに関する事項
ｉ）労働契約承継法第４条第１項又は第５条第１項の異議がある場合はその申出を行うことができる旨及び異議の申出を行う際の当該申出を受理する部門の名称及び所在地又は担当者の氏名，職名及び勤務場所

　この通知は，「書面による通知」とあることから，電子メールで行うことはできず，ウェブサイトやフロッピーディスク等電子媒体を使用する方法によることもできない。ただし，ファックスによる通知については，相手方のファックス機器の不調に伴う危険負担を通知者が負うことになるが，通知に通知者の署名等が要件とされていないため，ファクシミリにより相手方の支配圏内にあるファックス機器に備えられた用紙に印字する方法によることは認められている。

④　異議権

　承継会社等への労働契約承継に関して，異議を申し出ることができるのは，次に該当する場合である（承継法４条・５条）。

ａ）会社分割により承継される事業に主として従事する労働者の労働契約について，分割契約等の記載により，承継会社等に承継されないこととなっている場合
ｂ）分割会社に雇用される労働者で，会社分割により承継される事業に主として従事する労働者以外の労働者の労働契約について，分割契約等の記載により，承継会社等に承継されることとなっている場合

　ａ）においては，承継会社等への労働契約の承継の対象から特定の労働者が排除されてしまうこと，ｂ）においては，承継会社等への労働契約の承継を望まない労働者が承継を強制されてしまうことの不利益が生じるおそれがあるため，これらの者が異議を申し立てれば，ａ）においては，承継会社等への労働契約が承継され，ｂ）においては，分割会社に残ることができる。

なお，この異議申出は，分割会社に対し書面により行わなければならない。書面の内容については，「異議を申し出る労働者の氏名」および「当該労働者に係る労働契約が当該承継会社等に承継されないこと若しくは承継されることについて反対である旨」を記載すれば足りる。異議の申出を郵便等により行う場合は，民法97条1項（隔地者に対する意思表示）により，相手方に到達した時よりその効力が生ずるので，承継法2条1項の規定に基づく労働者への通知の際に分割会社から示された期限日までに申出の郵便等が当該分割会社に到達する必要がある。

また，分割会社から通知を受けなかったことにより，異議の申出をすることができなかった場合，労働者は，会社の分割前であれば分割会社との間の協議等によって，会社の分割後においては，分割会社に対してその雇用する労働者たる地位の保全または確認を求めること，また，承継会社等に対してその雇用する労働者でないことの確認を求めることができる。

異議申出の受付最終日となる期限日については，分割会社が定めることになるが，期限日の定め方について，以下の2要件の両方を満たさなければならない。

---

a）分割契約等を承認する株主総会等の日の2週間前の日から当該株主総会等の日の前日までのいずれかの日とすること

b）労働契約承継法第2条の規定による労働者等への通知がされた日と期限日との間に少なくとも13日間を置いていること（「通知がされた日」とは，通知が当該労働者に到達した日をいう。）

【承継されないことについての異議申出】

平成○年○月○日

会社分割に伴う労働契約の承継に関する異議の申出

株式会社○○○○ 人事部御中

株式会社○○○○
○○部○○課
○○○○（氏名）

　私は，会社分割に伴う労働契約の承継等に関する法律第4条第1項の規定に基づき，労働契約が承継会社等に承継されないことについて，異議を申し出ます。

出所：厚生労働省「会社分割に伴う労働契約の承継等に関する法律（労働契約承継法）の概要」26頁

【承継されることについての異議申出】

平成○年○月○日

会社分割に伴う労働契約の承継に関する異議の申出

株式会社○○○○ 人事部御中

株式会社○○○○
○○部○○課
○○○○（氏名）

　私は，会社分割に伴う労働契約の承継等に関する法律第5条第1項の規定に基づき，労働契約が承継会社等に承継されることについて，異議を申し出ます。なお，私は，承継される事業に主として従事していないものと考えています。

出所：厚生労働省「会社分割に伴う労働契約の承継等に関する法律（労働契約承継法）の概要」26頁

(2) 承継法施行規則の改正

　承継法2条1項および承継法施行規則1条において，会社分割にあたり，労働者へ通知すべきこと，通知事項，通知の時期，通知する労働者の範囲が定められている。今回の承継法施行規則の改正では，労働者への通知事項に「分割会社から新会社に包括的に承継されるため，その内容である労働条件はそのまま維持されるものであること」が追加された。この背景には，労働者の不知をいいことに，会社分割時に労働条件を不利益に変更し，問題となり紛争に発展した事例が散見されたことが推測される。また，会社法の制定に伴い，資本金が1円でも株式会社を作ることが可能となったこと，債務超過でも会社分割が行えること等を悪用し，不採算部門を当初から廃業することを予定している承継先企業に会社分割で転籍させ，その後債務超過を理由に廃業し，解雇するなどの場合が想定される。そのため，労働者を保護する必要性から，必要通知事項[13]に「効力発生日以後における分割会社及び承継会社等の債務の履行の見込に関する事項」を追加した（**図表4−11**）。

図表4−11 承継法2条通知事項

通　知　事　項	労働者	労働組合
①　通知の相手方たる労働者が承継会社等に承継されるか否かに関する分割契約等の定めの有無	○	×
②　当該労働者の異議申出期限日	○	×
③　当該労働者が主従事労働者又は承継非主従事労働者のいずれに該当するかの別	○	×
④　当該労働者が分割会社と締結している労働契約であって，分割契約等に承継する旨の定めがある場合には，その内容である労働条件はそのまま維持されること	○	×
⑤　承継される事業の概要	○	○

13　①および②は承継法2条1項で，③〜⑩は承継法施行規則1条，⑪は承継法2条2項，⑫⑬は承継法施行規則3条で定められている。

⑥　会社分割の効力発生日以後における分割会社及び承継会社等の商号・住所（設立会社については所在地）・事業内容・雇用することを予定している労働者の数	○	○
⑦　会社分割の効力発生日	○	○
⑧　効力発生日以後における分割会社又は承継会社等において当該労働者が従事する予定の業務内容・就業場所その他の就業形態	○	×
⑨　効力発生日以後における分割会社及び承継会社等の債務の履行の見込に関する事項	○	○
⑩　承継（不承継）に異議がある場合には，異議申出をおこなうことができること，当該異議申出を受理する部門の名称・住所又は担当者の氏名・職名・勤務場所	○	×
⑪　分割会社と労働組合の間との間で締結している労働協約が承継会社等に承継されるか否かに関する分割契約等の定めの有無	×	○
⑫　承継される労働者の範囲（当該範囲の明示によっては当該労働組合にとって労働者の氏名が明らかとならない場合には当該労働者の氏名）	×	○
⑬　労働協約を承継させる場合には，承継会社等が承継する労働協約の内容	×	○

出所：厚生労働省「会社分割に伴う労働契約の承継等に関する法律（労働契約承継法）の概要」4頁の一部を著者が修正したもの

　なお，承継法指針第2の2（3）ニ（イ）では，「承継される事業に主として従事する労働者であって，分割契約等にその者が分割会社との間で締結している労働契約を承継会社等が承継する旨の定めがないものが，法第2条第1項の通知を適法に受けなかった場合（当該分割会社が当該労働者を当該承継される事業に主として従事していないものとして取り扱い，当該通知をしなかった場合のほか，意図的に当該通知をしなかった場合を含む）は，当該労働者は，当該効力発生日以後においても，当該承継会社等に対してその雇用する労働者たる地位の保全または確認を求めることができ，また，当該分割会社に対して

その雇用する労働者ではないことの確認を求めることができる」とある。承継法指針第2の2（3）ニ（ロ）でも、「承継される事業に主として従事しない労働者であって分割契約等にその者が分割会社との間で締結している労働契約を承継会社等が承継する旨の定めがあるものが法第5条第1項の異議の申出をした場合において、当該分割会社が当該労働者を当該承継される事業に主として従事しているため当該労働者に係る労働契約を承継会社等に承継させたものとして取り扱うときは、当該労働者は、当該効力発生日以後においても、当該分割会社に対してその雇用する労働者たる地位の保全又は確認を求めることができ、また、当該承継会社等に対してその雇用する労働者ではないことの確認を求めることができるものであること。承継される事業に主として従事しない労働者であって分割契約等にその者が分割会社との間で締結している労働契約を承継会社等が承継する旨の定めがあるにもかかわらず、法第2条第1項の通知を適法に受けなかった場合もこれに準ずるものであること」とある。したがって、改正後の当該新設された通知事項が欠けてしまった通知書を交付した場合、「残留予定の労働者が、会社分割後に承継会社に移る」、「承継会社に移った労働者が、会社分割後にもとの会社に戻る」事態が生じうることになるので、注意が必要である。

⑶　承継法指針の主な改正点
①　承継される事業に主として従事する労働者に関する基本的な考え方（承継法指針第2の2（3）イ）

　会社法の制定により、会社分割の対象が、「会社の事業に関して有する権利義務の全部又は一部」（会社法2条29号・30号）と「事業を単位」するものから、「権利義務を単位」とするものになった。つまり、会社法では、物的施設としての会社を、人的組織としての会社と切り離して細切れに分割することを許容している[14]。しかし、指針では、労働者保護の観点から、旧商法時代の概

14　根本到「組織再編をめぐる法的問題」毛塚勝利編『事業再構築における労働法の役割』39頁（中央経済社、2013）。

念である承継会社等に承継される「事業を単位」として判断することとした。この「事業」の解釈に当たっては，労働者保護の趣旨を踏まえつつ，「一定の事業目的のために組織化され，有機的一体として機能する財産」であることを基本とした。

② 会社分割を理由とする労働条件の不利益変更等（承継法指針第2の2（4）（ロ））

改正前の指針においても，「会社は会社分割を理由とする一方的な労働条件の不利益変更を行ってはならない」，「会社分割の前後において労働条件の変更を行う場合には，法令及び判例に従い，労使間の合意が基本となるものであること」などと定められていた。さらに，今回の指針の改正では，平成20年3月の労働契約法施行に伴い，「会社分割の際には，会社は会社分割を理由とする一方的な労働条件の不利益変更を行ってはならず，また，会社分割の前後において労働条件の変更を行う場合にも，労働契約法第10条の要件を満たす就業規則の合理的な変更による場合を除き，労使間の合意によることなく労働条件を不利益に変更することはできないこと」が，明確化された。

③ 会社分割を理由とする解雇等（承継法指針第2の2（4）イ（ハ））

会社分割のみを理由とする解雇権の行使は，労契法16条に抵触し，解雇権の濫用として無効となるので，会社は，これらに反する会社分割のみを理由とする解雇を行ってはならないことが指針上，明確化された。

また，「債務の履行の見込み」について，旧商法時代には，「各会社ノ負担スベキ債務ノ履行ノ見込アルコト及其ノ理由ヲ記載シタル書面」が開示書類とされており，各社のいずれも債務の履行の見込みがないときには，会社分割の無効事由になるとされていた[15]。しかし，会社法803条を受けた会社法施行規則205条7号によれば，本店の備え置きに際し，分割会社と新設会社の「債務の

---

15 原田晃治「会社分割法制の創設について（中）」商事法務1565号11頁（2000）。

履行の見込み」の開示しか要求しておらず，従前存した「～アルコト」という文言が落ちてしまった[16]。

この点について，依然として債務の履行の見込みがないことは会社分割の無効事由になるという見解（積極説）も有力に主張されているが[17]，もともと債務超過会社は経営再建の必要性が高く，将来の収益予想や資金調達計画等も考慮して債務の履行の見込みを考えることもできるとして，債務超過会社でも会社分割することは許されるという見解（消極説）も唱えられている[18]。また，法案の立法担当者も消極説を支持しており[19]，近時の裁判例もこれを前提にしていると理解されている[20]。

実務上では，消極説の立場で，承継・非承継の切り分けを恣意的に行う濫用的会社分割が誘発され，不採算事業部門や債務超過事業部門が資本関係を断ち切られて，グループ外に放り出されるいわゆる「泥船分割」や，労働組合の組合員である労働者を解雇する目的の会社分割がみられる。これらについては，法人格否認の法理および公序良俗違反の法理等の適用がありうること，また，労働組合の組合員に対して不利益な取扱いを行った場合には，不当労働行為としてみなされうることが今回の指針で明らかにされた。

④　転籍合意等と法律上の手続との関係（承継法指針第2の2（5））

承継法2条の通知義務規定に例外規定はないので，転籍に係る同意が得られても当該通知義務手続の省略が許されず，通知がなされずに異議申出を行う機会が失われた場合には，適法に異議申出を行った場合と同様の効果があると裁判[21]でも判示したところであるが，承継事業に主として従事する労働者につい

16　毛塚編・前掲注（14）37頁以下参照。
17　江頭憲治郎『株式会社法』905頁（有斐閣，第6版，2016）など。
18　神田秀樹『会社法』385頁（弘文堂，第19版，2017）など。
19　相澤哲編著『立法担当者による新会社法関係法務省令の解説（別冊商事法務300号）』137頁（商事法務，2006）。
20　吉川信將「新設分割における会社債権者保護」山本爲三郎編『企業法の法理』157頁以下（慶應義塾大学出版会，2012）。
21　「阪神バス（勤務配慮・本訴）事件」神戸地尼崎支判平26・4・22労判1096号44頁。

て，分割計画で承継対象と定めるのではなく，会社分割とは別個に転籍合意等によって転籍や出向させる場合の留意点が以下のとおり指針にも定められた。

　a）転籍合意の場合

（イ）　5条協議等の手続は省略できないこと。

（ロ）　分割契約等に承継会社等が当該労働者の労働契約を承継する旨の定めがある場合には，分割会社との間で締結している労働契約は，分割会社から承継会社等に包括的に承継されるため，その内容である労働条件はそのまま維持されること。また，当該労働者の労働契約を承継する旨の定めがない場合には，異議の申出をすることができることを当該労働者に対し説明すべきこと。

（ハ）　異議の申出をした場合には，当該労働者が分割会社との間で締結している労働契約が，その内容である労働条件を維持したまま承継会社等に承継されるため，これに反する転籍合意部分は，その効力がないものとされること。

　b）出　　向

　主として従事する労働者が，分割会社との労働契約を維持したまま，承継会社等との間で新たに労働契約を締結する出向の場合であっても，法2条通知，5条協議等の手続が必要なことに留意すべきである。

　特に，承継事業に主として従事する労働者が，在籍のまま，出向により新会社で勤務する場合，「承継事業に従事する労働者は全員もとの会社に残るから，承継法の手続は踏まなくてもよい」というわけではなく，この場合にも，5条協議，通知書交付等の手続は省略できないことに留意が必要である。

⑤　5条協議の対象者（承継法指針第2の4（1）イ）

　旧商法では，会社分割は営業単位で行われるものであったため，「承継事業にまったく従事していないが，承継対象と定められた労働者」は想定されていなかったため，指針でも5条協議の対象に「承継事業に従事していないが，承継対象である労働者」が含まれていなかった。ところが，会社法の施行に伴い，

会社分割の単位が「事業に関する権利義務」とされたことから、「承継事業に従事していないものの、分割計画で承継対象と定められた労働者」も対象となり、今回の指針の改正で、当該労働者についても、５条協議の対象であることが明記された。

⑥　５条協議の内容等（承継法指針第２の４（１）イ）

現行会社法では、積極説がある一方、消極説に立ち、債務超過事業・不採算部門を切り出す分割も可能と考えられている。特に、不採算部門とともに承継会社へ移る労働者や、不採算部門とともに残留する労働者にとって、賃金、賞与および退職金を全額支払ってもらえるか否か（債務履行の見込み）は最も関心が高い情報であり、５条協議の説明事項に、「分割会社および承継会社の債務履行の見込みに関する事項」が追加された意義は大きい。

このため、仮に承継会社では債務履行の見込みに問題があるにもかかわらずこれを一切説明しなかった場合、協議が著しく不十分とされる事情の１つになり得ると考えられ、注意が必要である。

さらに、指針では、事業を構成するに至らない権利義務の分割において、承継の定めのない労働者のうち、当該権利義務の分割が当該労働者の職務の内容等に影響しうるものに対しては、７条措置とは別に、職務の内容等に変更があればその説明を行うなど一定の情報を提供することが望ましいとされた。

⑦　会社分割の無効の原因となる５条協議違反（承継法指針第２の４（１）ヘ）

５条協議の法的効果について、判例[22]で「５条協議が特定の労働者との関係で全く行われなかったとき、または、５条協議の際の分割会社からの説明や協議内容が著しく不十分で法が５条協議を求めた趣旨に反することが明らかな場合には、承継法２条１項１号に掲げる労働者は労働契約承継の効力を個別に争

22　「日本IBM事件」最二小判平22・7・12民集64巻5号1333頁。

うことができる」と判示されていることを踏まえ，指針においても，「商法等改正法附則第5条で義務付けられた協議を全く行わなかった場合又は実質的にこれと同視し得る場合における会社分割については，会社分割の無効の原因となり得るとされていることに留意すべきである」旨追加された。

　一方，7条措置については，同判例では，「法が努力義務として課したものでそれ自体労働契約承継の効力を左右するものではなく，5条協議義務違反の有無を判断する一事情になるにとどまる」としている。

⑧　7条措置（労働組合法上の団体交渉権等）（承継法指針第2の4（2）ハ）

　団体交渉に応ずべき使用者の判断に当たっては，判例[23]において，「一般に使用者とは労働契約上の雇用主をいうものである」が，雇用主以外の事業主であっても，「その労働者の基本的な労働条件等について雇用主と部分的とはいえ同視できる程度に現実的かつ具体的に支配，決定することができる地位にある場合には，その限りにおいて，使用者に当たると解されていること等」，これまでの裁判例等の蓄積があることに留意すべきであるとされた。

　労組法上の使用者性については，学説上，労働契約基本説と支配力説・対抗関係説との大きな対立はあるが，最高裁は，判決において，労働契約基本説を基盤としつつ「現実的かつ具体的に支配，決定」という文言を用いて支配力説を取り込んだ，折衷的な判断，枠組みを採用したものといえる[24]。

⑨　7条措置（その他の留意事項）（承継法指針第2の4（2）ホ）

　会社分割に伴う労働組合法上の不当労働行為責任および使用者の地位が，承継会社等に承継されるとする裁判例[25]や中央労働委員会の命令があることに留意すべきである旨，指針に追加された。

23　「朝日放送事件」最三小判平7・2・28民集49巻2号559頁。
24　水町勇一郎『労働法』493～494頁（有斐閣，第6版，2016）。
25　「国・中労委（モリタほか）事件」東京地判平20・2・27労判967号48頁。

⑩ 厚生年金基金（承継法指針第２の２（４）イ（ハ）・ハ（ロ））

厚生年金基金は，平成25年厚生年金等改正法の施行により，平成26年４月１日以降厚生年金基金の新設はできなくなったため，厚生年金基金の加入員たる分割会社が雇用する労働者であって，その労働契約が承継会社等に承継されたものに対する厚生年金基金が支給する年金または一時金たる給付を継続する方法としては，規約の変更による方法のみ可能であること，また，承継会社が企業年金基金を設立している場合には，分割会社に係る厚生年金基金の加入員の年金給付等の支給に関する権利義務を当該企業年金基金に移転することが可能であることが指針に追加された。

3　事業譲渡

事業譲渡[26]とは，「株式会社が事業を取引行為（特定承継）として他に譲渡する行為」をいう[27]。判例[28]上では「一定の営業目的のため組織され，有機一体として機能する財産の全部または重要な一部を譲受人に受け継がせ，譲渡会社がその譲渡の限度に応じ法律上当然に同法（改正前商法）25条に定める競業避止義務を負う結果を伴うものをいう」とされている[29]。事業譲渡により，譲渡の対象が事業の全部または重要な一部であるときは，原則として[30]，株主総会の特別決議によりその契約の承認を受けなければならない（会社法467条１項１号・２号）。

事業譲渡契約後，譲渡された事業に属する従業員は譲受会社に移転することになるが，合併や会社分割と異なり，個々の権利の移転行為（特定承継）であ

26　平成17年改正前商法では「営業」の譲渡等としていたものを，会社法では，他の法人法制との整合性を図るため「事業」の譲渡等と概念を改めた。

27　江頭憲治郎『株式会社法』958頁（有斐閣，第７版，2017）。

28　最判昭40・９・22民集19巻６号1600頁

29　高谷知佐子ほか『M&Aの労務ガイドブック』41頁（中央経済社，第２版，2009）。

30　譲渡する資産の帳簿価額が当該会社の総資産額として法務省令（会社則134条）で定める方法により算定される額の５分の１（定款でそれを下回る割合を定めることも可能）を超えない場合は株主総会の特別決議の承認はいらない。

ることから，個別合意が必要となる。労働契約を改めて締結する必要があるが，労働者を選別できることが可能であり，簿外債務を切り離すメリットがある。すなわち，譲渡会社を退職し，同時に譲受会社に入社するため，労働者の同意を得る必要があり（民法625条1項），労働者の自由な意思によって譲渡会社を退職することも譲受会社へ就職することもできることから，これまで労働者保護のための固有の法的措置は講じられてこなかった。

　しかし，特定承継を悪用して，譲渡会社と譲受会社の間で労働契約の承継をしない旨の合意を行い，その後，譲渡会社で労働者を全員解雇し，譲受会社がその中から労働者を選別して労働条件の不利益変更に応じる者のみを採用する等の承継排除の問題が生じ，紛争に発展する事例も見られた。そのため，厚生労働省の「組織の変動に伴う労働関係に関する対応方策検討会」の平成28年4月13日の報告書では，「労働者個人の同意の実質性を担保し，また現場の労使間での納得性を高めるための労使間の自主的なコミュニケーションを促進するため，留意すべき事項に関するルールを整備する必要がある」と提言した。これを受け，平成28年9月1日に「事業譲渡又は合併を行うに当たって会社等が留意すべき事項に関する指針」（以下，「事業譲渡等指針」という）が同省から新たに公布され，同日より施行されている。

(1)　労働契約不承継の原則

　譲渡会社と譲受会社間で事業譲渡契約が締結されても，譲渡会社で働く従業員（承継予定労働者）から譲渡会社を退職して，譲受会社で働く旨の同意を得る必要がある（労働契約不承継の原則）。この同意は譲渡会社の就業規則に「会社が転籍を命ずることがあり，従業員はこれを拒否することができない」等と包括的に定めてあり，これを従業員に周知されていたとしても，法的拘束力は持たず，個別同意が必要となることには変わりない。

　この同意の効果は，転籍を意味する。転籍とは，「労働者が自己の雇用先の企業から他の企業へ籍を移して当該他企業の業務に従事すること」[31]および，「元の企業との労働契約関係を終了させ，新たに他の企業との労働契約関係に

入ること」[32]などと定義され，移籍出向とも呼ばれる。労働契約の譲渡方法は，譲渡会社を一旦退職し，譲受会社へ再雇用という方法（再雇用型）と労働契約上の地位そのものを譲渡する方法（譲渡型）とがあり，法的効果については，前者の場合では，譲受会社は転籍前の退職金，未払債務，勤続年数を承継する必要はないが，後者の場合では，債権債務の包括的譲渡の結果，これらも譲渡されると解される余地がある[33]。

(2)　事業譲渡に係る裁判例

　事業譲渡における権利義務の移転（承継）は，譲渡人と譲受人の間の債権契約において承継すべき権利義務の範囲を設定し，それに従って権利義務移転の手続きを行うことによって生じる承継，すなわち，会社合併とは異なり，譲渡される事業に属する権利義務の個別的な承継（特定承継）であるとされている。この場合，譲受会社で承継時に特定労働者を含めず，排除できることが悪用され問題となることがある。裁判では，一般法理として，事業譲渡における雇用（労働契約）の承継も同じであって，譲渡される事業に従事してきた労働者の雇用（労働契約）が譲受会社に承継されるか否かは，譲渡会社，譲受会社，承継予定労働者の三者間によって決まるとする「合意承継説」[34]の立場によりながらも，明示の承継排除特約がないまま，事業譲渡がなされた場合は，企業は物的施設とそこに組織的に配置される人的施設（労働者）の有機的組織体であるから，営業（事業）譲渡はこの有機的組織体を一体として移転する場合が普通であり，反対の特約がない限り，譲渡契約の当事者の意思もそこにあるべきと解すべきとする「原則承継説」[35]を採用する[36]こともある。

　ただし，これらを前提とするも労働契約の承継について，その人選が労働組合員を排除するために行われる不当労働行為（労組法7条違反）や労働条件を

31　菅野和夫『労働法』690頁（弘文堂，第11版補正版，2017）。

32　水町・前掲注（24）147頁。

33　高谷ほか・前掲注（29）52頁。

34　石井照久『新版労働法』444〜446頁（弘文堂，1973）。

35　我妻榮『民法講義V　債権各論中巻二』568頁（岩波書店，1962）。

不利益に変更するための公序良俗（民法90条違反）等の法に抵触する場合には，特定労働者を排除する行為は違法・無効としている。

　法人格否認の法理[37]を用いて労働者の承継を認めた裁判例[38]では，Ｘ社が解散し，その従業員であったＡらが，「Ｘ社の親会社であるＺ社が労働組合を壊滅させる目的で行った不当労働行為である」と主張し，Ｚ社に対して法人格否認の法理に基づき，労働契約上の権利を有する地位の確認等を請求した事案で，裁判所は，「親会社であるＺ社による子会社であるＸ社の実質的・現実的支配がなされている状況の下において，組合を壊滅させる違法・不当な目的で子会社であるＸ社の解散決議がなされ，かつ，Ｘ社が真実解散されたものではなく，偽装解散であると認められる場合に該当するので，組合員であるＡらは，親会社であるＺ社による法人格否認の法理により，Ｚ社に対して，解散後も継続的，包括的な雇用契約上の責任を追及することができる」と判示している。

　また，公序良俗違反の法理を用いて，承継から排除された労働者の承継を認めた裁判例[39]では，Ｘ社は，Ｙ社との間でＹ社へ営業の全部を譲渡する契約を締結し，Ｘ社は解散し，Ｙ社での就労にあたり，賃金等の労働条件がＸ社を相当程度下回る水準に改定されることに異議のあるＸ社の従業員が解雇された事案で，裁判所では，「本件解雇は，会社解散を理由としているが，実際には，Ｙ社の賃金等の労働条件がＸ社を相当程度下回る水準に改定されることに異議のある従業員を個別に排除する目的に行われたものであり，客観的に合理的な理由を欠き社会通念上相当として是認することができず，解雇権の濫用として無効である」と判示した。

36　「Ａラーメン事件」仙台高判平20・7・25労判968号29頁では，事業をＸから包括的に承継したＹが事実上従業員Ａも継続して使用していたという事案で，Ａの退職にあたり，Ｙに対してＸとの労働契約に基づいて発生した時間外手当等の支払いをＹに請求した事案で，裁判所では，労働契約の承継についても黙示の合意が認められるとしてＹに対して時間外手当等の支払いを命じた。

37　実質的に支配しているものが，法人格が異なることを理由に責任の帰属を否定することが正義・衡平の原則に反すると考えられた場合に，信義則上，そのような主張をすることを許さないとする法理。

38　「第一交通産業ほか（佐野第一交通）事件」大阪高判平19・10・26労判975号50頁。

39　「勝英自動車学校（大船自動車興業）事件」東京高判平17・5・31労判898号16頁。

第4章　M&Aスキーム別人事労務管理の要諦　**333**

(3)　転籍の同意に対するインセンティブ[40]

　承継予定労働者が転籍に同意しない場合も十分考えられる。このようなケースでは，既に承継予定労働者の従事する事業がないので，譲渡会社に在籍したまま譲受会社で当該事業に就労する在籍出向[41]も検討されるが，在籍出向させることができず，他の事業への配転も難しい場合には譲渡会社の余剰人員として整理解雇を射程に入れた退職勧奨をすることになる。実務的には，労働者に対して説明のうえ，転職支援会社等の外部の力も活用して退職勧奨を行うことになるが，割増退職金などの退職条件を個別に交渉することはほとんどない。退職条件が交渉で決まるとなれば，希望退職に早期に応じる労働者が少なくなるので，一定の基準を公表して不変とすることで，むしろ退職勧奨を容易にさせることになる[42]。

　また，退職勧奨が不調に終わった場合，解雇を検討することになる。そうなると，当該解雇は整理解雇にあたり[43]整理解雇の4要件を充足しなければ解雇権の濫用として無効となるおそれがある。整理解雇を回避するためにも，当初の同意を取り付けることに注力し，転籍の同意に対するインセンティブを用意しておくことが肝要である。

　転籍の同意に対するインセンティブには，サイニングボーナス，ストックオプションおよびリストリクテッド・ストック等がある。

　まず，サイニングボーナスとは，転籍に同意（サイン）し，譲渡先と労働契約を締結した際の見返りとして一定額の金額（ボーナス）を支払うことを約束する制度であり，転籍後の一定期間内に自らの意思で退職した場合にはその全額もしくは一部を返金するなどの特約を付けることもある。

　次に，ストックオプションとは，事前に決められた一定の価格（行使価格）で将来自社株を購入できる権利のことであり，株価が上昇基調にあり，行使価

40　野中健次『M&Aの人事労務管理』306頁（中央経済社，2013）以下を参照。
41　元の会社の地位を維持しつつ，他の企業においてその指揮命令に従って就労すること。
42　今中利昭編集代表『事業再編シリーズ③　事業譲渡の理論・実務と書式』232頁（民事法研究会，第2版，2011）。
43　「千代田化工建設事件」東京高判平5・3・31労判629号19頁。

格を上回れば，上回るほど従業員の士気向上につながるので，転籍を条件に付与することがある。逆に株価が行使価格を下回るとストックオプションの理論価格はゼロとなり，従業員の士気が低下するおそれがある。

そして，リストリクテッド・ストックとは，ストックオプションの費用計上化論や株価の希薄化に対する株主からのプレッシャーに対するストックオプションの代替プランとして米国で導入率が著しく上昇しているエクイティ報酬の１つであり，自社の株式を無償で与えるプランのことである[44]。ただし，株式の売却や処分については，一定期間制限され，勤続年数等の一定の期間の経過を条件に制限が解除され，株式を売却して換金することができるようになる。

ただし，これらのインセンティブに返金特約等を付ける場合，「経済的足止め策」として強制労働および賠償予定とみなされ，不当に就労を拘束する手段として労基法に抵触するおそれがある。労基法５条では「使用者は，暴行，脅迫，監禁その他精神又は身体の自由を不当に拘束する手段によって，労働者の意思に反して労働を強制してはならない」と強制労働を禁止し，また，同16条でも「使用者は，労働契約の不履行について違約金を定め，又は損害賠償額を予定する契約をしてはならない」と損害賠償額の予定を禁止している。これらに抵触した場合，以下の事例のように当該特約を無効[45]とされることがある。

Ｐ社の労働契約書には，労働契約の締結と同時に支払われたサイニングボーナス200万円は１年以内に自発的に退職した場合は会社に全額返還するとの特約があった同社と労働契約を締結した従業員Ａが，業務開始から５カ月半で退職したため，この特約に基づき，同社がＡに対し，返還を求めたがＡがこれを拒否したため本訴を提訴した。裁判では，サイニングボーナスを単なる支度金や契約金ではなく，一定期間企業に拘束されることに対する対価と認めた上で，これはＡを１年間Ｐ社に拘束することを意図した経済的足止め策なので，労基法５条（強制労働の禁止）および16条（賠償予定の禁止）に抵触するとし，Ｐ

44　宇佐見英司『リテンション・クライシス―会社から人材がいなくなる！』107頁（ファーストプレス，2009）。
45　「日本ポラロイド事件」東京地判平15・３・31労判849号75頁。

社の請求を棄却した。

すなわち，サイニングボーナスに転籍後の一定期間で退職した場合，本人から返金させる等の特約を付すことは労基法5条および16条に抵触する可能性が高い。したがって，継続勤務を要件として，賞与に加算するようなシステム，例えば，「6カ月間在籍したら○○万円を，1年間在籍したら○○万円を通常の賞与に加算して支給する」というような加算型ボーナス制度にすれば，これら労基法には抵触することはなかったかもしれない。

(4) 事業譲渡等指針（平成28年厚生労働省告示318号）

そもそも事業譲渡では，労働者の同意が必要であることから，労働者に不利益が生じる場面を想定しておらず，事業譲渡時に労働者を保護することを目的とする労働法制上の規範も指針やガイドライン等も用意されていなかった。

しかし，事業譲渡を悪用して，労働組合の弱体化を図ったり，労働条件を切り下げたりする等の問題が生じ，紛争に発展する事例も見られることから，会社分割のみならず，事業譲渡についても「事業譲渡等指針」が新たに公布されることになった。指針では，事業譲渡の留意事項として，労働者との手続に関して4事項，労働組合等との手続に関して2事項を上げ，会社分割時と類似の手続を適当としている。

なお，事業譲渡等指針については，法的拘束力はなく，仮に指針に違反した場合でも，これをもって刑事罰の対象になるわけではない。逆に，事業譲渡等指針を遵守さえすれば，労働者の承諾は必ず真意によるものだと裁判所で認めてくれるわけでもないことから，指針に縛られる必要性を感じないかもしれない。しかし，行政の交付する事業譲渡等指針に沿って対応を行うことは，労働者の信用を担保する上で効果的であり，かつ，承諾の実質性および有効性を確保するための方策として有用であると考えられる。以下，事業譲渡等指針の内容をみていく。

336

① 労働契約の承継に関する基本原則（事業譲渡等指針第2の1（1））

事業譲渡においては，承継予定労働者から個別の承諾が必要なことを基本原則としている。なお，指針では書面での同意までは要求していないが，「真意による承諾」を得たことを証明するには口頭だけではなく，書面で意思表示させるべきであろう。

② 承継予定労働者から承諾を得る際の留意すべき事項（事業譲渡等指針第2の1（2））

a）承継予定労働者との事前の協議等（事業譲渡等指針第2の1（2）イ）

指針では，以下について十分説明し，協議を行うこと等が適当であるとしている。

- 事業譲渡を行う全体の状況（譲渡・譲受会社の債務履行の見込みに関する事項）
- 譲受会社の概要
- 労働条件（従事する業務の内容，就業場所，就業形態等）
- 労働条件が変更になる場合は労働条件の内容

会社法上，債務の履行が確実でない事業や部門の分割・譲渡も認められており，実際に不採算の「泥船」に乗せられる危険があることから，譲渡会社および譲受会社の債務履行の見込みに関する事項も事前に説明し，状況を把握した上で，意思表示することを要請しているものと思われる。ただし，これらは例示であり，他にも承諾を得るため，経営戦略，他の業務との関連性および配転の可能性などについても十分説明すべきであろう。

b）協議に当たって代理人の選定（事業譲渡等指針第2の1（2）ロ）

労働者が，協議を行う代理人として労働組合を選定した場合，その労働組合と誠実に協議するものとされている。

c）労働組合法上の団体交渉との関係（事業譲渡等指針第2の1（2）ハ）

譲渡会社および譲受会社は，a）の協議等が行われていることをもって労働

第4章　M&Aスキーム別人事労務管理の要諦　**337**

組合による当該事業譲渡に係る適法な団体交渉の申入れを拒否できず，また，当該対象事項に係る団体交渉の申入れがあった場合には，譲渡会社等は，当該労働組合と誠意をもって交渉に当たらなければならないものとされている。

d）協議開始時期（事業譲渡等指針第2の1（2）ニ）

指針は，時間的な余裕をみてa）の協議等を行うことが適当であるとしている。会社法上，原則として，事業譲渡の効力発生日の20日前までに株主へ通知または公告する必要があることから（会社法469条3項），事業譲渡実施の決定から効力発生日まで20日間で労働者からの真意による承諾を得なければならず，これらを考慮してスケジューリングし，従業員に通知する必要がある。

従業員に対する人事説明会のスケジュール通知例

平成　　年　　月　　日

○○事業部門従業員の皆様へ

人事部長　　○○　　○○

事業譲渡に伴う人事説明会等のスケジュールの件

　先般通知したとおり，当社の○○事業部門は，平成　年　月　日付をもって，□□株式会社に事業譲渡されることになりました。

　○○事業部門に所属する従業員の労働契約については，現在，当社と□□株式会社との間で，転籍する人数，当社として要望する労働条件の概要等についての交渉を続けております。残念ながら，○○事業部門に所属する全従業員の転籍は困難な状況ではありますが，従業員の皆様のご意思とご意見を聞きながら，交渉を進めていく所存です。

　下記に今後のスケジュールの予定をとりまとめました。皆様のご協力とご理解を賜りたく，よろしくお願い申し上げます。

記

1．スケジュール

平成	年	月	日	事業譲渡に関する人事説明会（全体）
		月	日	職場説明会（部単位）
（参考：		月	日	□□株式会社開催の転籍希望者説明会）
		月	日	転籍に関するアンケート提出締切り
		月	日	上司による個別説明及びヒアリング開始
		月	日	人事部門による個別説明及びヒアリング開始
		月	日	転籍に関する意向書提出締切り
（参考：		月	日	□□株式会社開催の個別面談）
		月	日	転籍者の退職届提出締切日
		月	日	配転・転勤等の内示
		月	日	転籍者の退職日
		月	日	配転・転勤等の辞令交付

2．備考
・スケジュールはあくまでも予定であり，交渉の進展によって変更することが
　あります。
・希望退職者を相当数募集する予定です。希望退職者プログラムの内容につい
　ては，近日中に，別途お知らせします。
・配転・転勤等については，現職務または現就労場所に関係なく，当社の全国
　の支社・支店，関係会社等及びすべての職務が対象となります。

以上

出所：今中利昭編集代表『事業再編シリーズ③　事業譲渡の理論・実務と書式』229～230頁
　　　（民事法研究会，第2版，2011）

　e）情報提供に関する留意事項（事業譲渡等指針第2の1（2）ホ）
　譲渡会社が意図的に虚偽の情報を提供すること等により，承継予定労働者か
ら承諾を得た場合には，承継予定労働者によって民法96条1項の規定に基づく
意思表示の取消しがなされ得ることが示されている。労働者が有効に承諾を取
り消した場合，事業譲渡の効力発生日以降であっても，転籍は無効となる。

③　解雇に関して留意すべき事項（事業譲渡等指針第2の1（3））

　承継予定労働者が，労働契約を承継させることに承諾しない場合，譲渡会社

に残留することになるが，譲渡会社において従事させる事業がないことを理由に解雇した場合，当該解雇は，客観的に合理的な理由を欠き，社会通念上相当であると認められず，労働契約法16条の規定に基づき解雇権の濫用として無効となることに留意すべきとされている。

また，譲渡会社としては，譲受会社への承継を承諾しなかった労働者について，配置転換による雇用確保の可能性はないかなど，雇用関係維持のため相応の措置を講ずる必要があることに留意すべきとされている。

④　その他の留意すべき事項（事業譲渡等指針第2の1（4））

承継予定労働者の選定を行うに際し，労働組合の組合員に対する不利益な取扱いなどの不当労働行為，その他法律に違反する取扱いを行ってはならないこととされている

また，裁判例において，労働契約の承継についての黙示の合意の認定，法人格否認の法理，公序良俗違反の法理（民法90条）等を用いて，個別の事案に即して，承継から排除された労働者の承継を認める等の救済がなされていることに留意すべきであるとし，事業譲渡を悪用しないよう警告している。

⑤　労働組合等との協議等に関して留意すべき事項（事業譲渡等指針第2の2（1））

　　a）労働組合等との事前協議等（事業譲渡等指針第2の2（1）イ）

譲渡会社は，労働者の過半数で組織する労働組合がある場合にはその労働組合，かかる労働組合が存在しない場合は労働者の過半数を代表する者との協議その他これに準ずる方法（労使対等の立場に立ち，誠意をもって協議が行われることが確保される場における協議が含まれるとされている）によって，その雇用する労働者の理解と協力を得るよう努めることが適当であるとしている。

　　b）対象事項（事業譲渡等指針第2の2（1）ロ）

事業譲渡等指針第2の1（2）イにある対象事項と同一である。

　　c）労働組合法上の団体交渉との関係（事業譲渡等指針第2の2（1）ホ）

事業譲渡等指針第2の1（2）イにある労働組合法上の団体交渉との関係と同一である。

d）開始時期等（事業譲渡等指針第2の2（1）ホ）

少なくとも，承継予定者との協議開始までに開始され，その後も必要に応じて適宜行われることを適当であるとしている（**図表4−12**）。

図表4−12 労働者保護のための手続の流れ・概要

①労働組合等との事前の協議（指針第2の2(1)） → ②承継予定労働者との事前協議（指針第2の1(2)イ） → ③承継予定労働者からの承諾（指針第2の1(1)） → ④事業譲渡の効力発生・労働契約の承継

⑥ 団体交渉に関して留意すべき事項（事業譲渡等指針第2の2（2））

労働組合は，使用者との間で団体交渉を行う権利を有するが，団体交渉に応ずべき使用者の判断にあたっては，判例[46]で「雇用主以外の事業主であってもその労働者の基本的な労働条件等について雇用主と部分的とはいえ同視できる程度に現実的かつ具体的に支配，決定することができる地位にある場合には，その限りにおいて使用者に該当する」と解されているなど留意すべき点がある。

また，譲受会社が，団体交渉の申入れの時点から「近接した時期」に，譲渡会社等の労働組合の「組合員らを引き続き雇用する可能性が現実的かつ具体的に存する」場合，事業譲渡前であっても労働組合法上の使用者に該当するとされた命令[47]があることにも留意すべきとされている。すなわち，譲受会社は事業譲渡の実行日までは使用者ではなくとも，団体交渉に応じる義務を負うことに留意が必要である。

---

46 「朝日放送事件」最三小判平7・2・28民集49巻2号559頁。
47 「盛岡観山荘病院不当労働行為再審査事件」中労委平成20・2・20命令。

第4章　M&Aスキーム別人事労務管理の要諦　**341**

⑸　退職金一時金制度の取り扱い[48]

　事業譲渡の局面で，譲渡会社から譲受会社への転籍に伴う退職金の取り扱いについては3つの選択肢が考えられる。

　第一に，転籍時に譲渡会社から退職金を支給し，譲受会社では勤務期間がゼロからスタートする方法である（**図表4−13**）。

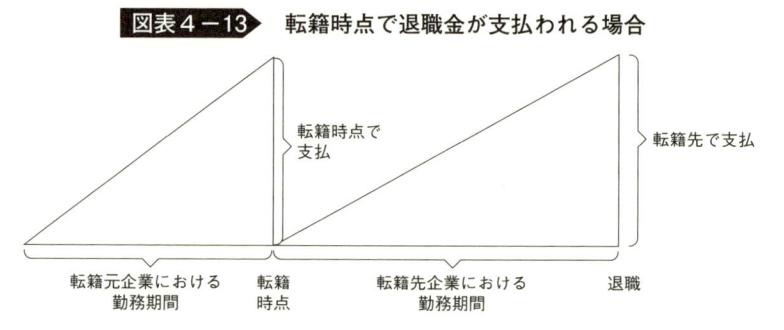

図表4−13　転籍時点で退職金が支払われる場合

転籍時点で支払

転籍先で支払

転籍元企業における勤務期間　転籍時点　転籍先企業における勤務期間　退職

出所：浅海路史「出向・転籍時の退職給付制度に関する留意点」旬刊経理情報1346号24頁（2013）を一部著者が修正したもの

　第二に，転籍時に譲渡会社から退職金が支給されず，譲受会社でも譲渡会社での勤務期間を通算しない方法である（**図表4−14**）。

　つまり，譲渡会社の在籍期間分は譲渡会社の退職金規程に基づいて，譲受会社の在籍期間分は譲受会社の退職金規程に基づいて退職金を支給することになる。実際に退職した場合，退職時における転籍時点までの勤務期間に係る退職金については，譲渡会社から支給される場合と譲受会社から支給される場合の2パターンが考えられる。いずれのケースも転籍時に退職金の支給がないため退職所得控除額に影響はないが，前者の場合，譲受会社退職時まで譲渡会社で退職給付引当金を管理する必要があるため，現実的には採用されることは少ないと考えられる。また，後者の場合は，転籍時点において譲渡会社から譲渡会社負担額相当の資産・負債の移転を行うなどの手当てを検討する必要がある。

48　浅海路史「出向の場合は支払義務の所在がカギ　出向・転籍時の退職給付制度に関する留意点」旬刊経理情報1346号22頁（2013）以下を参照。

342

図表4-14 転籍時点で退職金が支給されず，勤務期間も通算しない場合

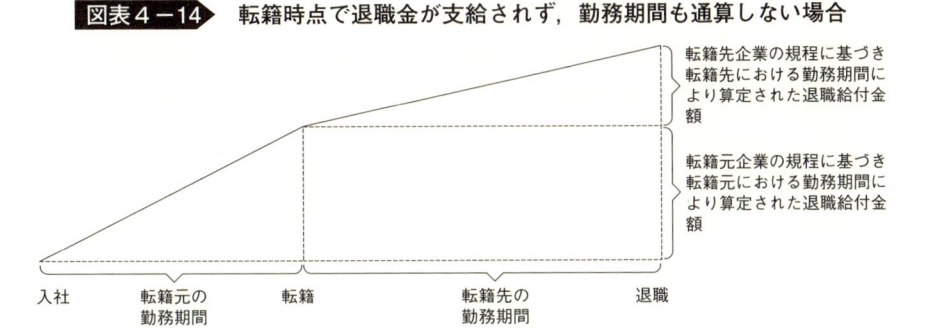

出所：浅海路史「出向・転籍時の退職給付制度に関する留意点」旬刊経理情報1346号25頁
（2013）を一部著者が修正したもの

　第三に，転籍時に譲渡会社から退職金が支給されず，譲渡会社の勤務期間を
通算する方法である（**図表4-15**）。

図表4-15 転籍時点で退職金が支給されず，勤務期間を通算する場合

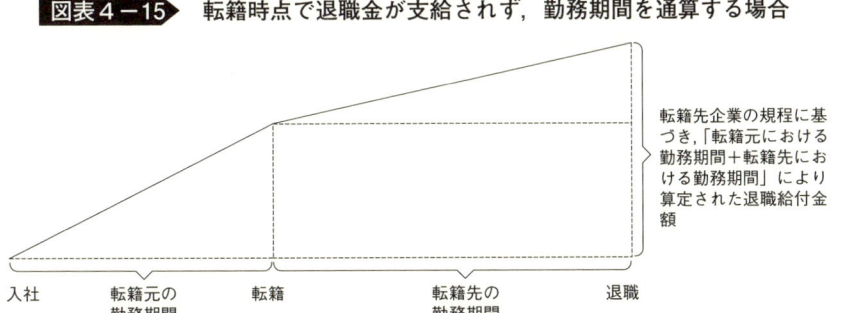

出所：浅海路史「出向・転籍時の退職給付制度に関する留意点」旬刊経理情報1346号25頁
（2013）を一部著者が修正したもの

　つまり，転籍時に譲渡会社では退職金を支給せず，実際に退職した時点で譲
渡会社在籍期間分は譲渡会社の退職金規程に基づいて，「両社の勤務期間の合
計」で算定した額から，譲渡会社の退職金規程に基づく金額を控除して支給す
る。一見，第二の方法と似ているが，実際の退職時の算定方法が異なる。すな
わち，譲渡会社における勤務期間を通算して譲受会社の退職金規程に基づいて

計算した退職金額から，譲渡会社分を控除して譲受会社分としている。通常，長期勤続が退職金額の算定上優遇されていることに配慮したもので，第二の方法がゼロスタートで譲受会社分の退職金を算定するのに対して退職金額が大きくなることが一般的である。また，転籍時点で譲渡会社分が支給されていないため，第二の方法と同様に実際退職時の支給にあたり，譲渡会社から支給される場合と譲受会社から支給される場合の2パターンが考えられ，それぞれの留意事項は第二の方法と同様である。

　なお，事業承継に伴い，合併や会社分割と異なり，勤続年数が分断されることにより所得税法上の退職所得控除額が相対的に少なくなり，労働者が不利益を被る可能性があることに留意しなければならない。例えば，譲渡会社で勤続年数14年，譲受会社で勤続年数が16年の場合，退職所得控除額がそれぞれ560万円（40万円×14年），640万円（40万円×16年）の合計1,200万円であるのに対し，勤続年数を通算した場合30年で退職所得控除額は1,500万円（800万円＋70万円×（30年－20年））となる（**図表4－16**）。

図表4－16 退職所得控除額計算表

勤続年数（＝A）	退職所得控除額
20年以下	40万円×A（80万円に満たない場合には，80万円）
20年超	800万円＋70万円×（A－20年）

　したがって，仮に退職金総額が同額であったとしても，従業員にとって手取り額が減少するデメリットが生じることがあるので，その旨従業員に丁寧に説明することが必要である。特にM&A前後の社内では些細なことでも過敏に反応する傾向があるので，従業員に都合の悪いことほど，迅速に説明することを心掛けるべきである。

巻末資料

【労働法制上の調査項目（詳細)】

1. 帳　　票

項　　目	内　　容	法的根拠等
賃金台帳	□氏名 □性別 □賃金計算期間 □労働日数 □労働時間数 □時間外労働数 □深夜労働時間数 □基本給，諸手当の区別 □法定控除項目の確認 □社員会等の法定外控除科目の有無→労使協定書の確認 □賃金の銀行振込に係る労使協定の有無	労基法108条，労基則54条・55条，所得税法231条，健保法167条，厚年法84条，徴収法32条
出勤簿 タイムカード	□実際の始業・終業時刻の把握 □1カ月の労働時間の集計方法 □時間外労働の上限設定の有無 □自主的研修・教育訓練等の時間の取扱い □36協定で定めた時間外労働の上限時間	労働時間の適正な把握のために使用者が講ずべき措置に関するガイドライン（基発0120第3号）。なお，46通達は廃止された。
労働者名簿	□氏名 □生年月日（最低年齢，年少者の確認） □性別 □住所 □従事する業務（30人以上の場合） □入社日 □履歴（入社時からの配属） □退職年月日とその理由 □死亡年月日とその原因 □表彰履歴 □制裁履歴	労基法107条，労基則53条1項・2項
個人番号	□個人番号に係る就業規則上の記載 □個人番号の管理	番号法別表第1及び別表第1の主務省令

雇入通知書 （労働契約書） の絶対的明示 事項	□書面交付の有無 □採用日前の交付の有無 □契約期間ありの場合（原則3年以内，例外60歳以上・ 　専門的職種5年） □雇止め基準の有無と基準の相当性 □就業の場所（勤務地限定契約か否か） □従事する業務（職種限定契約か否か） □始業・終業時刻 □所定労働時間外労働の有無 □割増率（時間外・深夜・休日） □休憩時間（少なくとも，6時間超で45分，8時間超で 　1時間） □休日 □休暇 □労働者を2組以上に分けて就業させる場合における就 　業時転換に関する事項 □賃金の決定 □賃金の計算および支払い方法 □賃金の締切りおよび支払いの時期 □昇給に関する事項	労基法15条・24条・37条， 労基則5条，労基法14条・ 25条・37条
雇入通知書 （労働契約書） の相対的明示 事項	□退職に関する事項（解雇の事由を含む） □退職金（退職手当）の対象となる労働者の範囲 □退職金の決定 □退職金の計算および支払いの方法 □退職金の支払いの時期 □臨時に支払われる賃金 □賞与等 □最低賃金額に関する事項 □労働者に負担させる場合の食費，作業用品その他 □安全および衛生に関する事項 □職業訓練に関する事項 □災害補償および業務外の傷病扶助に関する事項 □表彰に関する事項 □制裁に関する事項 □休職に関する事項 □賠償予定の禁止 □前借金相殺の禁止 □強制貯蓄の禁止	労基則5条，労基法16条・ 17条・18条・89条
資格取得届確 認通知書	□雇用保険資格取得日の確認　入社日との整合性 □健康保険資格取得日の確認　入社日との整合性 □厚生年金保険資格取得日の確認　入社日との整合性	雇保則6条 健保則24条 厚年則15条

年次有給休暇管理表	□年休権発生要件の確認 □付与日数の確認 □出勤率の計算方法 □取得時の賃金の取扱い □年休時季指定権の態様 □繰越の有無 □半日単位の定義と付与の有無 □時間単位の付与の有無	労基法39条
退職届（願）	□退職の申出日から退職日までの期間 □退職理由 □在籍期間 □退職部署	民法627条
資格喪失確認通知書	□雇用保険資格喪失日の確認　退職日との整合性 □離職票（退職理由） □健康保険資格喪失日の確認　退職日との整合性 □厚生年金保険資格喪失日の確認　退職日との整合性	雇保則7条 健保則29条 厚年則22条
退職証明書	□退職日 □退職理由 □労働者名簿の退職理由との整合性 □離職票の退職理由との整合性 □退職届（願）の退職理由との整合性 □退職金支給係数の退職理由との整合性	労基法22条
労使協定書	□過半数労働者の選出方法 □過半数労働者の適法性 □36協定で定めた超過時間 □特別条項の有無	労基法36条，労基則16条・17条，平11・3・31基発169号
書類の保存	□2年保存 雇用保険に関する書類，健康保険に関する書類，厚生年金保険に関する書類， □3年保存 賃金台帳，出勤簿，労働者名簿，災害補償に関する書類，労災保険に関する書類，徴収法に関する書類，安全委員会等の重要な議事録，特別教育の記録 □4年保存 離職票 □5年保存 健康診断個人票，作業環境測定結果（放射線業務を行う作業場）　　　　　　　　　　電離則54条 □7年 作業環境測定結果（土石，岩石等または炭素の粉塵を著しく発散する屋内作業場）　　　　　粉じん則26条	雇保則143条，健保則34条，厚年則28条，労基法109条，労基法56条，労災保険則51条，徴収則72条，安衛則23条・38条・51条，安衛法65条1項，特定化学物質障害予防規則36条，石綿障害予防規則36条

	□30年 作業環境測定結果（特定化学物質のうち特定の物質のもの） □40年 作業環境測定結果（石綿等を扱い，もしくは試験研究のため製造する屋内作業場）	
身元保証人	□身元保証人の範囲 □身元保証期間（3年or 5年） □身元保証人の更新の有無（自動更新は無効） □身元保証書不提出の解雇理由規定の有無[1]	身元保証に関する法律1・2・3条

2．就業規則

項　目	内　容	法的根拠等
作成・届出	□作成と労基署への届出の有無 □変更年月日 □変更の内容 □変更の労基署への届出の有無 □過半数労働者の選出方法 □過半数労働者の適法性 □意見書の内容	労基法89条・90条，平11・3・31基発169号
周知方法	□周知の有無 □周知方法の確認	労基法106条，平11・3・31基発169号
絶対的必要記載事項	□始業・終業時刻 □休憩時間（一斉付与除外協定の有無） □休日（振替制度がある場合はその運用を含む） □休暇 □労働者を2組以上に分けて就業させる場合における就業時転換に関する事項 □賃金の決定 □賃金の計算および支払い方法（端数処理，切捨て時間の有無） □賃金の締切りおよび支払の時期 □昇給に関する事項 □退職に関する事項（解雇の事由を含む）	労基法89条1号〜3号
相対的必要記載事項	□退職金（退職手当）の対象となる労働者の範囲 □退職金の決定 □退職金の計算および支払の方法 □退職金の支払いの時期	労基法89条3の2号〜10号

1　「シティズ事件」東京地判平11・12・16労判780号61頁。

	□臨時に支払われる賃金	
	□賞与の支給月日，回数，算定期間	
	□最低賃金額に関する事項	
	□労働者に負担させる場合の食費，作業用品その他	
	□安全および衛生に関する事項	
	□職業訓練に関する事項	
	□災害補償および業務外の傷病扶助に関する事項	
	□表彰および制裁に関する事項	
	□その他当該事業場の労働者すべてに適用される定めをする場合においては，これに関する事項	
フレックスタイム制	□対象者，清算期間，総労働時間，標準の1日の労働時間，起算日	労基法32条の3
	□コアタイム，フレキシブルタイムの設定の有無	
1年単位の変形労働時間制	□労使協定の締結と労基署への届出の有無	労基法32条の4
	□労働日数（280日以内）	
	□1日の上限（10時間以内）	
	□1週間の上限（52時間以内）	
	□労働時間が48時間を超える連続週（3週間以下）	
	□3カ月ごとの期間において，48時間を超える週（3回以下）	
	□対象期間に連続して労働させる日（6日まで）	
事業場外	□事業場外労働の業務内容	労基法38条の2
専門型裁量労働制	□労使協定を締結し，労基署へ届出しているか	労基法38条の3
	□労使協定にある苦情処理制度が機能しているか	
	□健康および福祉の確保措置を行っているか	
企画型裁量労働制	□労使協定の締結と労基署への届出の有無	労基法38条の4
	□労使委員会を開催の有無	
	□健康および福祉の確保措置の有無	
禁止事項	□賠償予定の記載の有無	労基法16条・17条・18条
	□前借金相殺の定めの有無	
	□強制貯蓄の有無	
	□社内預金制度がある場合の労使協定締結の有無	
年少者	□児童（15歳に達してから最初の3月31日が終了していない者）の雇用と労基署の許可の有無	労基法56条・57条・60条・61条
	□18歳未満の年少者を雇い入れる際の戸籍証明書・住民票の備え付けの有無	
	□18歳未満の年少者の時間外労働，深夜労働の有無	
母性保護	□妊娠中の女性が請求した場合の軽易な作業への転換の有無	労基法65条・66条，雇均法12条・13条
	□妊娠中の女性が請求した場合の時間外労働，深夜労働の有無	
	□妊産婦の健康診査等の必要時間の確保の有無	

3．募集・採用活動・試用期間

項　目	内　容	法的根拠等
募集	□就職支援イベント開催の有無 □インターンシップの有無と労働者性 □エントリーシートの内容	平9・9・18基発636号
内々定	□内々定の位置づけの確認 □内々定の時期 □過去5年間の内々定および辞退者の推移 □内々定の取り消しの有無と時期 □サイレントの有無	労基法20条，労契法16条，職安則35条2項
内定	□内定の位置づけの確認 □内定の時期 □過去5年間の内定および辞退者の推移 □内定の取り消しの有無と時期	労基法20条，労契法16条
試用期間	□試用期間の長さ □試用期間の更新の有無 □試用期間としての有期雇用契約の有無	労基法20条・21条，労契法16条

4．人　事　権

項　目	内　容	法的根拠等
昇格・昇進	□思想信条による差別の有無 □男女差別の有無 □組合員への差別の有無 □妊娠・出産を理由とする差別の有無 □育児・介護休業を理由とする差別の有無 □労基署への申告を理由とする差別の有無 □性差別指針の遵守の確認 □その他人事権の濫用となる権利行使の有無	労契法3条5号，労基法3条，均等法6条，労組法7条等
降格	□就業規則上の根拠規定の有無 □思想信条による差別の有無 □男女差別の有無 □組合員への差別の有無 □妊娠・出産を理由とする差別の有無 □育児・介護休業を理由とする差別の有無 □労基署への申告を理由とする差別の有無 □性差別指針の遵守の確認 □その他人事権の濫用となる権利行使の有無	労契法3条5号，労基法3条，均等法6条，労組法7条等
配転	□職種・勤務地限定契約者の確認 □就業規則上の根拠規定の有無 □思想信条による差別の有無 □男女差別の有無	労契法3条5号，労基法3条，均等法6条，労組法7条等

	□組合員への差別の有無	
	□妊娠・出産を理由とする差別の有無	
	□育児・介護休業を理由とする差別の有無	
	□労基署への申告を理由とする差別の有無	
	□性差別指針の遵守の確認	
	□育児・介護者への配慮の有無	
	□その他人事権の濫用となる権利行使の有無	
出向	□賃金・労働条件等の労働者の利益への配慮の有無	労契法3条5号，労基法
	□就業規則上の根拠規定の有無	3条，均等法6条，労組
	□思想信条による差別の有無	法7条等
	□男女差別の有無	
	□組合員への差別の有無	
	□妊娠・出産を理由とする差別の有無	
	□育児・介護休業を理由とする差別の有無	
	□労基署への申告を理由とする差別の有無	
	□性差別指針の遵守の確認	
	□育児・介護者への配慮の有無	
	□その他人事権の濫用となる権利行使の有無	
転籍	□個別合意の有無	労契法3条5号，均等法
	□就業規則上の根拠規定の有無	6条，労組法7条等
	□思想信条による差別の有無	
	□男女差別の有無	
	□組合員への差別の有無	
	□妊娠・出産を理由とする差別の有無	
	□育児・介護休業を理由とする差別の有無	
	□労基署への申告を理由とする差別の有無	
	□性差別指針の遵守の確認	
	□その他人事権の濫用となる権利行使の有無	
休職	□就業規則上の休職事由の該当性の確認	労基法19条（類推適用）
	□復職の申出の有無	
	□休職辞令発令の有無	
	□治癒・復職の判断基準の確認	
	□その他人事権の濫用となる権利行使の有無	

5．制裁（懲戒）

項　目	内　容	法的根拠等
戒告・譴責	□就業規則上，懲戒該当事由の有無	労契法15条
	□罪刑法定主義に抵触していないことの確認	
減給	□就業規則上，懲戒該当事由の有無	労基法91条，労契法15条
	□罪刑法定主義に抵触していないことの確認	
	□懲戒事由と処分の程度の妥当性の確認	

	□労基法の上限（1回につき1日分の半分，1賃金支払期で10分の1）を超えていないかの確認	
出勤停止	□就業規則上，懲戒該当事由の有無 □罪刑法定主義に抵触していないことの確認 □懲戒事由と処分の程度の妥当性の確認 □出勤停止中の賃金支払いの有無	労契法15条
降格	□就業規則上，懲戒該当事由の有無 □罪刑法定主義に抵触していないことの確認 □懲戒事由と処分の程度の妥当性の確認 □弁明の機会の付与の有無	労契法15条
諭旨解雇	□就業規則上，懲戒該当事由の有無 □罪刑法定主義に抵触していないことの確認 □懲戒事由と処分の程度の妥当性の確認 □弁明の機会の付与の有無 □退職願の確認 □懲罰委員会の議事録の確認 □退職金の計算，支給額の確認	労契法15条
懲戒解雇	□就業規則上，懲戒該当事由の有無 □罪刑法定主義に抵触していないことの確認 □懲戒事由と処分の程度の妥当性の確認 □弁明の機会の付与の有無 □労働基準監督署への解雇予告除外申請の有無 □懲罰委員会の議事録の確認 □退職金の計算，支給額の確認	労契法15条

6．労働契約の終了

項　目	内　容	法的根拠等
解雇	□解雇予告（30日前）または解雇予告手当（30日分）の有無 □解雇予告除外申請の有無 □解雇制限期間およびその後30日間の確認 □打切補償支払いの有無 □国籍・信条・社会的身分を理由としていないことの確認 □労働組合員を理由としていないことの確認 □性別を理由としていないことの確認 □婚姻・妊娠・出産を理由としていないことの確認 □育児・介護休業を理由としていないことの確認 □裁判員休暇を理由としていないことの確認 □裁量労働制の導入の拒否を理由としていないことの確認	労基法19・20条，労契法16条，均等法6条，労組法7条等

	□労基署への申告を理由としていないことの確認	
	□公益通報保護法上の通報を理由としていないことの確認	
	□均等法上の紛争解決援助等の申請を理由としていないことの確認	
	□派遣法違反の通告を理由としていないことの確認	
	□パートタイム労働法上の紛争解決援助等の申請を理由としていないことの確認	
	□就業規則上の解雇事由の該当性	
	□客観的に合理的な理由の有無	
	□社会通念上の相当性の有無	
整理解雇	□人員削減の必要性の有無	4要件（4要素）
	□解雇回避義務の履行の有無	
	□解雇対象者の合理的な選定理由の有無	
	□労働組合のみならず，対象者への説明・手続きの妥当性の有無	
辞職	□退職届の確認	民法627条1項
	□退職理由の確認	
	□退職届の提出日の確認	
合意解約（労働者からの申出）	□退職願の確認	
	□退職理由の確認	
	□退職承認日の確認	
退職勧奨	□退職勧奨者の選定理由の確認	
	□退職勧奨の態様	
	□退職勧奨合意の条件の確認	
	□退職合意書の確認	
定年	□定年年齢の確認	高年齢者雇用安定法8・9条，労契法20条
	□定年退職か解雇の確認	
	□高年齢者雇用確保措置（定年引上げ，継続雇用制度，定年廃止）の確認	
	□改正高齢者雇用安定法施行前の対象労働者の労使協定の有無	
	□定年後再雇用の職務内容と賃金等の確認	
雇止め	□1年の有期契約の更新回数の確認	労契法18・19条・20条
	□更新しない条項の該当の有無	
	□1カ月前の雇止め通告の確認	
	□無期契約型の該当の確認（業務内容，当事者間の言動，過去の更新手続き）	
	□期待保護型の該当の確認（業務内容，当事者間の言動，過去の更新手続，新卒者の採用）	
傷病休職	□休職者有→病因および業務上の可能性の有無	労基法19条（類推適用）

354

	□休職辞令発令の有無	
	□治癒・復職の判断基準の確認	
	□休職期間満了日の確認	
	□休職期間満了の場合の就業規則上の確認（解雇か退職か）	

7．労働安全衛生

項　目	内　容	法的根拠等
総括安全衛生管理者	□選任および報告の有無 □事業場において事業を統括管理する者（工場長，支店長）等の選任の有無 □安全管理者，衛生管理者等の指揮と統括管理の有無	安衛法10条，安衛則2条
安全管理者	□選任および報告の有無 □資格要件の確認 □安全に関する措置の有無	安衛法11条，安衛則4・5・6条
衛生管理者	□選任および報告の有無 □選任数の確認 □毎週1回以上の作業場の巡視の有無 □衛生状態に関する措置の有無	安衛法12条，安衛則7条・10条・11条
安全衛生推進者	□選任の有無 □衛生推進者の氏名を作業場に掲示しているかの確認	安衛法12条の2，安衛則12条の4
産業医（常時50人以上）	□選任の有無 □少なくとも2カ月に1回以上作業場を巡視しているかの確認	安衛法13条，安衛則13・15条
作業主任者	□選任の有無 □作業主任者の氏名を作業場に掲示しているかの確認	安衛法14条，安衛則18条
統括安全衛生責任者	□選任および報告の有無	安衛法15条
元方安全衛生管理者	□選任および報告の有無	安衛法15条の2
店社安全衛生管理者	□選任および報告の有無	安衛法15条の3
安全衛生責任者	□選任および報告の有無	安衛法16条
安全委員会	□設置の有無 □毎月1回以上の開催の有無 □構成メンバーの適正を確認 □議事内容の記録と保管の確認 □議事録の概要を労働者に周知する体制の有無	安衛法17・17条2項，安衛則23条・23条3項・23条4項
衛生委員会	□設置の有無 □毎月1回以上の開催の確認	安衛法18条，18条2項，安衛則23条・23条3項・

	□構成メンバーの適正の確認	23条4項
	□議事内容の記録と保管の確認	
	□議事録の概要を労働者に周知する体制をとっているかの確認	
健康診断	□雇入れ時の健康診断の有無	安衛法66・104条・66条の
	□定期健康診断の有無	10，安衛則43条・44条・
	□常時使用する短時間労働者への健康診断の有無	45条・45条の2・51条・
	□深夜業従事者等に6カ月に1回の健康診断の有無	51条の2・52条
	□海外派遣者の健康診断の有無	
	□再検査等の受診指導の有無	
	□所見のある者に対して産業医の意見の確認	
	□個人票は，個人のプライバシー保護を考慮して保存されているかの確認	
	□個人票の保存の有無（5年保管）	
	□労基署への健康診断結果報告の有無	
	□ストレスチェックの実施の有無	
便所の数	□男性60人以内ごとに1つの便房	安衛則628条，事務所衛生
	□女性20人以内ごとに1つの便房	基準規則17条
	□男性30人以内ごとに1つの小便器	
臥床可能な休憩室（男女別）	□常時使用する労働者数50人以上	安衛法則618条，事務所衛
	□常時使用する女子労働者数30人以上	生基準規則21条
安全衛生教育	□雇入れ時の安全衛生教育の有無	安衛法59条・59条2項・
	□配置転換時の安全衛生教育の有無	59条3項・60条，安衛則
	□危険又は有害業務に就かせる時の特別教育の有無	35条・36条，38条・40条
	□特別教育の記録の保存の有無（3年）	
	□職長教育の有無	

〔参考〕

衛生管理者の選任数		
常時雇用の労働者数	選任を要する衛生管理者の数	専任
3,001人以上	6人	必要
2,001人～3,000人	5人	
1,001人～2,000人	4人	
501人～1,000人	3人	坑内労働または有害業務（労基則18条）に常時30人以上の労働者を従事させるもの 必要
201人～500人	2人	
50人～200人	1人	

	衛生管理者の資格要件 （選任報告14日以内）	
業種	農林水産業，鉱業，建設業，製造業（物の加工業を含む），電気業，ガス業，水道業，熱供給業，運送業，自動車整備業，機械修理業，医療業および清掃業	その他の業種
資格要件	第一種衛生管理者免許もしくは衛生工学衛生管理者免許を有する者または医師，歯科医師，労働衛生コンサルタントなど	第一種衛生管理者免許，第二種衛生管理者免許もしくは衛生工学衛生管理者免許を有する者または医師，歯科医師，労働衛生コンサルタントなど

安全委員会と衛生委員会の設置		
安全委員会		衛生委員会
林業，鉱業，建設業，製造業のうち木材木製品製造業，化学工業，鉄鋼業，金属製品製造業および輸送用機器具製造業，運送業のうち道路貨物運送業および港湾運送業，自動車整備業，機械修理業ならびに清掃業	50人以上	業種を問わず50人以上
運送業（上記以外のもの），製造業（上記以外のもの），通信業，電気業，ガス業，水道業，熱供給業，各種商品卸売業，家具建具じゅう器等卸売業，各種商品小売業，家具建具じゅう器小売業，燃料小売業，旅館業，ゴルフ場業	100人以上	

8．パートタイム労働者

項目	内容	法的根拠等
雇入れ通知書	□労基法15条1項に規定する労働条件に加え，特定事項（昇給の有無，退職手当の有無，賞与の有無，相談窓口）を記載した文書を交付しているかの確認	パートタイム労働法6条，労基法15条1項
就業規則	□パートタイム労働者が適用する就業規則の有無	労基法89条
健康診断	□常時使用するパートタイム労働者に対する雇入れ時の健康診断の実施の有無 □常時使用するパートタイム労働者に対する1年に1回の健康診断の実施の有無	安衛法66条
年次有給休暇の付与	□年次有給休暇を適正に付与しているかの確認	労基法39条1項
雇用保険の加入	□31日以上の雇用見込み，かつ，週所定労働時間が20時間以上の者を加入させているかの確認 □雇入れ時に65歳以上であった者の加入手続の有無	雇保法4条・6条
社会保険の加入	□雇用契約期間が2カ月を超えるパートタイム労働者で常用的使用関係（所定労働時間及び……所定労働日数が……通常の就労者の……おおむね4分の3以上）に該当する者の加入手続をとっているかの確認 □①週所定労働時間が20時間以上，②賃金月額が88,000	健保法3条，厚年法12条，年金機能強化法附則17条・46条

	円以上，③勤務期間が1年以上見込まれ，④従業員数が501人以上，⑤学生でない者，という5要件の全てに該当する短時間労働者の加入手続をとっているかの確認[2]	
差別的取扱の禁止	□通常の労働者と同視すべき短時間労働者について，短時間労働者であることを理由として，賃金の決定，教育訓練の実施，福利厚生施設の利用その他の待遇について，差別的取扱いをしていないかの確認	パートタイム労働法9条
不合理な待遇の相違を禁止	□パートタイム労働者ということのみを理由として，正社員と待遇の相違があるかの確認	パートタイム労働法8条
教育訓練	□通常の労働者に対して実施する教育訓練であって，職務内容が同一のパートタイム労働者に対しても，これを実施しているかの確認	パートタイム労働法11条1項
福利厚生施設	□通常の労働者に対して利用の機会を与える福利厚生施設をパートタイム労働者に対しても，利用の機会を与えるように配慮しているかの確認	パートタイム労働法12条
短時間雇用管理者	□短時間雇用管理者の選任の有無（パートタイム労働者を常時10人以上雇用している場合）	パートタイム労働法17条
労働契約の無期転換	□平成25年4月1日以降，通算契約期間が5年を超えるパートタイム労働者の有無	労契法18条1項

9. 派遣労働者（派遣先としての責務）

項　目	内　容	法的根拠等
派遣先管理台帳	□派遣先管理台帳の作成と保管の有無（3年間保管）	派遣法42条，派遣則36条
派遣先責任者	□派遣先責任者の選任の有無	派遣法41条
派遣労働者の属性	□派遣先を離職して1年以内の者の派遣労働者としての受け入れていないかの確認	派遣法40条の9第1項
違法派遣	□適用除外業務（港湾運送・建設・警備・医療の一部）に派遣労働者を受け入れているかの確認 □派遣元事業主以外の労働者派遣事業を行う事業主から労働者派遣を受け入れているかの確認 □派遣受入可能期間を超えて派遣を受け入れていないかの確認 □抵触日の1カ月前までに過半数労働組合等から派遣可能期間を延長するための意見聴取を行わず，引き続き労働者派遣を受け入れていないかの確認	派遣法40条の2・4条・24条の2

2　平成29年4月1日から，労使が合意した場合，500人以下でもその他の4要件を満たすことにより，被保険者として加入することができる（年金機能強化法附則17条2項，46条2項）。

	□意見を聴取した過半数代表者が管理監督者でないかの確認	
	□派遣可能期間を延長するための代表者選出であることを明示せずに選出された者から，意見聴取を行っていないかの確認	
	□使用者の指名等の非民主的方法によって選出された者から意見聴取を行っていないかの確認	
時間外労働	□派遣元と派遣労働者との間で36協定締結の有無および時間外労働可能時間を把握しているかの確認	労基法32条
偽装請負	□派遣元事業主以外の労働者派遣事業を行う事業主から，労働者派遣の役務の提供を受けていないかの確認	厚労告示37号，派遣法24条の2
福利厚生	□給食施設，休憩室，更衣室の利用機会の与えているかの確認	派遣法40条3項
教育訓練・能力開発	□派遣先の労働者が従事する業務の遂行に必要な能力を付与するための教育訓練について，派遣労働者に対しても，実施するよう配慮しているかの確認	派遣法40条2項
苦情処理の方法	□苦情に対して，苦情処理を担当する責任者と適切かつ迅速な処理体制を図っているかの確認	派遣法40条

10. 外国人労働者

項　目	内　容	法的根拠等
就労資格の確認	□在留資格の確認が行われているかの確認 □資格外活動の場合，1週28時間を超えていないかの確認	雇対法28条，入管法則19条5項
契約期間	□在留資格期間（最長5年）を超えて，労働契約を締結していないかの確認	入管法2条の2
差別的取扱い	□国籍を理由として，賃金，労働時間その他の労働条件について，差別的取扱をしていないかの確認	労基法3条
研修制度	□研修制度を悪用し，安価な労働力として利用していないかの確認	最賃法4条
保険加入等	□雇用保険，労災保険，健康保険及び厚生年金保険に加入しているかの確認 □保険料および所得税を正確に控除しているかの確認	外国人指針第4の4等
健康診断	□雇入れ時，定期健康診断の実施の有無	安衛法66条
外国人雇用状況届	□雇い入れた場合または離職した場合のハローワークへの届け出の有無	雇対法28条
雇用労務責任者	□雇用労務責任者の選任の有無（外国人労働者を常時10人以上雇用している場合）	外国人指針第6

巻末資料　359

11．改正育児・介護休業法

〈育児休業〉

項　目	内　容	法的根拠等
子の範囲の拡大	□特別養子縁組の監護期間中の子，養子縁組里親に委託されている子等も対象となっているかの確認	育介法2条1号
育児休業の延長	□育児休業の延長規定の確認 〈1歳6カ月〉 「次のいずれにも該当する従業員は，子が1歳6カ月に達するまでの間で必要な日数について，育児休業をすることができる。なお，育児休業を開始しようとする日は，子の1歳6カ月誕生日応当日とする。 (1)　従業員又は配偶者が子の1歳6カ月の誕生日応当日の前日に育児休業をしていること (2)　次のいずれかの事情があること 　(ア)　保育所等に入所を希望しているが，入所できない場合 　(イ)　従業員の配偶者であって育児休業の対象となる子の親であり，1歳6カ月以降育児に当たる予定であった者が死亡，負傷，疾病等の事情により子を養育することが困難になった場合」 〈2歳〉 「次のいずれにも該当する従業員は，子が2歳に達するまでの間で必要な日数について，育児休業をすることができる。なお，育児休業を開始しようとする日は，子の1歳6カ月誕生日応当日とする。 (1)　従業員又は配偶者が子の1歳6カ月の誕生日応当日の前日に育児休業をしていること (2)　次のいずれかの事情があること 　(ア)　保育所等に入所を希望しているが，入所できない場合 　(イ)　従業員の配偶者であって育児休業の対象となる子の親であり，1歳6カ月以降育児に当たる予定であった者が死亡，負傷，疾病等の事情により子を養育することが困難になった場合	育介法5条4項
有期契約労働者の取得緩和	取得要件として，①引き続き雇用された期間が1年以上あり，②子が1歳6カ月に達するまでの間に，当該労働契約が満了することが明らかでないという2要件を満たせば，育休が取得できるように改正されているかの確認	育介法5条1項
子の看護休暇	□小学校就学の始期に達するまでの子が1人の場合は年5日，2人以上の場合は年10日取得できると規定されているかの確認	育介法16条の2第2項等

	□負傷し，または疾病にかかった子の世話をするための他，予防接種や健康診断を受けさせるためにも取得できるよう規定されているかの確認 □半日単位で取得できるよう規定されているかの確認 □半日を所定労働時間の2分の1としていない場合は，対象となる労働者の範囲，取得の単位となる時間数，休暇1日当たりの時間数について労使協定を締結しているかの確認	
労使協定で子の看護休暇を取得することができないものとして定めることができる労働者の追加	□「業務の性質または業務の実施体制に照らして，1日未満の単位で子の看護休暇を取得することが困難と認められる業務に従事する労働者（1日未満の単位で子の看護休暇を取得しようとする者に限る）」の追加	育介法16条の3第2項
マタニティー・ハラスメント	□マタニティー・ハラスメントが行われないよう，雇用管理上必要な措置を講じているかの確認	育介法25条

〈介護休業〉

項　目	内　容	法的根拠等
介護休業の分割取得	□介護のための勤務時間短縮等の措置とは別に，対象家族1人につき3回，通算93日まで取得できるよう規定しているかの確認	育介法11条2項
介護休暇の取得単位	□対象家族が1人の場合は年5日，2人以上の場合は年10日取得できるよう規定しているかの確認 □半日単位で取得できる規定の有無 □半日を所定労働時間の2分の1としていない場合は，対象となる労働者の範囲，取得の単位となる時間数，休暇1日当たりの時間数について労使協定を締結しているかの確認	育介法16条の5第2項
有期契約労働者の取得緩和	□有期契約労働者について，①引き続き雇用された期間が1年以上あり，②93日経過日から6カ月を経過する日までの間に，当該労働契約が満了することが明らかでないという2要件を満たせば，介護休業が取得できるように改正されているかの確認	育介法11条1項
所定外労働の制限	□介護のための所定外労働の制限についての規定の有無	育介法17条1項
介護のための所定労働の短縮等の措置	□介護休業をした日数と別に，利用開始から3年の間で2回以上の利用が可能	育介法則74条の3

巻末資料　　361

項　目	内　容	法的根拠等
労使協定で介護休暇を取得することができないものとして定めることができる労働者の追加	□1日未満の単位で介護休暇を取得する者に限り，業務の性質または業務の実施体制に照らして，1日未満の単位で介護休暇を取得することが困難と認められる業務に従事する労働者」の追加	育介法16条の6第2項

12.　助成金の不正受給

項　目	内　容	法的根拠等
出勤簿・研修の内容等	□助成金申請に添付した「対象労働者の出勤簿の写し」と実際の出勤簿との相違の有無 □助成金の対象となる期間の出勤簿と業務日報等の整合性の確認 □助成金の対象となった労働者の各種保険の被保険者資格取得確認通知書の有無 □助成金の対象となる教育訓練の内容と対象者の整合性の確認 □高額な額面の領収書の整合性の確認	詐欺罪（刑法246条）

【人および人事システムの調査項目（詳細）】

1.　経営理念・人事理念等

項　目	内　容	目的・ポイント
企業プロファイル	□会社の概要 □業界での位置づけ □ビジネスモデル □企業の沿革，歴史 □過去5年間のM&A，リストラ，労働条件の大幅変更の有無と経緯 □過去5年間の労働紛争・訴訟の有無 □著作権等の帰属の明確化 □会社の業績推移 □SWOT分析 □顧問社労士，コンサルタントの有無	• ターゲット会社の全体像を理解することは，極めて重要であり，正確な現状分析を行う上で効果的であるため。
経営理念の文言	□経営理念の有無・明確化の確認 □創業者の理念が反映されているかを確認 □表層的で抽象的なものかを確認 □トップインタビュー	• 会社に対するパッション，創業の経緯，人材観なども確認するため。

表示媒体等	□ウェブサイト, 会社案内, 社内報, 社是, クレド □朝礼等で唱和するスローガン, 訓辞	• 各媒体等と合致しているかを確認するため。
人事理念	□人事理念の有無 □経営理念から派生して人事理念が作成されているかの確認 □人事理念の浸透度合い	• 経営計画の実現のために人事制度が設計され, 期待像が明確になっているかを確認するため。
営業ノルマ	□各部門のノルマの有無 □ノルマ未達の場合の対応	• ノルマ未達成の場合のペナルティの程度を確認するため。 • ノルマに対するパワハラ, サービス残業等の有無を確認するため。
コンプライアンス	□内部通報制度の有無 □内部監査, 外部監査の実施の有無と指摘事項の改善の確認	• 遵法経営に対する取組み姿勢を確認するため。

2．人的資源の分析

項　目	内　容	目的・ポイント
人員構成	□全体（正社員, パート労働者, 出向社員, 派遣社員, 再雇用者, 外注社員, 業務委託先, 役員, 執行役員等）の配置 □部署別 □男女別 □年齢別 □職種別 □女性管理職比率 ※過去5年間の推移表を作成	• 平均年齢が高くなるほど人件費総額が増加し, 収益性が悪化する傾向があるため。 • 過剰となっている年齢層, 不足している年齢層を確認し, 早期退職制度や採用活動の要員計画に利用するため。 • 過去5年間の推移表から, 時系列で傾向がわかり, 将来の人員構成を予測することができるため。
組織図	□個人名を記入した組織図 □職務分掌規程との突合	• 指示命令体系を把握し, 時間外労働の発生根拠が明確になっているかを確認するため。 • キーパーソンを確認するため。
総額人件費	□1人当たり売上高 　＝売上÷正社員数[3] □1人当たり付加価値高[4] 　＝付加価値高÷正社員数 □1人当たり人件費率[5] 　＝人件費÷正社員数	• 自社や業界と比較し, 生産性や人件費割合の高低を把握するため。 • 労働分配率が高すぎると経営を圧迫し, 低すぎると社員のモチベーションに悪影響を与えるおそれがあるため。 • 過去5年間の推移表を作成すると傾向

3　短時間労働者や派遣労働者がいる場合, 勤務時間を正社員と比較して, 0.3人や0.7人などとしてカウントする。
4　企業が新たに生み出した価値で, 売上－原材料費等から求められる。
5　役員報酬, 派遣社員への費用を含む。

	□1人当たり営業利益高 　　＝営業利益÷正社員数 □売上高対人件費率 　　＝人件費÷売上高 □労働分配率 　　＝人件費÷付加価値高 ※過去5年間の推移表を作成	がわかるため。 • 経常利益ではなく，営業利益を指数に採用することで，本業のビジネスモデルの価値が測定できるため。
報酬水準	□賃金水準 □賞与水準 □年収水準 □退職金水準 ※過去5年間の推移表を作成	• 給与水準をプロットし，厚生労働省の「賃金構造基本統計調査」のデータと自社データを比較し，特徴を把握するため。 • 過去5年間の昇給・ベースアップ・賞与の推移表を作成し，傾向を把握しておくため。 • 賞与には，企業規模や業績によりダイレクトに反映されるので，賃金とのバランスを考慮することが重要であるため。 • 賞与の支給額が特筆して高い従業員はキーパーソンである可能性が高く，逆に低い従業員はトラブルメーカーである可能性が高いため。 • 経営陣の血縁，婚姻関係にある社員を把握しておくため。 • 年収水準では，管理職と一般社員の逆転現象がなされていないか，男女差別はないか等を確認するため。 • 退職金について，一般的に社員の意識はあまり高くないので，水準が高すぎる場合には，退職金制度を見直し，退職金原資を賃金原資に振り分けたり，退職金前払い制度等を導入することを検討するため。
離職率等	□全体 □部署別 □男女別 □年齢別 □退職理由	• 離職率を部署，男女，年齢別に把握することで，ターゲット会社の問題点や課題が予想できるため。 • 過去5年間の離職率の推移表を作成すると，仮説を基礎づけることに繋がるため。 • 退職理由は，人事制度を策定する上で貴重な情報となるので，離職票等で確

項　目	内　容	目的・ポイント
		認しておく必要があるため。
年次有給休暇の取得率（消化率）	□全体 □部署別 □男女別 □年齢別 □未消化分の年休の取扱い（買取） □時季変更権の行使の状況	• 離職率とリンクさせると関連度合が認められる場合もあるため。 • 取得率が低い部署は長時間労働が行われている傾向があるので，タイムカード等を確認して，過重労働になっていないか重点的にチェックするため。 • 時効となった年休の取扱いと，買い取り制度がある場合は単価を確認し，年休取得の障害になっていないかを確認するため。
キーパーソン等	□ターゲット会社の強みに直結している者 □手厚い処遇を受けている者 □特殊な技能を持った者 □個人評価の高い者 □労基法41条2号の管理監督者として扱っている者 □出向者（給与負担や出向条件） □個人評価の低い者 □私病休職を繰り返す者 □労働者の権利を濫用的に行使する者（問題社員） □労災で休職している者 □個人特性分析	• 中小企業の場合，会社の強みが属人的要素に支えられていることが多いので，キーパーソンを早期に把握し，人材流出リスクに備え，リテンション（離職防止）策を講じることを検討するため。 • 中小企業の場合，社長との特殊な関係を持つ者もいるので，従事する業務に対して処遇が厚い者については，留意しておくこと必要があるため。 • 休職を繰り返して在籍している者を把握しておくため。 • 生理休暇が有給である場合，濫用的に行使する者の有無を把握しておくため。 • 労災により療養中の者がいる場合，その原因を把握し，職場のリスクの改善に役立てるため。 • 将来の配置転換等の検討資料とするため。

3．人事制度

項　目	内　容	目的・ポイント
基本給	年齢給 □60歳まで上昇し続けるタイプ □一定の年齢で昇給が止まるタイプ □一定の年齢で昇給が止まり，一定の年齢で逓減するタイプ 勤続給 □勤続年数に比例して上昇し続けるタイプ □一定の勤続年数で頭打ちになるタイプ	• 基本給の構成要素である，年齢給，勤続給，職能給について，それぞれどのようなタイプを選択し，ピッチがどれくらいであるかを調べておくことで，基本給の再設計の参考にするため。 • 基本給が賞与や退職金の算出に組み込まれている場合，基本給の見直しには賞与および退職金の金額にも影響があることに留意しておくため。

	職能給 □範囲給[6]型テーブル □定額型[7]テーブル □洗い替え[8]型テーブル	
手当	□生活関連手当（家族手当，住宅手当等）の有無 □職務関連手当（役職手当，営業手当等）の有無 □業績奨励手当（目標達成手当，精皆勤手当等）の有無 □時間外手当の割増率 □各種手当の支給要件の確認と賃金台帳と突合 □年俸制の有無 □年俸者の時間外労働手当の関係の確認	• 手当の支給要件から，社員に対する期待像を確認するため。 • 賃金規程で定義づけられている手当と実際に支給されている手当が合致していることを確認し，支給要件の不明な手当を抽出するため。 • 時間外労働が1カ月60時間を超えた場合の割増率や，所定休日労働と法定休日労働の割増率の設定等については，事業所により異なるため。 • 年俸対象者に対して，時間外手当の未払いが生じていることがあるため。
賞与	□支給額の支給要件の確認	• 支給額が予め確定している（基本給×○カ月等）か，支給の有無および金額がその都度決定されるか，会社の業績により支給しないことがあるかを確認するため。
退職金	□制度の有無 □支給対象者の要件の確認 □懲戒解雇時の支給の有無	• 退職給付債務を算出するため（簡便法）。
人事評価	□人事評価制度と処遇および教育の連動性の確認 □考課者訓練および被考課者訓練の有無 □自己評価のフィードバックの有無 □納得性を担保するための施策の確認	• 人事評価項目や基準が明確になっており，理解されているかを確認するため。 • 上司からの人事評価結果に対してどのように納得性を担保しているかを確認するため。 • 人事評価と処遇および教育がどのように連動しているかを確認するため。
教育・研修度制度	□入社時・中途採用時の研修の有無 □OJTの有無 □Off. JTの有無 □管理職研修の有無 □中長期的な教育・研修制度の企画と実施の有無	• 会社が行う教育訓練の内容が実態に即して有用であるかを確認するため。 • 自己研鑽の機会が与えられ，社員の成長に結びついているかを確認するため。

6　等級別に下限額上限額を持つ。オーバーラップ型，接続型，階差型がある。
7　等級別に1つの金額しかない。
8　評価により，1年1年新しく給与が決定する。

4．福利厚生

項　目	内　容	目的・ポイント
法定福利 （協会けんぽ 以外)	□健康保険料率 □介護保険料率 □付加給付	• ディールの態様によっては，健康保険組合から脱退することがあり，保険料に自己負担額が上昇したり，また，付加給付が受けられなくなったりする場合があるので，事前に把握しておく必要があるため。
法定外福利	□企業年金 □労災上乗せ保険 □社宅制度 □従業員貸付制度・貸付残高 □従業員持ち株会制度の有無 □ストックオプション制度の有無 □その他	• 恩恵的なものか否かを確認し，代替措置や廃止も含め，検討しておくため。

5．組織力測定（意識調査）

項　目	アンケートの内容
風土厚生	□人事考課と賃金システム整合性 □福利厚生の満足度 □休日休暇問題 □職場の雰囲気 □労使慣行
人間関係	□チームワーク □職場の意欲と活気 □コミュニケーション □管理者のマネジメント能力 □採用と人員充足 □定着性
職務遂行	□社員の能力発揮度 □意欲充実度 □目標達成力 □業務実行力と方法 □仕事への姿勢
組織構造	□企業理念 □仕事の能力発揮度合 □仕事の流れ □任務の理解 □目標方針の明確さと浸透度 □他部門との連係
会社への評価	□会社への帰属感

| | □組織改善への必要性 | |

6．取締役

項　目	内　　容	法的根拠等
取締役規程等	□取締役規程の有無 □役員報酬の総枠額・決定方法 □役員賞与の支給方針・支給状況 □取締役の任期の確認 □職務権限 □役員退職慰労金制度の有無・支給状況	会社法332条1項
取締役会	□取締役会の開催の有無 □議事録の作成と保管（10年）の有無 □出席取締役の議事録への署名の有無	会社法369条3項・371条1項
兼務取締役	□兼務取締役を労基法上の労働者としているかの確認	昭23・3・17基発461号

7．労働組合

項　目	内　　容	法的根拠等
労働組合員数	□全体の労働者の過半数以下 □全体の労働者の過半数超え4分の3未満 □全体の労働者の4分の3以上 □労働組合員名簿	労組法17条
団体交渉	□団体交渉の場所 □団体交渉の時期 □出席メンバーの確認（会社側，労働者側） □団交の開催の時間帯と平均的な所要時間	
労働協約	□労働協約の内容 □労働協約の期間 □ユニオンショップ協定の有無 □チェックオフ協定の有無（過半数組合の確認） □事前協議条項の有無 □暗黙の了解事項の有無	労組法14～16条
不当労働行為	□組合員に対する不利益取扱いの有無 □団体交渉を拒否したことがあるかの確認 □支配介入（労組の弱体化）を図ったことがあるかの確認	労組法7条
労働紛争	□ストライキ，労働停止，労働遅延等の実績およびそのおそれ □労働委員会等への救済の申し立ての有無とその内容	労組法19条

索　引

■英　数■

5条協議……………… 312, 314, 326, 327
7条措置………………… 312, 314, 328
CUBIC ………………………… 223, 253
LGBT ……………………………… 46, 47

■あ　行■

異議権………………………… 312, 318
育児休業……………………………… 122
一事不再理…………………………… 87, 90
一般的拘束力………………………… 298
委任型執行役員……………………… 288
違法派遣……………………………… 165
請負……………………… 155, 162, 163
打切補償……………………………… 106
黄犬契約……………………………… 48
オーバーワーク……………………… 189

■か　行■

解雇………………… 94, 100, 102
――の予告………………………… 103
介護休暇……………………………… 125
介護休業……………………………… 125
解雇協議……………………………… 106
戒告………………………………… 85, 90
外国人………………………………… 181
外国人雇用状況届…………………… 200
外国人登録制度……………………… 182
解雇予告除外認定申請……………… 104
解雇予告手当除外認定基準………… 103
解雇理由証明書……………………… 28, 31

会社分割……………………………… 311
会社への評価………………………… 224
合併…………………………………… 302
過半数代表者等……………………… 33
株主代表訴訟………………………… 94
感情安定性…………………………… 259
管理職割合…………………………… 219
キーパーソン……………………… 249, 250
キーマン条項………………………… 250
偽装請負……………………………… 155
起訴休職……………………………… 81
期待保護型…………………………… 116
技能実習制度………………………… 190
技能実習生の在留資格……………… 191
基本外的欲求………………………… 262
基本給連動型賞与制度……………… 239
義務的調査事項……………………… 9, 10
逆三角形型…………………………… 218
休職………………… 59, 60, 80, 117
――の種類…………………………… 81
休職期間満了………………………… 101
給与の分布図………………………… 213
共感性………………………………… 259
協調性………………………………… 258
業務妨害……………………………… 96
業務命令違反………………………… 96
記録の保存…………………………… 37
勤続年数別定額方式………………… 240
勤務延長制度………………………… 272
金融持株会社………………………… 296
空白期間……………………………… 146
偶発債務……………………………… 9, 11

クーリング期間······················170
くびれ型····························218
組合専従休職···························81
経済的足止め策·······················334
継続雇用経過措置年齢················115
継続雇用制度·························272
　　──の導入······················114
契約期間満了························115
経歴詐称····························95
減給························86, 91, 93
健康保険の問題······················242
譴責·························85, 90
原則承継説··························331
合意解約······················100, 102
合意承継説··························331
降格···············58, 59, 65, 67, 87, 93
　　──の種類·························66
降給·······························91
公職休職····························81
高齢社員····························269
高齢者のワーク・モチベーション管理
　　·····························278
子の看護休暇·······················123
雇用型執行役員······················288
雇用労務責任者······················201
混合型執行役員······················288

■ さ　行 ■

罪刑法定主義·························90
再雇用型承継························331
再雇用制度··························272
最終給与連動方式·····················240
サイニングボーナス···················333
債務の履行の見込み··············324, 325
採用基準····························46
採用の自由··························48
採用の予約··························40

在留カード··························182
在留カード等番号失効情報照会······192
在留資格····························183
サイレント····························41
36（サブロク）協定····················33
資格外活動の許可·····················189
始期付・解約権留保付··················42
事業譲渡······················329, 331
事業譲渡等指針·················330, 335
事業持株会社························296
事故欠勤休職··························81
自己実現····························260
自己信頼····························258
自己都合休職··························81
自主性······························259
辞職························100, 102, 109
私生活上の非行·······················98
事前協議条項························298
執行役······················287, 288
執行役員····························288
実質的周知·······················27, 234
実質無期契約型·······················116
指定承継労働者······················316
指導性······························258
指導票······························149
社会的欲求··························261
従業員構成··························217
就業規則··············16, 25, 140, 142, 233
従順性······························259
周知································234
周知義務····························27
就任承諾書··························281
就労資格証明書······················189
出勤停止························86, 92
出勤簿·························15, 21
出向·························58, 60, 75
出向休職····························81

純粋持株会社……………………… 296			

純粋持株会社……………………… 296
障害者雇用状況報告書………………53
障害者雇用調整金……………………52
障害者雇用納付金……………………53
紹介予定派遣……………………… 156
昇格……………………… 58, 59, 61, 62
試用期間…………………………… 39, 44
昇給……………………… 58, 59, 61, 62
承継事業主要従事労働者………… 316
承継予定労働者………………… 330, 333
昇進…………………………………62
使用停止等命令書………………… 150, 151
譲渡型承継……………………… 331
傷病休職（病気休職）………… 81, 117
常用代替防止……………………… 156
賞与の分布図……………………… 214
職場規律違反…………………………97
職務懈怠……………………………95
職務遂行……………………… 224
人事権…………………………………61
人事デューデリジェンス………… 8, 10
人事労務管理……………………… 275
ストックオプション…………… 241, 333
寸胴型……………………… 218
性差別指針……………………… 62, 69
性別を理由とした募集・採用差別……50
制約社員……………………… 276
責任感……………………… 258
是正勧告……………………… 149
是正勧告書……………………… 149, 150
積極性……………………… 258
全期間平均給与方式……………… 240
専門26業務派遣適正化プラン……… 166
送検手続……………………… 151
組織構造……………………… 224
組織力測定……………………… 222

■ た 行 ■

退職勧奨……………………… 110, 111
退職金一時金制度の統合………… 308
退職合意書……………………… 112
退職証明書……………… 16, 28, 29, 32
退職届……………………… 100, 109, 113
退職願……………………… 113
タイムカード………………………21
脱退一時金……………………… 196
治癒……………………… 118
中長期在留者の在留管理制度……… 182
懲戒解雇……………………… 87, 94
懲戒休職………………………………81
懲戒権……………………… 88, 89
懲戒処分………………………………88
賃金センサス……………………… 212
賃金台帳…………… 15, 17, 18, 19
通常の賃金方式……………………… 146
定期昇給………………………………62
抵触日……………………… 167
定年……………………… 101, 270
定年解雇……………………… 114
定年制……………………… 114
定年退職……………………… 114
適用除外業務……………………… 165
転勤……………………… 67, 72
転籍……………………… 59, 60, 77, 80
転籍同意書………………………………79
等級制度……………………… 205, 239
投資ファンド……………………… 294
特殊関係事業主……………… 274, 275
特定行為の禁止……………………… 156
特定承継……………………… 329
特定有期雇用派遣労働者………… 175
特別条項付36協定………………… 35, 36
トライアル雇用………………………44

取締役会の議事録……………………… 286
取締役服務規程…………………………… 283

■な　行■

内定……………………………… 39, 42
内的欲求…………………………… 261
内々定…………………………… 38, 40
長妻プラン………………………… 167
二重就職……………………………… 98
二重派遣の禁止…………………… 156
任意的調査事項…………………… 9, 10
人間関係…………………………… 224
年次有給休暇……………………… 146
年収の分布図……………………… 216
年齢制限…………………………… 49

■は　行■

パートタイム労働法……………… 131
配置転換……………………………… 67
配転………………… 58, 60, 67, 73
派遣先管理台帳…………… 162, 174
　――への追加…………………… 172
バジェット型賞与制度…………… 240
場所規制………………… 167, 169, 170
　――での期間制限……………… 168
バックペイリスク………………… 102
パパ・ママ育休プラス…………… 122
必要通知事項……………………… 321
人規制…………………… 167, 168, 170
　――での期間制限……………… 169
評価制度…………………………… 207
標準報酬日額方式………………… 146
ピラミッド型……………………… 218
風土厚生面………………………… 224
付加給付…………………………… 244
福祉的な雇用……………………… 269
複線型人事制度…………………… 239

不合理な労働条件の禁止………… 143
部分的使用者性…………………… 177
不変更合意の特約の確認………… 247
不法就労者………………………… 181
ブラック企業……………………… 151
平均賃金方式……………………… 146
ベースアップ………………………… 62
別テーブル（第二基本給）方式…… 240
変更解約告知………………………… 94
変更の合理性…………………… 234, 236
ポイント型賞与制度……………… 239
ポイント制方式…………………… 240
法人格否認の法理………………… 332
法定三帳簿……………………… 14, 17
簿外債務………………………… 9, 11
ホールディングカンパニー……… 296
本採用拒否…………………………… 45

■ま　行■

マズローの欲求階層説…………… 260
マトリックス式賞与配分型賞与制度
……………………………………… 239
無期転換…………………………… 145
無期転換申込権…………………… 145
無制約社員………………………… 276
持株会社…………………………… 296
　――の労組法上の使用者性……… 296
専ら派遣の禁止…………………… 156
モラトリアム……………………… 259
問題社員………………………… 250, 251

■や　行■

役職定年制………………………… 270
雇入通知書……………………… 15, 22, 24
諭旨解雇………………………… 87, 93
ユニオン・ショップ協定………… 298
ヨンロク通達……………………… 21

■ ら 行 ■

離職率……………………… 220, 221
リストリクテッド・ストック……… 334
リテンション…………………… 250
労基法上の使用者…………… 292, 293
労基法上の労働者………………… 291
労使慣行………………… 247, 248
労使協定………………………… 16, 32
労組法上の使用者………………… 293
労組法上の労働者………………… 291
労働協約………………………… 297

――の終了………………………… 299
労働協約解約の手順……………… 300
労働契約………………… 101, 102
労働契約不承継の原則……… 80, 330
労働契約申込みみなし制度
………………… 155, 157, 165
労働者派遣………………………… 158
労働者名簿……………… 15, 22, 23
労働条件通知書…………… 133, 136
労働条件のランクづけ…………… 236
労働条件変更…………………… 233
労務デューデリジェンス………… 8, 11

【編者紹介】

社会保険労務士法人野中事務所

1994年に開業した野中社会保険労務士事務所を2011年に法人化。

「雇用の確保」を使命とし，その実現のためにM＆Aを活用することを企業に提言している。M&A前後の人事マネジメントを専門とする。

主な顧問先に株式会社日本M＆Aセンター（東証一部上場）やマークラインズ株式会社（東証JASDAQ上場）等がある。

URL：http://www.nbc-c.co.jp/

【著者紹介】

野中　健次　担当：第1章（2を除く），第2章，第3章，第4章

社会保険労務士法人野中事務所　代表社員

株式会社野中ビジネスコンサルティング　代表取締役

一般社団法人東京事業主協会　代表理事

東京都社会保険労務士会「事業戦略会議」委員

1965年生。特定社会保険労務士，証券外務員資格，M＆Aシニアエキスパート，第一種衛生管理者，日本労働法学会会員。

青山学院大学卒業，同大学院法学研究科修士課程修了（ビジネスロー修士）。

日興證券株式会社（現SMBC日興証券株式会社），東京事業主協会（現一般社団法人東京事業主協会）を経て，1994年野中社会保険労務士事務所（現社会保険労務士法人野中事務所）を東京都新宿区で開業。

著書に『M&Aの人事労務管理』（中央経済社），『厚生年金基金の解散・脱退Q&A50』（日本法令），『実録！厚生年金基金脱退とM&A・ICのはなし〜ある社労士の告白』（日本法令），『人事労務管理課題解決ハンドブック』（共著）（東京都社会保険労務士会編，日本経済新聞出版社），『M&Aの労務デューデリジェンス』（共著）（社会保険労務士法人野中事務所編，中央経済社）。

請川　博美　担当：第1章2

社会保険労務士法人野中事務所　パートナー社会保険労務士

1949年生。社会保険労務士，証券外務員資格，内部管理責任者資格，米国証券外務員資格（シリーズ7，8，3，4，24）。

大阪外国語大学（現大阪大学）アラビア語科卒。

日興證券株式会社（現SMBC日興証券株式会社）入社，調査部，国際部等勤務。中東（ベ

イルート，マナマ），欧州（ロンドン，チューリッヒ），米州（ニューヨーク，シカゴ）等海外6拠点に駐在。日興アセット・マネジメント株式会社常務取締役，サムシング・ホールディング株式会社（東証JASDAQ上場）監査役，東洋証券株式会社法人副本部長，投資顧問会社2社の監査役，公益財団法人の会計顧問等を歴任。

著書に『M&Aの労務デューデリジェンス』（共著）（社会保険労務士法人 野中事務所編，中央経済社）。

M&Aの人事デューデリジェンス

2018年2月10日　第1版第1刷発行

編　者	社会保険労務士法人 野　中　事　務　所
発行者	山　　本　　　　継
発行所	㈱中　央　経　済　社
発売元	㈱中央経済グループ パ　ブ　リ　ッ　シ　ン　グ

〒101-0051　東京都千代田区神田神保町1-31-2
電話　03 (3293) 3371 (編集代表)
　　　03 (3293) 3381 (営業代表)
http://www.chuokeizai.co.jp/

Ⓒ 2018
Printed in Japan

印刷／三 英 印 刷 ㈱
製本／誠 　製 　本 ㈱

＊頁の「欠落」や「順序違い」などがありましたらお取り替えいた
しますので発売元までご送付ください。(送料小社負担)
ISBN978-4-502-24991-4　C3032

JCOPY〈出版者著作権管理機構委託出版物〉本書を無断で複写複製(コピー)することは，
著作権法上の例外を除き，禁じられています。本書をコピーされる場合は事前に出版者著
作権管理機構(JCOPY)の許諾を受けてください。
　JCOPY〈http://www.jcopy.or.jp　e メール：info@jcopy.or.jp　電話：03-3513-6969〉

● **豊富な最新法令を収録！ 読みやすい大型判、最新法令を収録**

社会保険労務六法

全国社会保険労務士会連合会編

社会保険制度や労働・福祉制度の大変革が進む
なかで、これら業務に関連する重要な法律・政
令・規則・告示を使いやすい2分冊で編集。社会
保険労務士をはじめ企業の社会保険担当者、官
庁、社会福祉、労働・労務管理・労使関係などに
携わる方、社会保険労務士受験者の必携書

毎年
好評
発売

■**主な収録法令**■

社会保険編 **憲法**＝日本國憲法　**健康保険関係**＝健康保険法／同施行令／同施
行規則／他　**厚生年金保険関係**＝厚生年金保険法／同施行令／同施行規則／他
船員保険関係＝船員保険法／同施行令／同施行規則／他　**国民健康保険関係**＝
国民健康保険法／同施行令／同施行規則／他　**国民年金関係**＝国民年金法／同
施行令／同施行規則／他　**児童手当及び高齢者福祉関係**＝子ども手当関係法令
／高齢者の医療の確保に関する法律／介護保険法／他　**社会保険関係参考法規**
＝社会保険審査官及び社会保険審査会法／日本年金機構法／確定拠出年金法／
確定給付企業年金法／他

労働編 **労政関係**＝労働組合法／労働関係調整法／他　**労働基準関係**＝労働基
準法／同施行規則／労働契約法／労働時間の設定の改善に関する特別措置法／
労働安全衛生法／石綿による健康被害の救済に関する法律／雇用の分野におけ
る男女の均等な機会及び待遇の確保等に関する法律／育児休業，介護休業等育
児又は家族介護を行う労働者の福祉に関する法律／他　**職業安定関係**＝雇用対
策法／職業安定法／労働者派遣事業の適正な運営の確保及び派遣労働者の保護
等に関する法律／高年齢者等の雇用の安定等に関する法律／障害者の雇用の促
進等に関する法律／他　**労働保険関係**＝労働者災害補償保険法／雇用保険法／
労働保険の保険料の徴収等に関する法律／他　**個別労働紛争解決関係**＝民法
（抄）／民事訴訟法（抄）／個別労働関係紛争の解決の促進に関する法律／裁判
外紛争解決手続の利用の促進に関する法律／労働審判法／他　**労働関係参考法
規**＝社会保険労務士法／労働保険審査官及び労働保険審査会法／行政不服審査
法／他

中央経済社